진리는 살아있다

-프린키피아(Principia)

진리는 살아있다
−프린키피아(Principia)

초　판 1쇄 펴낸 날 · 2004년 4월 10일
개정판 1쇄 펴낸 날 · 2005년 12월 22일

지은이 · 성인경 **┃ 펴낸이** · 김승태

편집장 · 김은주 **┃ 편집** · 박지영, 권소용, 박지연 **┃ 디자인** · 김규혜, 이승희, 김세라 **┃ 제작** · 한정수
영업본부장 · 오상섭 **┃ 영업** · 변미영, 장완철 **┃ 홍보** · 주진호 **┃ 물류** · 조용환

등록번호 · 제2-1349호(1992. 3. 31.) **┃ 펴낸 곳** · 예영커뮤니케이션
주소 · (110-616) 서울 광화문우체국 사서함 1661호 **┃ 홈페이지** www.jeyoung.com
출판유통사업부 · T. (02)766-7912　F. (02)766-8934　e-mail: jeyoungsales@chol.com
출판사업부 · T. (02)766-8931　F. (02)766-8934　e-mail: jeyoungedit@chol.com

copyright ⓒ 2005, 성인경

ISBN 89-8350-364-5 (03230)

값 13,000원

진리는 살아있다

−프린키피아(Principia)

성인경 지음

예영커뮤니케이션

이 책을

김북경 총장님과 신디아 사모님께 바칩니다.

책머리에

이 책은 학술 서적도 아니고 그렇다고 본격적인 대화록도 아닙니다. 이 책은 설악산 기슭에 있는 한 통나무 까페에서 밤이 늦도록, 때로는 밥상머리에서 침을 튀기며, 가끔은 채소밭에서 땀을 흘리며 청년 대학생들과 나눈 이야기들을 묶은 것입니다. 책의 내용은 대강 다음과 같습니다:

제 1-3장은 현대 사회의 갈등과 문제의 근본원인이 사회구조나 제도에 있는 것이 아니라 우리 시대의 가치관과 세계관에 있다는 것을 동서양의 상대주의에서 찾아봅니다. 그리고 그 근거로 서양의 변증법과 동양의 중용지도 그리고 현대 지식 시장에서 가장 인기 있는 이론들을 들어 설명합니다.

제 4-6장은 우리 시대의 문제 속에서 살며 참된 진리를 찾아 고민하는 구도자들을 위해 참된 진리관과 좋은 세계관의 판별 기준과 원리를 제시하고 그 방법론을 따져 봅니다. 동시에 기독교 세계관운동 방향도 제시합니다.

마지막 제 7장은 부록으로 젊은이들의 최대 관심 사항인 연애와 결혼 그리고 섹스 문제를 다룬 '깔때기론'과 전도하고 "사람들을 옳은 데로 돌아오게" 하려는 마음을 가진 사람들을 위해 '유형별 변증학'을 첨부했습니다. 참고만 하시기 바랍니다.

　　배운 것도 많지 않고 말도 어눌한데다가 밤새 커피에 취해 나눈 이야기들이라 두서가 없지만 버리기는 아까워 주섬주섬 주워 글로 묶어 보니 저자의 무지만 드러나는 것 같아 부끄럽기 그지없습니다. 그러나 오직 우리 시대의 청년 대학생들을 바른 영성과 진리의 바다로 인도하고 싶은 마음과 사랑 하나로 나눈 이야기라는 점을 널리 양해하시고 읽어주시기 부탁드립니다.

　　설악산 기슭까지 찾아와서 목마르게 진리를 찾던 정직한 구도자들과 무엇보다 이 일을 위해 함께 기도하며 격려해 주신 김북경 총장님 내외분과 양영전 목사님, 황성주 박사님, 그리고 저와 함께 한솥밥을 먹고 사는 김정훈, 신기숙, 이춘성 김수연 간사님과 비가 오나 눈이 오나 한결같이 도와주는 기도 동지들 그리고 제 아내 박경옥과 기진, 혜진, 의진에게 지면을 빌어 감사를 드립니다. 이 책은 여러분이 없었으면 세상에 나올 수 없었던 것입니다.

2005년 겨울 문턱에, 라브리에서
성인경 올림

‖ 차례 ‖

제 1 장

구조적인 문제인가 가치관의 문제인가?

현대 사회의 갈등과 문제의 원인

"상대주의는 진짜 사람의 아편이다. 그것은 매우 중요한 문제들에 대한 심각한 논의를 중지하게 하고, 사람들로 하여금 다원주의의 도전에 무디어지게 하며, 그들의 삶에서 가장 중요한 선택들을 내려야 할 때에 몽유병 환자처럼 잠꼬대를 하게 한다. 하나님의 존재와 성격에 관련된 질문들은 더 이상 시급하지 않게 된다. 왜냐하면, 이것은 진리의 문제가 아니라 개인의 의견과 선호도의 문제이며, 그리고 최종적 결론을 얻을 수 있는 성질의 것이 아니라고 보기 때문이다."

Dick Keyes

첫째 이야기

까페의 눈 오는 밤 : 나이 차이와 생각 차이

> "노무현의 육체적 나이는 60대가 가깝지만 정신적 나이는 386세대
> 라는 말이 있는데 그것이 조작일까요 사실일까요?"

단풍이 아름다운 설악산 기슭, 토론이 꽃을 피운다는 논화리(論花里)에 제법 커다란 통나무 까페가 하나 있습니다. 한 때 영동최고의 식당으로 이름을 떨칠 때는 롭스터와 위스키 냄새에 당구 소리가 울려퍼졌던 곳입니다.

지금은 가난한 주인을 만난 탓에, 책 냄새와 잉크 맛만 풍길 뿐입니다. 다산이 아들들을 위해 지어줬다는 책 냄새와 잉크 맛만 풍기는 공

---

1) 다산 정약용이 황해도 곡산부사로 부임했을 때 수레 두 대에 책을 가득 싣고 가서 자식들의 공부방을 꾸며주고 '서향묵미각(書香墨味覺)', 즉 '책 냄새와 먹의 입맛이 나는 방'이라는 이름을 붙여 주었다고 합니다.

부방 '서향묵미각(書香墨味覺)'[1]보다 더 낫지는 않지만 라브리 공동체라는 것이 거기 있습니다.

그러나 거기에는 온 세상을 이리저리 떠돌던 젊은이들의 발 냄새가 풍기고, 끼니마다 동서양 최고의 별미를 맛볼 수 있고, 무엇보다 인생과 진리를 논할 수 있는 열린 대화의 진미가 있습니다.

밖에는 매섭게 눈발이 휘날리던 어느 날 밤, 한 무리의 젊은이들이 벽난로 옆에 둘러 앉아 장작 냄새를 맡으며 차를 마시고 있었습니다.

이런 저런 이야기꽃을 피우고 있다가 종일 책과 씨름하던 한 만학도가 하품을 하던 입을 막고 미안한 마음에 입을 열었습니다.

> "조작이겠지요. 정치인들이야 자기 이름 외에는 조작하지 않는 것이 어디 있습니까? 친일 집안도 독립운동가 집안이 되어 있고, 주사파가 반공운동도 하는 세상인데 뭐. 나는 노짱이 젊은층 표를 얻으려고 살짝 언론 플레이를 했다고 봐요."
> "사실이잖아? 3+8+6 = 17, 열일곱 살짜리 정치를 하잖아?"
> "야 임마. 말조심 해."
>
> "선배님, 저놈아가 무슨 잘못된 말을 했능교? 맞는 말 아닝교? 열일곱이면 고 1인데 뭘 보고 고 1 이상이라고 생각하능교?"
> "맞기는 뭘 맞아 임마. 네가 이런 나라에서 정치 한 번 해봐라. 너는 노통보다 잘 할 것 같애?"

갑자기 분위기가 너무 뜨거워졌습니다. 날씨가 추울 때는 정치 이야기를 하면 난방비를 절감할 수 있겠다고 생각하고 있는데, 만학도가 웃으며 분위기를 바꾸려고 애썼습니다.

　"술도 한 잔 안 했는데 다들 어디에서 그런 열이 나옵니까? 창밖을 좀 봅시다. 아 경치 좋다. 눈 오는 날 장작불을 피워놓고 차를 마시니까 차 맛이 절로 나네. 오늘 나는 말입니다. 녹차에도 은은한 맛이 있다는 것을 난생 처음으로 느끼는 순간입니다. 커피 맛도 괜찮지요? 제가 괜히 정치 이야기를 꺼내서 미안합니다. 화제를 다른 데로 돌립시다. 우리가 이 심심산골까지 찾아온 이유가 열 받는 정치 이야기나 하려고 온 것이 아니잖습니까? 자, 우리 인생이나 논합시다."

　"자식, 사나이가 칼을 한 번 뽑았으면 무라도 잘라야지 그게 뭐야? 조작이 사실이가? 하기야 조작이면 어떻게 사실이면 어때? 그러나 저러나 임기는 채울 것 같으니?"

　전역한지 한 달이 안 되어서 그런지 아직도 군기가 덜 빠진 제대 병장님의 패기 있는 한 마디었습니다. 화두를 돌릴 생각이 없다는 말투였습니다.

　"만약 그것이 사실이라면 육체적 나이에 비해 정신적 나이가 10년에서 20년 가까이 젊다는 말이고, 만약 그것이 조작이라면 젊은이들을 끌어안아 보고자 하는 정치적 구호에 지나지 않을 것입니다. 어떻게 잡은 권력인데 임기를 다 안 채울까요?"
　"그런데 노인들뿐만 아니라 청년들도 대통령의 인식구조가 나이에 비해 젊어 보인다고 말하잖아요? 때로는 나보다 더 젊은 생각을 하던데? 노사모가 문제지."

"최근에 국내외의 여러 가지 현안들에 취하는 태도를 보면 나이에
비해 젊은 것은 말 뿐이지 생각은 그렇지 않은 것 같은데요?"

"다 세대 차이지 뭐."

창밖에는 눈이 수북이 쌓이고 벽난로에는 언제부터인가 감자 익는
냄새가 나고 있었습니다. 청년들의 이야기도 익어 가고 있었습니다.

"나도 한 마디 해도 됩니까? 우리가 흔히 '세대 차이' 를 '나이 차
이' 라고 생각하는데 그것은 잘못입니다. 나이를 먹어도 젊은 생각
을 하는 사람들이 있는가 하면, 나이는 젊은데 늙은 생각을 하는 사
람들이 있잖습니까?"

"맞아요. 의현이는 겨우 스물 두 살인데 속에 영감이 들어 있는 것
같아요!!!"

"맞아요. 까페지기님은 50대인데 의진이보다 생각이 어려요!!! 아이
스크림 갖고 싸우면 의진이가 양보 한데요!!!"

"어른을 놀리면 자다가 오줌 싸요. 그래서 말인데, '세대 차이' 는
'나이 차이' 가 아니라 '생각의 차이' 입니다. 노대통령께서는 나이
는 제 나이를 잡수셨으나 확실히 생각이 20년은 젊으신 것 같은데
여러분은 어떻게 생각하세요? 우리 대통령을 우리가 존경하지 않
으면 누가 존경하나?"

"와… 까페지기님, 여기에서는 정치 이야기 하면 안 되지요? 그렇
지요?"

"한국 사람이라면 정치 이야기를 안 하면 무슨 재미로 사나? 그 맛에 다 신문 보고 TV 보는 것 아냐? 싫다면서 다 보는 것 보면 좋아하는 것 같애. 나야 안 본지 오래 됐지만 말이야."

"까페지기님, 질문이 있는데요? 대통령님의 별명이 몇 가지인지 아세요? 한 열 가지는 될 것 같은데 제가 좀 외워 볼까요? 저는 까페지기님의 별명도 아는데 말해도 돼요?"

아무 말 없이 앉아 있다가 한 마디씩 던지는 말에 모두들 배꼽을 잡게 만드는 그 학생이었습니다. 뜻한 바가 있어 유명한 대학의 경영학과를 중퇴하고 한의학을 다시 시작한 바로 그 만학도의 능청이었습니다.

"그건 일급비밀입니다. 자 이 정도에서 오늘 토론은 마치고 이제 자러 가든지 밖에 나가서 눈싸움이나 하지?"

"질문이 있는데요? 네이버 지식사전을 어떻게 생각합니까?"

"……"

두 번째 이야기

까페의 잠 들지 않는 밤 : 네이버 지식

"까페지기님은 진리가 있다고 믿습니까? 저는 하루 종일 책에 파묻혀 지냈는데 도대체 진리가 뭔지 모르겠습니다."

그 다음 날 저녁 벽난로 옆에 옹기종기 모여 앉아 저마다 차 한 잔씩을 들고 책도 읽고, 호박 케익도 먹고, 이야기도 나누며 놀고 있습니다. 구도자가 제일 먼저 이야기를 꺼냅니다. 제가 깨달은 것이 이것입니다.

"진리는 내가 생각하는 그것이 진리이다."
"진리는 내가 느끼는 그것이 진리이다."
"진리는 내가 하고 싶은 그것이 진리이다."

"야. 임마. 그런 게 진리면 내가 이미 진리를 알고 있는 것이란 말이야?"
"그렇지. 진리니 도니 하는 것이 어디 있냐? 진리라는 것은 추상명사야. 정말 네가 진리를 알고 싶으면 달라이라마를 찾아가봐. 그가 이렇게 말해 줄 거야. '여기에 있는 것도 아니고 저기에 있는 것도 아니니라. 진리는 네 마음 속에 있느니라.'"
"놀고 있네. 네 말대로 만약 진리가 네 마음속에 있다면 이 산속에는 왜 왔니? 하산해라. 하산해. 나는 진리를 찾아 절에도 가보고 교회에도 다녀보고 그래도 미련이 있어서 장가갈 돈 모아서 네팔까지 갔다고. 거기서 진리를 찾으려 했으나 가난과 인간 이하의 삶을 보고 '이건 아니다.' 생각하고 여기까지 왔어. 여기가 내 마지막 피난처란 말이야."

"야. 이 바보야. 달라이라마는 네팔에 없어. 지난주에는 캐나다에 있던데? 보웬 섬인가 하는, 라브리가 있는 그 섬에 자기 형님이 명상의 집을 세우는데 강의 차 갔는가 본데, 네팔갈 돈이 있었다면 히말라야나 올라갔다 오지? 내가 히말라야에 갔다면 스쿠버 다이빙을 실컷 타고 왔을 텐데. 이번 '데이 오프(a day off, 하루 쉬는 날)' 때는 울산바위에 가서 탈거야. 너도 갈래? 하늘에 붕 뜨면 진리가 저절로 느껴져."

"놀고 있네 … 어떤 사람이 진리가 없다고 그러나? 그 사람은 정신 나간 것이지. 진리 없이 어떻게 사람이 사냐? 죽이고 훔치고 때리고 해도 진리가 없으면 무법천지가 되게? 나는 진리야 있다고 믿는다. 그러나 상대적인 진리가 있다고 믿어. 그런데 가만히 들어보니 네가 찾는 진리는 절대적이고 보편적이며 영원한 진리잖아? 그런 것은 아무리 찾아도 없으니까 일찍 하산 하고 예쁜 여자 만나서 장가나 가라."

"네가 진리를 다 알면 뭐 하러 여기에 왔니? 내가 볼 때 너는 상대주의자든가 다원주의자로군. 네가 먼저 하산해라."

때로는 선생보다 학생들이 낫습니다. 만학도가 그렇고 구도자가 그렇습니다. 선생은 그들이 곁길로만 안 가게 그저 길 안내만 하면 자기

할 일을 다 하는 것입니다. 그러나 오늘은 까페지기의 의무가 거기에서 머물 것 같지는 않아 보입니다. 벌써부터 다들 언성이 너무 높은 것이 험난한 밤을 예고하는 듯합니다.

　"네 말대로 나는 상대주의자야. 나는 너처럼 진리를 찾는 사람이 아니고 이미 찾은 진리 안에서 어떻게 자유를 누릴까 고민하러 온 사람이야. 이 세상으로부터 해방, 모든 얽매인 것으로부터 자유를 맛보고 싶어서 온 사람이야. 부모로부터 자유, 꼴 보기 싫은 사람들로부터 자유, 이게 얼마나 좋으냐? 나는 자유라는 것을 맛보기 전에는 하산 안 할 거야."

　"야야. 하산은 도가 터져야 하는 거고. 진리가 추상적이거나 상대적이라면 너나 나나 이런 고생은 다 헛수고야. 어딘가에는 참 진리와 참 자유가 있을 거야. 그래야 이 세상에 옳고 그른 것이 있고, 너하고 나 그리고 우리 사이에도 편하지. 안 그래?"

　"나도 한 마디 좀 해도 되겠습니까? 보아하니 요즘에도 바보같이 진리를 절대적이라고 믿는 사람이 진짜 있는 가 본데 그런 사람은 21세기에 살 자격이 없는 사람들이지. 우리 교수님은 '근접성의 원리' 혹은 '유사성의 원리' 인가 뭔가로 진리를 설명하시던데, 너희들은 그런 말도 못 들어 봤냐? 진리란 절대적이고 보편적인 것이 아니라 근접하고 유사하면 진리라고 치자는 말이야. 요즘은 비슷하면 진리라고 말하는 거야."

　모두가 놀랐습니다.

"와우!!! 철학자도 오셨네."

"조용히 좀 하세요. 우리도 지식인답게 토론이라는 거 좀 합시다.
이 까페가 정직한 질문에 정직한 토론을 하는 곳인지 몰라?"
"야, 여기는 정직한 질문에 정직한 대답을 찾는 곳이지 토론 하는
곳이 아냐."
"그래 맞아."
"맞아."

참다못한 수학도가 끼어들었습니다.

"정직한 대답을 찾으려면 토론을 해야 찾지, 그렇지 않소?"

"『다빈치 코드』라는 소설 읽어 봤어? 거기에 나오는 암호들 중에,
'피보나치 수열'이라는 것이 있잖니? 1, 1, 2, 3, 5, 8, 13, 이렇게 앞의
수 두 개를 더해서 세 번째 수를 만들어 내는 거. 예를 들어 8+13=21,
그 다음엔 13+21=34, 55, 89, 144, 이렇게 끝없이 계속되는 수열. 그런
데 각각의 수를 바로 앞의 수로 나누면 흥미로운 결과가 나오거던.
처음엔 1÷1=1이죠. 다음엔 2÷1=2, 3÷2=1.5, 5÷3=1.66, 8÷5=1.6,
13÷8=1.625, 21÷13=1.615, 이렇게 점점 숫자가 1.62 근처의 어느
점으로 모여들기 시작하는데 이 숫자가 바로 황금비율이거던. 『다
빈치 코드』에는 이것이 "PHI"라는 이름으로 나오는 것 있잖아? 이
렇게 '피보나치 수열'을 수백 단계까지 계산해도 정확한 PHI의 값
에 도달하지는 못하는 것처럼 진리는 절대적인 것이라기보다는 근

접한 것이면 진리라고 쳐야 한다는 철학자들의 말이 맞는 거야."[2]

그때 점잖은 채 하는 한의학도가 두 손을 모으고 눈을 지그시 감은 채 설법 하듯이 무겁게 입을 열었습니다.

"어리석은 중생들아 머리 너무 굴리지 말라. IQ도 별로 안 좋은 사람들이 머리를 많이 굴리면 두통이라는 것이 생겨요. 알고 보면 진리는 따로 있는 것이 아니니라. 바깥에서 지저귀는 새 소리, 창 밖의 자동차 소리, 얼굴에 스치는 바람소리 이 모든 것이 진리이니라."

가만히 듣고만 있던 한 불문학도가 빈정거렸습니다.

"부처님이 오셨네 그려. 진리는 이것도 저것도 아니고 게임이고 장난이야. 어떤 사람은 진리는 권력 행사를 위한 위장이라고 말했다던데? 아마 진리는 권력 위장이라는 말이 맞을 거야. 권력이 곧 진리이고 진리가 곧 권력이지. 우리나라를 봐. 남자가 진리이잖아?"

다시 불가지론자가 두 손을 번쩍 쳐들며 소리를 질렀습니다.

"자 이제 자러 갑시다. 안 자려면 영화나 한 편 보든지. 어젯밤에 본 "물랑루주"란 거 참 재미있었지? 밤새 이야기 해봤자 입만 아플 뿐인데, 영화나 보지. 철학자나 신학자들이 진리가 있다는 말은 새빨

---

2) 저자의 아들 기진이가 아버지에게 보낸 "변증법의 실험" 이라는 에세이에서.

간 거짓말이야. 진리는 없는 것이 아니라 진리는 죽었어. 누가 진리
가 있다고 말하면 그것은 사기고 장난이야."

그때까지 아무 말도 없이 조용히 듣기만 하던 한 영화 시나리오 작
가 지망생이 입을 열었습니다.

"저도 한 마디 해도 될까요? 아까 누가 '피보나치 수열'에 대해 말
하는 것을 들었는데, '피보나치 수열'이라는 것에 의해 PHI가 결정
되는 것은 아니죠? 보통 사람들이 잘 모르는 수열이라는 신기한 수
학적 법칙에 의해 비슷해 보일 뿐이지, '정해져 있는 것'과 '가까운
것'은 다릅니다. PHI같이 정해져 있는 것은 변하지 않는 진리이지
만 그렇다고 워낙 가깝다고 해서 진리라고 말하면 안 되죠. 사람들
은 가까우니까 헷갈리는 겁니다. PHI는 정해진 숫자로 분명히 존재
하거든요."

구도자가 그렇게 소리쳤습니다.

"여… 작가 씨, 도대체 당신의 정체가 뭐야? 별 걸 다 알고 있구먼.
그러면 피보나치수열이라는 것이 '원주율 파이(pi)'와 비슷한 거라
이 말이군. 원주율 파이를 3.14라고 말할 수 없는 것과 같은 거란 말
이군요. 사실 원주율 파이는 3.141592… 이렇게 계속되는 무한소수
니까."

"그만 자러 갑시다."

"그만 합시다."

그때 까페 주인이 끼어들었습니다.

"자러 갈 사람은 가세요. 그러나 자러 가더라도 무슨 말인지 좀 알고 자러 갑시다. 시나리오 작가가 생각이 깊지 않아요?"
"그러면 제가 예를 들어 설명해 보겠습니다. 누군가가 네이버 지식 사전에 '캐나다 어학연수 비용이 얼마입니까?' 하고 물으면, 누가 '한달에 150만원이다'라고 올리면, 다음 사람은 "한 달에 200만원이다'로 고쳐 놓을 수 있는 겁니다. 그 다음 사람이 좀 더 자세한 설명을 추가할 수도 있고요. 물론 장난으로 이상한 것들이 올라오기도 하고, 정치적인 내용을 올리는 사람도 있습니다. 이런 과정을 거듭하여 세계 최고의 백과사전을 만들겠다는 것이 위키피디아의 야망입니다. 만약 캐나다 어학연수 비용이 네이버 지식인들의 토론으로 결정된다면, 네티즌들이 그렇게 결정했기 때문에 영어학원은 정확히 몇십 몇만 원의 수업료를 받는 거라면, 어딘가 이상하죠. 캐나다 어학연수 비용이 얼마인지, 탕수육이 제일 맛있는 집은 어디인지, 컴퓨터는 삼성과 HP 중에 어디가 성능이 더 좋은지, 서울대에 가까운 원룸을 얻으려면 어디서 알아보는 것이 가장 편리한지, "It may be, however, as high as 3 million." 이 한국말로 무슨 뜻인지, 영화관 자막 글씨체는 왜 항상 똑같은지, 여자들 생리대는 어느 회사 제품이 알레르기 확률이 낮은지, 연예인 김 모 씨의 실제 나이가 몇 살인지, 비행기를 물 속에서 조종할 수 있는지… 이런 질문만 하면 누군가가 대답해 주고, 다른 누군가 그 대답을 비판하고, 그래서

더 자세한 정보를 가진 사람을 찾다 보면 언젠가는 정답에 닿는다
는 거죠. 이게 변증법의 실천이 아닙니까?"

작가가 급히 숨을 몰아 쉬고 난 후에 다시 말을 이어갑니다.

"네이버 지식인들이나 위키피디아에서 모이는 정보들도 이런 식으
로 특정한 점을 향해 다가가도록 되어 있습니다. 시간제한때문에,
그리고 참여하는 사람들이 가진 지식의 제한때문에, 아무리 기다려
도 정확한 정답을 찾지는 못하는 것이 현실임에도 불구하고, 진리
는 다수에 의해 얻어낸 답이라는 것입니다."

갑자기 철학도가 작가의 말을 중간에 끊었습니다.

"야. 그게 다수에 의한 진리라는 거지. 그러면 그게 유사한 것 혹은
근접한 것이 진리라는 것과도 통하네."
"맞습니다. 그게 그거죠. 왜냐하면…"

시나리오 작가가 신이 나서 계속 말을 하려고 할 때, 신학도가 기뻐
서 어쩔 줄 몰라 신음을 토해냈습니다.

"맞습니다. 맞아요. 진리가 다수나 권력 혹은 재미에 의해 결정된
다면 그것은 진리가 아니라 이론이지."

그때 누가 외쳤습니다.

"야. 눈이 무지 많이 왔어. 눈싸움 하러 가자."

그렇게 까페의 밤은 깊어갔습니다. 밤이면 밤마다 젊음의 낭만과
정직한 토론이 무르익어 갔습니다.

세 번째 이야기

어디에 문제가 있는가?

"당신은 국제 사회의 급선무가 무엇이라고 생각합니까?"

미국 '트리니티 포럼(Trinity Forum)'의 수석 연구원인 오스 기니스(Os Guinness)는 오늘날 현대사회와 기독교가 시급히 해결해야 할 문제를 다음과 같이 세 가지를 제시했습니다.[3]

> "첫째, 이슬람 국가들을 정치적 민주 국가로 연착륙 시키는 것입니다."
> 둘째, 중국이 힘을 절제할 줄 아는 부국이 되도록 돕는 것입니다.
> 셋째, 서방 국가들이 잃어버린 기독교적 가치관을 회복하도록 하는 것입니다."

그의 말은 향후 수십 년간 혹은 100년간 서양 기독교가 지속적으로 관심을 가져야 할 아주 중요한 과제를 밝힌 것입니다.

그러나 매일 같이 중동에서 들려오는 소식은 테러와 폭력이지만 어느 한 나라도 신경을 안 쓰는 것 같이 보입니다.

수천 년간 바로 옆에 살면서 그렇게도 오랫동안 짓밟혔으면서도 중

---

3) 기니스(Os Guinness), 2005년 3월 11-13일에 열린 라브리 설립 50주년 기념 수양회 (L' Abri Jubilee Conference)의 강의 중에 본인뿐만 아니라 미국의 많은 정치학자들과 기독학자들이 분석한 것이라며 이런 말을 했습니다.

국이 향후 50년 후에는 미국을 능가하는 초강대국이 될 것이라고 해도 우리는 눈 하나 까닥하지 않고 태연합니다.

그리고 어제만 해도 흑인들의 폭동에서 가게가 다 부서지는 것을 보고도 서방에서 무엇을 빼앗아 올 것만 생각하지 무엇을 베풀 것인가는 생각하지도 않습니다.

무관심, 무감각, 무대책이 우리의 현실입니다. 혹시 3무(三無)가 모든 나라의 쇠퇴원인이었다는 것을 아시는지요?

우리나라의 현실적 문제

"그러면 우리나라가 시급히 해결해야 할 문제는 무엇일까요?"

이 질문에 대해서는 말을 잘 안하려고 합니다. 왜냐하면 누구나 알다시피 문제가 한두 가지가 아니기 때문입니다. 약 1년 전에 노무현 대통령은 소르망(Guy Sorman) 교수로부터 "한국 경제가 성장을 늦추게된 데는 네 가지 도전에 직면했기 때문인데 그것을 타개하기 위해서는 빨리 개혁을 추진해야 한다"는 보고를 받았습니다. 그 네 가지 도전이라는 것은 우리가 시급히 해결해야 할 과제들이었습니다.[4]

"첫째, 구조조정이 필요합니다."
"둘째, 사회적 갈등이 너무 크다는 것입니다."
"셋째, 진보니 보수니 하면서 이데올로기적 양극화 현상이 지나치다는 것입니다."
"넷째, 북한의 체제적인 위협입니다."

그러나 이번에도 우리는 허송세월을 하고 말았습니다. "개혁은 물 건너 간 것 같다"는 말이 많이 들립니다. 구조조정도 사회적 갈등도 양극화 현상도 북한 문제 중에 어느 것 하나 제대로 해결될 기미가 보이지 않습니다. 몇 번이나 칼을 빼다 만 과거사 정리도 이번에도 어영부영 지나갈 소지가 많아 보입니다.

---

4) 기 소르망(Guy Sorman)은 세계적인 문명비평가이며 철학자이자 파리 제1대학의 교수로서 우리나라를 여러 차례 방문한 바가 있는데, 약 1년 전에는 정, 제계 인사들이 모이는 학술회의에 참석한 직후에 대통령에게 보고했다.

지배세력이 이렇게 중심을 못 잡고 있는 동안에 나라의 구석구석은 날이 갈수록 더 부패하고 혼란스러워 가고 있습니다. 흔히들 하는 말로 난국(難局)이 아니라 난국(亂國)입니다. 그러나 지금보다 다음 대선(大選) 때나 몇 년 후가 더 어려울 것이라고 하는 소리를 들으면 눈앞이 캄캄합니다. 사실 사방을 둘러봐도 희망을 갖기가 쉽지는 않습니다.

아침에는 국민을 위한 정치니 상생이니 하다가도 밤이 되면 언제 그런 말을 했느냐는 듯이, 죽이니 살리니 하며 파워게임을 즐기고 그것도 모자라면 온갖 권모술수를 부립니다. 나라의 정의를 바로 세워야 할 정치권이 두 얼굴을 가진 야누스처럼 "정치는 쇼 비즈니스이다"라는 듯이 하니 나라 안팎으로부터 불신을 사고 있습니다.

아침에는 추상같은 권위로 천하를 벌벌 떨게 하다가도 밤이 되면 폭탄주 한 잔에 힘 있는 자는 풀어 주고 힘없는 자는 잡아 가두기도 합니다. 사회의 기강을 세워야 할 법조계가 여론과 권력의 눈치만 살피다가 "권력이 곧 법이다" 혹은 "법은 사회학적이다"라는 정신으로 전락하여 법복의 권위에 대해 의심을 받고 있습니다.

아침에는 교회에서 예배를 드리던 사람들이 오후에는 법당에도 기웃거리고 대화니 종교다원주의니 하다가 "모든 종교에 구원이 있다"고 양보해 버리고 나니, 타종교도 마찬가지이지만, 특히 교회는 영적, 정신적 영향력은 간곳이 없고 '영리 집단'으로 전락하고 있습니다.

아침에는 바르게 살아야 한다고 가르치던 선생님들이 저녁에는 촌지에 술판을 벌이다 보니 강단 권위가 땅에 떨어지고 있습니다. 백년대계를 세워도 시원찮을 교육계는 "교육도 장사다"라고 떠드니 "교육부를 없애는 것이 최고의 교육정책이다"라는 말이 나올 정도가 되었습니다.

아침에는 '지성인' 혹은 '여론형성자'라는 평판을 듣고 목에 힘을 주지만 저녁에는 사방에 도적이 들끓어도 침묵으로 세월을 낚거나 연구실에 칩거만 하고 있습니다. 그 결과 시대의 흐름을 진단하고 나라가 나아갈 방향을 제시하는 지식인들이 드물고 기회주의 지식인들만 판을 치고 있습니다.

아침에는 책상에 얌전하게 앉아 공부하는 청소년들은 밤에는 술도 팔고 몸도 팔고 그것도 모자라면 이른바 레이브(rave)라는 테크노 파티를 열어서 '엑스터시'[5]를 먹고 해롱거리기도 합니다. 그러다가 모자라면 매춘, 동성애, 인터넷 음란사이트 채팅, 원조교제, 음주, 폭력, 포르노 영화, 몰카 등에 영혼도 팔아버립니다.

> 정치권 : "정치는 쇼 비즈니스다."
> 법조계 : "권력이 법이다."
> 종교계 : "모든 종교에 구원이 있다."
> 교육계 : "교육부를 없애는 것이 최고의 교육 정책이다."
> 지식인 : "시류를 잘 타서 출세나 하자."
> 청소년 : "나는 내 세상이 있죠. 추카추카추."

문제는 청소년들입니다. 한 청년은 이런 현실을 "디오니소스(Dionysos) 상황"이라고 부르고 그 특징을 다음과 같이 탄식한 바가 있습니다.

---

5) 엑스터시(MDMA)는 일명 '도리도리'라고도 하는데 한 알만 먹어도 두뇌에 치명적인 영향을 줄 수 있는 새로운 마약입니다. 우리나라는 '마약 확산의 비등점'으로 불리는 마약범죄계수가 최근 '20'을 넘어서면서, 단속과 치료 등을 통해 투약자와 밀거래자를 통제할 수 있는 '마약 통제시대'에서 '통제 불가(不可)시대'로 넘어가고 있습니다.

"오늘날의 청소년들은 종교에 대한 대체로서의 미(美), 절제에 대한 부정으로서의 즐김, 유한한 삶으로부터 오는 무기력감, 슬프거나 강렬한 음악으로의 도피, 끝없이 채우려 하지만 채워지지 않는 에로스의 딜레마, 심한 성적 방탕, 상처 주는 것을 즐김, 끝임없는 공허함과 오락에의 심취 등에 빠져 있다."[6]

문제는 청소년들만이 아니라 어른들도 권력 갖고 놀기, 아내나 남편 바꾸어서 갖고 놀기, 로또로 한탕하기, 자살 등 더 한심한 일탈에 빠져 있습니다. 그중에서도 커가는 갈등과 분노 그리고 좌절은 극에 달했습니다. 분노와 좌절은 다소 개인적인 문제와도 연결되어 있지만, 갈등은 사회적입니다. 빈부갈등, 이념갈등, 지역갈등, 정치갈등 등이 대표적인 문제입니다.

그 중에서도 빈부갈등이 가장 높은 것은 최근의 경제 사정으로 인해 생긴 실업률 증가나 신용불량자 증가로 상대적 빈곤감을 호소하는 사람들이 늘어나고 있기 때문입니다. 오랫동안 우리나라는 지역갈등으로 고통을 겪었는데 요즘은 이념갈등이 지역갈등 보다 더 심각하다는 통계가 나오고 있습니다. 아마 그것은 현 정부가 들어선 이래로 생긴 진보와 보수 간의 코드 차이가 낳은 새로운 현상 중에 하나인 것 같습니다.

우리 사회의 특성상 빈부갈등과 이념갈등, 지역갈등은 정치적 갈등과 대립으로 곧바로 연결되기 쉬운데, 사실인즉 정치 갈등은 전쟁의 수준에 버금가는 듯 불안하기만 합니다. 감사하게도 정부가 갈등의 위

---

6) 이형대, 2001년 라브리 집담회, 학생 에세이 발표, "그들은 하나님의 가족입니다" 에서.

험 수위를 눈치 채고 서울 강남북간의 경제 및 교육 갈등 없애기, 분배 확산, 선거제도 바꾸기 등 갖가지 노력을 기울이고 있어서 그나마 다행이라 생각합니다.

문제는 해결책에서도 보입니다. 결론부터 말하면, 현 지배세력은 "무대책을 상책"으로 받아들이는 것이 아닌가 할 정도로 무기력해 보입니다. 아마 해결책이 너무 많아서 해결될 것도 안 되고 있는지 모르겠습니다.

지배세력은 "이런 혼돈은 진보의 한 과정이야"라며 오히려 아무런 문제가 없다는 듯이 현재의 위기를 낙관적으로 봅니다.

반대세력은 내일이라도 당장 나라가 망할 것처럼 "모든 것을 뒤집어엎고 다시 시작해야 한다"며 비판적입니다. 그들은 "세대간의 갈등은 치료불가능하며 사회통합은 점점 멀어지고 있다"고 외칩니다.

냉소세력은 "그게 바로 세상이야"라며 현실 사회와 정치에 절망하고 속칭 "신경 끄고 사는 사람들"은 냉소적입니다. 나라가 어떻게 돌아가던 자기 가족에게 직접적인 피해가 없으면 나라가 잘 되든지 못되든지 개의치 않겠다는 사람들입니다.

중도세력은 "세대간의 충돌은 미미하며, 진보와 보수 간의 대립도 별것이 아니다"고 두둔하며, 세대 갈등과 조화의 미학이나 제시하는 중도적인 사람들입니다.

이런 난국에서는 중도세력이 가장 돋보입니다. 서울대 송호근 교수의 리포트, "한국, 무슨 일이 일어나고 있나"가 시사하는 바가 큰 것도 그것 때문입니다. 얼핏 보기에는 진보적인 입장을 옹호하는 듯하나 엄

밀하게는 중도적인 입장인 것이 분명해 보입니다.[7]

그러나 우리 시대의 갈등과 문제를 단순히 사회학적으로나 정치적인 방법으로만 해결하려고 해서는 안 됩니다. 그리고 시민단체들이 주장하는 "사회통합을 위한 범 정치권 차원의 대책"도 필요하기는 하지만 그 정도로는 미흡합니다. 그것은 문제의 원인을 잘못 짚은 것입니다.

오래된 국가적인 문제들이 낙후된 권력구조나 정치관행 혹은 부정부패가 청산 되면 해결된다고 생각하면 곤란합니다. 특히 지배세력을 교체하기만 하면 한꺼번에 모든 문제가 다 해결 될 것이라고 생각해서도 곤란합니다.

저도 처음에는 그렇게 생각하고 시민운동에 관심이 많았습니다. 사실 우리나라의 상당수의 문제들이 권력 구조와 관련되어 있는 것이 사실이고, 그런 운동은 계속 필요합니다. 그러나 제가 이 책에서 말씀드리고자 하는 것은 체제개혁보다 더 근본적이고 본질적인 원인을 찾고 그것을 해결 하지 않으면 구조적인 개혁은 "밑 빠진 독에 물 붓기"라는 것입니다.

제가 생각하는 문제의 진실은 개혁철학의 부재, 즉 우리나라와 현대사회를 유지하는 기초, 즉 펀더멘틀(fundamentals)이 잘못되어 있다는 데에 있습니다. 바른 정치와 정의 그리고 교육, 경제, 예술 등을 발전시키고 개혁하려면 펀더멘틀이 바로 세워지기 전에는 불가능합니다. 오진(誤診), 즉 진단을 잘못하고 어찌 병이 낫기를 바라겠습니까?

---

7) 송호근, "한국, 무슨 일이 일어나고 있나", 삼성경제연구소, 2003.

문제의 원인은 상대주의에 있다

병원을 하나만 정해 놓고 다니는 사람이 있습니까? 의사도 한 사람에게만 가고, 검사도 한 번만 받고 수술을 하는 사람은 거의 없을 것입니다. 알고 보니 담당 의사를 못 믿어서가 아니라 높은 오진율 때문이랍니다. 병을 고치려면 진찰이 정확해야 하는데 오진을 받으면 병도 못 고치고 돈은 다 써버리고 고생은 고생대로 하고 생명을 잃을지 모릅니다.

그래서 이제부터 우리나라와 현대 사회가 안고 있는 문제의 근본 원인을 진단해 보고자 합니다. 결론부터 말하면, 문제의 근본원인은 상대주의(相對主義)라는 진리관과 사고방식에 있습니다. 그러나 누구도 '상대주의'란 말은 좀처럼 하지 않고 '관용', '다원주의'란 말을 많이 쓰고 있는데 그것은 상대주의의 하수인에 불과한 것입니다. 그러나 그 상관성을 한 번 따져 보고 상대주의의 문제라는 것이 무엇인지 살펴보겠습니다.

관용을 너무 좋아하지 말라

"관용을 베풀자"라는 말을 자주 들어 봤죠? 요즘 관용(寬容, tolerance)이란 말이 포도주 인기만큼이나 좋습니다. 그 향기 때문입니다. 맛만큼이나 향을 중시하는 풍조가 생기고 있다는 것을 말해 줍니다.

특히 지식인들에게는 관용이 가장 세련되고 고상한 가치로 통합니다. 한때는 청문회와 중요 재판이 있을 때 가장 자주 사용된 말이 "역사의 관용을 베풀자"라는 말이었습니다. 격동기일수록 관용이 중요 가치가 됩니다. 그러면 그 정체를 한 번 알아보겠습니다.

관용이란 말은 본래 불어로 '똘레랑스'란 말인데, 여러 가지 사안에 대해 사사건건 대립하거나 싸우는 대신에 개인의 의사를 서로 존중해 주고 자기와 전혀 다른 생각이라도 서로 용인하자는 가치관입니다.

1689년에 로크(John Locke)가 『관용(Toleration)』이란 책을 펴냈을 때만 하도, 관용이란 신구교간의 종교 전쟁이나 갈등을 피하기 위한 상호간의 이해를 폭을 넓히기 위한 용납의 정신으로 제시되었다고 합니다. 사실 이런 의미에서의 관용은 종교 간의 갈등이 날로 증폭되고 있는 지금도 절실한 정신입니다.[8]

현대에 와서 홍세화가 번역 소개한 『왜 똘레랑스인가』에서 필리프 사시에는 "참된 똘레랑스란 나의 자유를 인정할 뿐만 아니라 남의 자유도 인정할 때에만 실천되는 것으로, 종교 진리에 대해서는 국가 권력이 개입하지 않는 것, 공익 목표를 위해서는 순응하는 것, 개인의 자유와 존엄을 높이는 것 등의 가치관을 의미한다"고 주장했는데, 지당한 말씀입니다.[9]

사실 오늘날처럼 모두가 신경이 날카롭게 서 있을 때에는 관용이 필요합니다. 특히 사소한 일에도 심하게 다투기 쉬운 세상일수록 관용은 더욱 필요합니다. 개성과 자기주장을 강하게 내세우는 시대일수록 관용이 필요합니다. 세상이 삭막하고 윤리가 붕괴될수록 관용은 더 필요합니다. 정부가 다 많은 힘을 가지는 시대일수록 관용이 더 필요합니다.

그래서 혹자는 "관용은 비도덕 사회를 위한 최후의 도덕이다"고 외

---

8) Charles Van Doren, *A History of Knowledge*, Ballantine Books, pp.165-166.
9) 《한겨레》, 2001. 1. 15.

치기도 했습니다. 그런 의미에서 기독교는 다분히 관용의 종교입니다. 몇 가지 성경구절을 예를 들어보겠습니다.

> "만일 하나님이… 진노의 그릇을 오래 참으심으로 관용하시고"(로마서 9:22).
>
> "너희를 대하여 대면하면 겸비하고 떠나 있으면 담대한 나 바울은 이제 그리스도의 온유와 관용으로 친히 너희를 권하고"(고린도후서 10:1).
>
> "너희 관용을 모든 사람에게 알게 하라 주께서 가까우시니라"(빌립보서 4:5).
>
> "술을 즐기지 아니하며 구타하지 아니하며 오직 관용하며 다투지 아니하며 돈을 사랑치 아니하며"(디모데전서 3:3).
>
> "아무도 훼방하지 말며 다투지 말며 관용하며 범사에 온유함을 모든 사람에게 나타낼 것을 기억하게 하라"(디도서 3:2).
>
> "오직 위로부터 난 지혜는 첫째 성결하고 다음에 화평하고 관용하고 양순하며 긍휼과 선한 열매가 가득하고 편벽과 거짓이 없나니"(야고보서 3:17).
>
> "사환들아 범사에 두려워함으로 주인들에게 순복하되 선하고 관용하는 자들에게만 아니라 또한 까다로운 자들에게도 그리하라"(베드로전서 2:18).

그러나 안타깝게도 기독교 역사는 이런 말씀과는 반대로 흘렀습니다. 솔직히 말해서 기독교가 얼마나 관용에 인색했는지는 역사가 증명합니다. 기독인들 사이에서도 교리적으로 차이가 있는 자들을 탄압한 것은 물론이고, 로크가 지적했던 다른 종교를 믿는 자들이나 반대 자들을 용납하기는커녕 정치적인 박해를 가하거나 압제를 행사한 적이 수없이 많습니다. 관용보다는 무자비한 폭력을 행사한때도 있었습니다.

그 이유는 관용은 눈곱만큼도 없이 진리만을 부르짖었기 때문입니다. 사랑은 동반되지 않은 채 대결만을 능사로 알았기 때문입니다. 우리는 과거를 기독교의 부끄러운 죄악사 혹은 '똘레랑스'에 반하는 '앵 똘레랑스'라고 말할 수 있으며 마땅히 참회해야 합니다. 그러나 "간첩 신고와 단군상 목 자르기 그리고 국가보안법 등은 '앵 똘레랑스'이다" 라고 지적한 홍세화의 말은 어쩐지 '똘레랑스'를 지나치게 확대 적용한 것이 아닌가 하는 느낌이 듭니다.

단군상 목 자르기와 국가보안법은 그렇다고 치더라도, 간첩신고까지 같은 맥락으로 거론한 것은 개인이나 국가의 정보를 지키는 것까지도 해체해야 진정한 '똘레랑스'라는 말인가 하는 의구심을 일으킵니다. 그렇지 않아도 "간첩을 안 잡는거냐 못 잡는거냐?"라는 논란이 있는 이 때에 관용이란 핑계로 모든 이념과 범죄에 대해서까지 무장 해제를 하자는 것인지 궁금합니다.

그래서 여기에서 생각해 보고 싶은 것이 하나 있습니다. 그것은 다름이 아니라 오늘날 '똘레랑스'를 악용하는 사람들이 겉으로는 인권과 자유, 부도덕한 시대를 위한 최고의 성숙한 덕목이라고 부르짖으면서도 다른 한편으로는 진리 해체를 통한 권력 투쟁의 무기로 둔갑시키고 있다는 것입니다.

오늘날 관용이라는 이름 하에 동서양을 막론하고 우파와 좌파가 정략적인 동거를 약속하고 보수와 진보가 무차별적으로 연합하는 것이

유행인데, 그것은 오직 정치권력을 획득하기 위해 대중을 속이는 정치적인 사기입니다. 특히 관용이 정치적 이합집산이나 권력쟁취의 수단으로 악용되고 있는 것은 서글픈 현실이 아닐 수 없습니다.

진정한 '똘레랑스'는 비진리나 불의 그리고 부도덕까지도 서로 용납하거나 타협하는 것이 아닙니다. 오히려 그 반대입니다. 진리, 정의, 도덕이라는 기본적인 테두리 안에서 사랑으로 용납하는 것이 기독교가 말하는 진정한 관용입니다. 그것이 향기 있는 관용입니다. 그러나 요즘은 향기도 없는 관용만 판을 치고 있습니다. 진정한 관용은 어디로 사라졌습니까?

다원주의에 취하지 말라

다원주의(多元主義, pluralism)는 미국에서 시작된 정신인데, 모든 인간들은 문화적, 사회적, 종교적으로 다양하기 때문에 자신의 문화나 사상 그리고 종교를 자유롭게 선택할 균등한 기회를 가질 권한이 있으며 어떤 개인이나 국가로부터 그것을 억압받을 수 없다는 좋은 정신입니다.

김연종은 다원주의의 그러한 성격을 두 가지로 나누어 잘 설명한 바가 있습니다.

> "다원주의는 한 마디로 가치의 다양화이다. 개인적 차원에서 보면 개인의 자유의지에 기반한 선택과 결정을 존중한다는 것이고, 집단적 차원에서는 개인과 집단들의 문화적 차이, 즉 사상과 생활양식의 차이를 존중하는 것이다."[10]

그런 의미에서 기독교 사상가 오스 기니스(Os Guinness)가 잘 지적한 대로 "다원주의는 우리의 적이 아니다"라는 말이 맞습니다. 진정한 다원주의는 경직되고 폐쇄적인 우리 사회에 꼭 필요로 하는 것 중에 하나입니다. 우리는 본연의 다원주의 정신에 존경과 찬사를 보내야 마땅합니다. 미국 사우스보로우 라브리 대표인 카이즈(Dick Keyes)는 미국의 다원주의를 다음과 같이 분석했습니다.

> "미국에서 다원주의의 시도는 헌법 제1조를 수정함으로써 종교적, 철학적 다원주의 문을 열어주면서부터 시작되었다. 그것은 어떤 한 집단이 정부의 힘을 이용해서, 자신들의 신조를 내세워 그것을 국교화 하거나 강제성을 띤 이데올로기를 강요할 수 없도록 금지시켰던 것이다. 그러나 그것은 동시에 시민들이 공공 정책에 대해서 종교에 근거한 도덕적 가치관이든지, 아니면 비종교적인 도덕적 가치관이든지 여하한 (만약 그들이 다른 사람들도 동의하도록 설득할 수 있다면) 어떤 것도 마음껏 표현할 수 있는 자유를 준 것이었다. 그 이후 남북전쟁 기간을 제외하고 다원주의는 놀랍도록 성장해 왔으며, 미국은 다양성의 와중에서도 통일성을 유지할 수 있었다."[11]

이처럼 진정한 의미의 다원주의는 압제와 전쟁을 예방하고 개인의 자유와 열린 의사소통뿐만 아니라 개인과 국가 그리고 교회에 신념의

---

10) 김연종, "다원주의 대중문화 상업주의",《목회와신학》, 2001년 1월호, p.63.
11) Dick Keyes, "다원주의와 상대주의 그리고 관용(*Pluralism, Relativism and Tolerance*)",『혼돈 시대 속의 확실성을 찾아서』, (서울:일지각), pp.163-175.

독립성, 개방성, 다양성을 선물합니다. 오늘날 우리가 누리는 자유와 풍요는 진정한 다원주의의 열매라 할만 합니다.

그러나 안타깝게도 오늘날의 다원주의는 날이 갈수록 본연의 정신을 상실하고 있을 뿐만 아니라 한 걸음 더 나아가 절대화된 다원주의가 판을 차기 시작했습니다. 그 폐해는 개방성과 다양성을 인정한다고 하면서 종교와 윤리에 대한 소수 의견을 마구 잡이로 짓밟고 독단이라고 몰아붙이기까지 하는데 잘 나타나고 있습니다.

카슨(D. A. Carson)은 오늘날의 다원주의에 대해 다음과 같이 잘 지적했습니다.

> "모든 견해가 동등하게 유효하다는 전제에 충실한 사람들은 여러 견해들 가운데 특정 견해가 특별히 참되거나 유효하다고 주장할 가능성을 배격했다. 그들은 개방적 정신의 가치를 숭상하는 태도를 봉쇄했을 뿐 아니라 개방적 정신 자체를 봉쇄했다."[12]

그것은 다원주의가 가지고 있는 한계이기도 하지만, 보다 근본적으로는 다원주의의 사상적 기초가 절대성을 허용하지 않는 상대주의이기 때문이기도 합니다. 절대적 기준이 없는 곳에서는 공정한 비판이나 시비가 불가능하기도 합니다. 김연종은 그 점에 대해 "서로 시비를 평가할 수 없다는 점에서 다원주의는 필연적으로 상대주의적 속성을 지닌다"고 잘 지적했습니다.

---

12) D. A. Carson, "다원주의 시대의 기독교 전도", 『하나님과 문화』, (서울:크리스챤다이제스트), pp.66-67.

그리고 더 큰 문제는 다원주의의 이런 정체를 알고도 우리 시대의 사상적 도덕적 기초로 삼고 있는 이가 많다는 것입니다. 유명 언론인 들이나 학자들 그리고 정치인들이 앞장서고 있습니다. 그러나 대부분 의 사람들은 다원주의의 정체를 전혀 알지도 못한 상태에서 다원주의 에 빠지고 있습니다. 마치 포도주에 알코올이 약하다고 홀짝 홀짝 마 시다가 취하는 것처럼 말입니다.

문제는 상대주의에 있다

상대주의(相對主義, relativism)는 다원주의에 사상적 기초를 마련 해 주고 유연한 해석을 가하는 철학적 이론인데, 세상 어디에도 객관 적이고 절대적 진리가 있다는 것을 용납하지 않으며, 모든 것이 상대 적이며 주관적인 가치만 존재한다고 믿는 철학적 이념입니다. 상대주 의가 문제의 "마약"이라고 하는 이유가 바로 여기에 있습니다.

카이즈(Dick keyes)는 상대주의를 다음과 같이 설명했습니다.

"상대주의는 어떤 한 종교나 철학이 절대적인 진리를 천명할 수 있 다는 것을 부인한다. 상대주의에 의하면 절대란 존재하지 않는다. 우리가 신에 대해 말할 수는 있으나, 신에 대해 말하는 것이 실제로 기독교의 하나님을 가리키는 것인지 혹은 어떤 신이 정말 존재하는 것인지 알 방법이 없다는 것이다. 궁극적인 것들에 대한 불변하고 인지(認知) 가능한 하나의 진리가 있다는 생각은 고지식하고 자기 중심적인 것으로 간주한다. 진리에 대한 주장들은 모두 상대적일 뿐이다. 즉, 지역적, 역사적 요인들이 만들어 내는 사회적 혹은 경제 적인 변수에 따른 상대적인 진리인 것이다. 따라서 거기엔 종교와 철학이 그 진리성을 판단 받을 수 있는 아무런 초문화적 기준이 있을 수가 없다."[13]

"절대는 없다", "진리도 없다" 이것이 상대주의의 결론입니다. 결국 우리 사회의 가장 핵심적인 문제는 관용이나 다원주의가 아니라 그 기초가 되는 상대주의라는 이유가 여기에 있습니다. 절대적 기초와 진리의 기초를 붕괴시키고 관용과 다원주의로 대체시키는 사상이 바로 상대주의이기 때문입니다. 관용과 다원주의는 단지 상대주의의 하수인 노릇을 하고 있을 뿐입니다.

그러므로 우리에게 적이 있다면 그것은 관용이나 다원주의가 아니라 상대주의입니다. 아직 상대주의의 최후 결과를 다 보지는 못했지만, 6·25전쟁이나 이라크 전쟁보다 더 처참한 전쟁이 될 것이고, 대마초나 엑스터시보다 훨씬 더 지독한 마약이 될 것은 확실합니다. 카이즈가 잘 지적했듯이 "상대주의는 우리를 산산이 파괴하고도 남을 아편이다"라는 말이 맞습니다.

> "상대주의는 진짜 사람의 아편이다. 그것은 매우 중요한 문제들에 대한 심각한 논의를 중지하게 하고, 사람들로 하여금 다원주의의 도전에 무디어지게 하며, 그들의 삶에서 가장 중요한 선택들을 내려야 할 때에 몽유병 환자처럼 잠꼬대를 하게 한다. 하나님의 존재와 성격에 관련된 질문들은 더 이상 시급하지 않게 된다. 왜냐하면,

---

13) Dick Keyes, "다원주의와 상대주의 그리고 관용(*Pluralism, Relativism and Tolerance*)", 『혼돈 시대 속의 확실성을 찾아서』, (서울:일지각), pp.163-175.

이것은 진리의 문제가 아니라 개인의 의견과 선호도의 문제이며,
그리고 최종적 결론을 얻을 수 있는 성질의 것이 아니라고 보기 때
문이다."

상대주의가 전쟁이나 마약보다 더 무섭다고 하는 이유가 여기에 있
습니다. 상대주의가 인류 문화의 기초인 궁극적 진리의 존재 가능성만
파괴하는 것이 아니라 궁극적 진리의 다양성을 다 파괴하기 때문입니
다. 상대주의는 겉으로는 무한한 자유와 다양성 그리고 상대성을 용납
하는 듯이 보이지만 실제로는 상대주의의 절대성만을 강요하는 독단
이기 때문입니다.

상대주의는 상대주의 자체의 상대성은 조금도 인정하지 않으면서
상대주의 외에 모든 것을 상대화하려고 하기 때문입니다. 상대주의의
논리대로라면 모든 것을 상대화해야 하며 그 어떤 것도 성역으로 남겨
두어서는 안됩니다. 그런데 상대주의는 예외를 두어 상대주의 자체를
상대화 하려고 하지 않습니다. 대신에 관용과 다원주의를 절대화 하고
있습니다.

모든 것을 상대적으로 보자면서 자신만은 상대적으로 보지 않으려
는 것은 무서운 독단입니다. 다른 것은 다 상대화 하자며 자신과 관용
과 다원주의만을 절대화하는 것이야말로 이성의 폭력입니다. 내가 이
것을 보이지 않는 전쟁 혹은 아무도 모르게 일어나고 있는 비밀 전쟁
이라고 부르기를 주저하지 않는 이유는 상대주의를 절대화하고 신격
화 하려는 이런 엄청난 전쟁에 우리가 직면해 있기 때문입니다.

원래 혁명과 전쟁 앞에서는 모든 비판이 정지됩니다. 옳고 그름을

따지거나 참과 거짓을 밝히거나 선과 악을 구분하는 것을 용납하지 않고 오직 복종만 있을 뿐입니다. 지금 상대주의라는 혁명과 전쟁이 그렇습니다.

본래 상대주의에 의하면 우리가 "상대주의가 적이다", "다원주의가 문제다", "관용이 변질되었다"라고 말하는 것까지도 용납되어야 마땅하지만 현실은 그렇지 못합니다. 그것은 상대주의가 가장 싫어하는 독단입니다. 오직 상대주의만 용납하고 진정한 의미의 상대성의 원리는 용납되지 않기 때문입니다.

이런 현실을 다시 집에 비유한다면, 집의 지붕은 '똘레랑스'라는 말로 빙자되는 온갖 자기 밖에 모르는 개인주의적인 가치관들로 구멍이 뺑뺑 뚫리고 있고, 기둥은 다원주의라는 사회적인 여론에 밀려 옆으로 저만치 기울어져 있고, 기초 바닥은 상대주의라고 하는 물렁물렁한 사고방식의 늪지 혹은 모래와 같은 세계관 위에 집이 서 있는 상황입니다.

그러므로 지금은 지붕이 몇 군데 샌다고 호들갑을 떨 때가 아닙니다. 기둥이 하나 기울고 있다고 야단법석을 떨어야 할 때도 아닙니다. 왜냐하면 지금은 집의 기초 자체가 무너지고 있기 때문입니다. 그 결과 모든 것이 불확실하고 상식과 원리 원칙이 통하지를 않습니다. 펀드멘틀이 무너지고 있습니다. 절대적인 준거점(ablsolute reference point)이 상실되고 있습니다. 이것이 오늘날 소리 없이 일어나고 있는 세계관의 전쟁이며 우리 시대의 가장 큰 문제입니다.

상대주의의 근원

"여러분, 태풍이 얼마나 무서운지 아십니까?"

"태풍 카트리나가 뉴올리온즈를 박살내고 미국의 자존심에 상처를 주고 부시의 인기를 반 토막 내는 것을 보았습니다. 9·11 사건이나 이라크 전쟁도 못해낸 것이지요. 그 정도면 무섭지요."

"상당히 정치적인 대답이군요. 지붕이 조금 새거나 기둥이 몇 개 부러지는 것 정도에는 놀라지 말라는 것을 가르쳐 주는 것이 태풍입니다. 태풍은 부실한 것은 무엇이든지 다 쓸고 가는 무서운 쓰레기 청소차입니다. 그래서 제 아내는 '태풍은 하나님의 지구 청소'라고 말했는데 청소 치고는 너무 끔찍하지요?"

"2002년 9월 1일 새벽에 몰아닥친 태풍 '루사'는 강원도 일대를 쑥대밭으로 만들었습니다. 수백 명이 목숨을 잃고 수만 채의 집이 물에 잠기거나 파손이 되었습니다. 양양에도 기초가 부실한 집들은 대부분 떠내려갔습니다. 저도 신입간사로서 그 현장에 있었지요."

이춘성 간사의 대답이었습니다.

"기억도 하기 싫은 사건입니다. 그때 제가 제일 놀란 것은 떠내려간 어떤 다리에는 '철근'이 하나도 들어가지 않았다는 것을 보고 얼마나 놀랐는지 모릅니다. 철근이 잔뜩 들어 있어도 태풍에는 버티기 힘든 것이 다리인데 철근이 하나도 없는 '맨 시멘트'는 돌담보다 더 위험한 것입니다."

"와, 그러면 여기에 와서 다리 건너거나 운전할 때 조심해야 되겠네요."

"당신은 0.1톤이나 나가니까 이층 까페를 걸어 다닐 때도 조심하는 게 좋을 거야."
"그래도 내 몸매에 죽고 못 사는 사람이 있어요."

"당신, 애인이랑 합하면 몇 톤이나 나가니?"
"비밀이에요."
"비밀은 이겁니다. 당신이 과체중이라고 장가를 못 가는 것은 아니지만 죽을 수는 있다는 겁니다. 사회도 마찬가지인데 다소간의 문제가 있다고 당장 무너지지는 않지만 결국 후진국으로 전락하거나 망할 수도 있다는 겁니다. 개인과 사회를 지탱시켜 줄 철근, 즉 가치관이 붕괴되거나 세계관에 심각한 부실이 있다면 태풍같이 위협적인 사회문제가 불어 닥쳐 올 때 붕괴, 파멸, 종말 같은 것이 예약된 것이나 다름이 없기 때문입니다. 그러면 지금부터 왜 관용, 다원주의, 상대주의가 우리나라와 현대사회 문제를 야기하는지 그 사상적 역사적 근원을 한 번 추적해 보도록 하겠습니다."

태초의 법

상대주의가 우리 시대에 갑자기 나타난 화두일까요? 그렇지 않습니다. 상대주의는 오늘날 갑자기 나타난 것이 아니라 역사 속에서 진리관이 서서히 허물어져 온 필연적인 결과입니다. 본래 인간에게는 절대적인 진리 개념이 분명히 있었습니다. 진리는 현대인들이 믿고 있는 것처럼 '시대의 딸'이 아닙니다. 진리는 상황적이거나 지역적인 것도 아닙니다. 진리는 언제나 초시대적이고 초문화적인 것입니다. 보편적이고 영원합니다.

인류 최초의 인간도 그런 진리를 가졌습니다. 흔히 잘못 생각하듯이 아담과 하와는 진리의 암흑 속에 살았던 사람들이 아닙니다. 그들도 진리를 분명히 알고 있었습니다. 할 수 있는 것과 할 수 없는 것을 알았고, 무엇이 옳은 것이지 그른 것인지도 알았는데, 그것은 인간이 알았던 최초의 확고한 진리 중에 하나였습니다.

"여호와 하나님이 그 사람에게 명하여 가라사대 '동산 각종 나무의 실과는 네가 임의로 먹되 선악을 알게 하는 나무의 실과는 먹지 말라 네가 먹는 날에는 정녕 죽으리라' 하시니라"(창세기 2:16, 17).

그러나 아담과 하와는 진리보다는 비진리를 선택했습니다. 역사의 한 시공간 위에서 잘못된 선택을 한 바로 그 순간부터 진리관은 대 변천을 시작했고 인간은 진리와 비진리 사이에서 언제나 갈등하고 범죄하는 인생을 살게 되었습니다. 그리고 역사를 거듭하면 할수록 진리에 대한 인식도 허물어져 갔으며 진리와 비진리 사이의 전쟁도 깊어만 갔습니다.

20세기가 낳은 영국 최고의 영문학자이며 기독교 변증가였던 루이스(C. S. Lewis)는 "모든 분명한 사고의 법칙 혹은 인간 본성의 법칙에는 두 가지가 있는데, 하나는 세계 어느 곳에서나 사람들은 이상하게 '꼭 이렇게 행동해야 한다'는 생각을 가지고 있다는 것이고, 또 하나는 그럼에도 불구하고 사실상 그들은 그렇게 행동하지 않는다는 것이다"[14] 고 했습니다.

인간은 어떻게 사는 것이 옳은 것인지를 본능적으로 알지만 그 아는 것과는 상관없이 비 일관되게 사는 것 또한 인간의 본성이라는 말입니다. 사실 인간의 문제가 바로 여기에 있습니다. 인간의 모든 도덕적인 문제는 진리의 문제에서 파생하는데 진리를 아는 것과 진리대로 사는 것 사이의 갈등과 괴리가 낳은 문제입니다.

진리관의 변천 역사

"진리가 무엇이냐?" 이것은 너무나 오래된 그러면서도 모든 인간들의 가장 기본적인 질문 중에 하나입니다. 하물며 예수를 십자가 못 박도록 내어준 유대주재 로마제국의 총독 빌라도는 "진리가 무엇인가?"라고 질문한 적이 있습니다. 이런 진리의 문제를 다루는 것이 진리관(眞理觀)이란 것인데, 그 진리관의 역사도 꽤 오래 되었습니다.

고대 그리스 · 로마인들은 형이상학적 체계가 균형이 잘 잡힌 논리적 진리를 찾았습니다.

고대 중국인들은 음과 양이 잘 조화가 된 중용적 진리를 논했습니다. 서양 근대인들은 변증법적 사고에서 종합이라는 진리를 찾았습니다. 현대인들은 오감으로 느낄 수 있는 감각적 진리를 구하고 있습니다.

전통 유대인들은 역사의 시공간 위에서 경험될 수 있는 체험적 진리를 찾았습니다.

불교인들은 진리 발견 자체가 다 부질없는 짓이라고 하는 제행무상(諸行無常)의 허무적 진리를 설파했습니다.

---

14) C. S. Kilby, 『C. S. 루이스의 기독교 세계』, (서울:예영커뮤니케이션), p.245.

노자는 "도를 도라고 하면 이미 그것은 도가 아니다(道可道 非常道)"라는 회의적인 진리관을 토로했습니다.

시대 구분	진리 추구 내용의 핵심
고대 그리스 · 로마인	형이상학적 체계가 균형이 잘 잡힌 논리적 진리
고대 중국인	음과 양이 잘 조화가 된 중용적 진리
서양 근대인	변증법적 사고에서 종합적 진리
전통 유대인	역사의 시공간 위에서 경험될 수 있는 체험적 진리
불교인	진리 발견 자체가 다 부질없는 짓이라고 하는 제행무상(諸行無常)의 허무적 진리
노자, 도교	"도를 도라고 하면 이미 그것은 도가 아니다(道可道 非常道)"라는 회의적인 진리
현대인	오감으로 느낄 수 있는 감각적 진리

모두가 진리의 실재성, 합리성, 역사성 등의 일부를 붙잡기는 했으나, 한 가지 분명한 것은 인류는 끊임없이 진리를 추구했으나 진리의 전체를 보지 못했다는 것입니다. 그리고 진리에 대한 개념을 강화시키기보다는 조금씩 변경하거나 약화시켜 중립적이고 상대적인 진리를 추구했다는 것입니다.

그 결과 인간 역사는 참이 거짓을 이기기보다는 거짓이 참을 이기고, 진리가 비진리를 정복하기보다는 비진리가 진리를 잠식한 이야기가 되었으며, 절대주의가 상대주의를 극복한 이야기가 아니라 상대주의가 절대주의를 집어 삼켜버린 갈등의 이야기가 되었습니다.

상대주의의 근원을 제대로 밝히기 위해서는 이러한 진리관의 흐름을 다 살펴보는 것이 당연하겠지만, 나의 무지함과 지면 관계상 그 중에서도 현대 문화에 가장 큰 영향을 끼친 주된 두 가지 흐름, 즉 서양의 변증법적 사상과 동양의 중용의 도를 뒷장에서 좀 더 깊이 살펴보겠지만 여기서는 그 정체가 무엇인지만 힌트만 잡아보겠습니다.

변증법과 중용지도에 대한 단상

서양의 상대주의는 변증법(Dialectics)에 기초하고 있습니다. 변증법은 역사를 '반정립적으로(Antithetical)' 봄으로서 파생되는 여러 가지 불필요한 갈등과 전쟁을 방지하고자 하는 역사의식에서 출발했는데, 역사를 세 단계, 즉 '정립(These)'과 '반정립(Antithese)'을 거쳐 마침내 '종합(Synthese)'에 이르는 주기적 운동이라고 보고 절대성을 배제하는 인식론적 방법론을 말합니다.

그 첫째 단계에서는 이성이 우주와 인간의 실재에 대한 의의를 어떤 정설로 요약하고 결론짓는다면, 둘째 단계에서는 처음에 내세워진 정설에 대한 비판과 회의를 시도하며, 세 번째 단계에서는 앞에서의 부분적 이해와 부정적 비판을 종합하여 실재에 대한 보다 큰 부분을 파악한다고 보았습니다. 이때 정립과 반정립의 부분적 진리들은 모두 종합 속에 보존되어 보다 전체적인 것으로 합체되며, 이러한 주기적 운동은 끊임없이 계속된다는 것입니다.

지금 서양 사회가 겉으로는 문화적 · 사상적 자유를 마음껏 즐기고 있는 것처럼 보이지만 사실은 깊은 윤리적 사회적 혼돈에 빠져 있는데 그 이유는 이 변증법적 사고 때문에 절대적인 기초가 사라졌기 때문입니다. 더구나 현대과학의 금자탑이라고 하는 아인슈타인의 '상대성 원리(Relativity Principle, E=MC^2)'가 상대주의를 지지하거나 전파하는 것은 아니라는 것을 명확히 해 두고 지나가는 것이 좋겠습니다.[15] 물리학에서 "상대성을 인정한다"는 것이 곧 "상대주의를 지지한다"고 오해하면 안 됩니다.

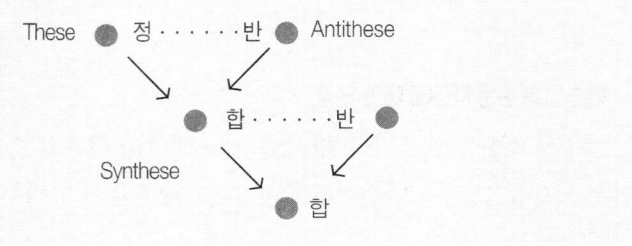

　동양의 상대주의는 '중용지도(中庸之道)' 에 있습니다. 중용은 불교와 유교 그리고 우리나라의 민족사상에 그 뿌리가 깊이 박혀 있는 상대주의 사상입니다. 우리나라에서 발견되는 중용은 '부정일치(不定一致)' 사상에 있습니다. 부정일치는 '불이성(不二性)' 이라고 하는 석가의 가르침에서 왔다고도 하고 도가에서 온 것이라고도 하고 우리나라의 '한' 의 인식론에서 왔다고도 하는데, 어디에서 왔던 간에 '부정일치' 는 말 그대로 '두 개의 성질을 부정하는 것' 으로, 참된 진리를 알려면 어느 한 면만 보아서는 안 되며 전체를 큰 하나로 보아야 한다는 인식론입니다.

　동양의 중용은 서양의 변증법과 마찬가지로 개인과 국가 그리고 종교 간에 지나친 대립과 갈등을 해소하고 양극단을 배제하자는 정치 윤리와 역사 철학이었습니다. 알고 보면 '불이사상' 도 모든 것을 하나로 보고 분열적으로 보지 않으려는 우리 민족의 인식의 조화주의적인 사

15) David Bodanis, 『E=MC²』, (서울:생각의나무). 상대성 원리는 '질량이 속도의 터널을 지나면 거대한 에너지로 전환된다' 는 물리학 원리인데, 서로 다른 속도와 방향으로 움직이는 물체에서는 시간과 공간이 서로 다르게 보이기 때문에 절대적 시간과 절대적 공간이 없으며, 만약 기준이 있다면 진공 상태에서의 빛의 속도(초당 3억m)를 절대적 기준으로 삼을 수 있을 뿐이며 '상대성' 이라는 것도 그 기준에 의존할 수밖에 없다는 이론입니다.

고의 특징이 잘 드러난 세계관이 담긴 것이었습니다. 그래서 김용옥은 "중용의 도야말로 서양의 변증법을 능가하는 상대주의이다"라고 큰소리를 치고 있고, 최민홍은 "부정일치는 서양의 변증법보다 결코 뒤지지 않는 논리다"라며 자랑하기까지 하는 것입니다.

근접성의 논리

"비슷하면 진리로 치자"는 말 들어보셨지요? 여기서 한 가지 꼭 짚고 넘어가고 싶은 것은, '비슷하면 진리로 치자'는 말이 어디에서 나오는 것인지 살펴보는 것입니다.

상대주의와 중용지도가 요즘은 '근접성의 논리' 혹은 '유연성의 논리'라는 이름을 갖고 또 다시 변모를 시도하고 있습니다. 들뢰즈(Gilles Deleuze)는 "카오스모스(Chaosmos, 무질서적 질서)"라고 말하고, 김지하는 "율려운동(律呂運動)"이라 하고, 김재권은 "근접성"이라고 말하는 것이 그것입니다.

김지하는 율려(律呂)를 우주와 인간의 관계를 표현하는 동양의 음악으로서, 역동과 균형이 동시에 상호작용 하면서 그 배후로부터 새롭고 무궁한 성스러운 삶이 생성하는 창조적 질서를 함축하는 그 무엇이라 주장하고 있습니다.

얼마 전에 그는 "흰 그늘의 미학"이라고 하는 새로운 화두를 던졌는데, "'그늘'이란 음이면서 양이고 어둠이면서 빛인데, 음과 양의 두 가지 대립적인 것을 끌어안는 상호 모순적이고 역설적으로 통합이며, '흰'이라 함은 내면적 삶을 신령한 우주적 차원으로 드러내는 어떤 것"이라고 주장했습니다.[16]

그리고 재미 철학자 김재권은 "물리주의는 거의 진리에 가깝다. 완벽한 진리는 아니더라도 진리에 가까우면 그것으로 족하다고 말하는 데 동의해 주리라 믿는다"는 말을 남기고 떠났습니다.[17]

이우재는 그의 말을 다음과 같이 해석한 바가 있습니다.

> "그는 이 짧은 말에서 몇 가지 메시지를 담아 보냈다. (1) 절대적인 진리나 객관적인 진리는 존재하지 않는다. (2) 개연성이 가장 높은 것을 우리는 진리라고 할 수 있다. (3) 세계에는 물질주의라는 인과율의 폐쇄체계만이 있다고 본다."

사실 들뢰즈, 김지하, 김재권의 이러한 진리관은 상대주의의 또 다른 변형일 뿐이며, 절대주의와 상대주의 사이의 대립을 상쇄해 보고자 하는 변증법적 중용의 아류라 생각됩니다. 진리가 없는 곳에는 아류와 가짜만 판을 칩니다. 진리가 없으면 이념들이 설치기 마련입니다. 특히 절대가 없는 곳에는 종합과 중용이 만나기 좋은 분위기가 무르익습니다.

---

16) 《한겨레》, 1999. 11. 2., p.23.
17) 김재권은 미국 브라운대학교 석좌교수인데, 물리주의에 대한 이 말은 2000년 11월 11일에 있는 학술협주관 제1회 석학연속강좌에서 '극단에 선 물리주의'란 제목의 강연 중에 한 말입니다.

동서양 상대주의의 만남

"저는 아놀드 토인비(A. Toynbee)라는 역사철학자가 '20세기의 가
장 획기적인 사건은 기독교와 불교가 만난 것이다' 고 말한 적이 있
다는 것은 들어 본적이 있었습니다. 그런데 도서관에서 까페지기
님의 녹음 강의를 든다보니 '20세기의 가장 비극적인 사건은 서양
의 종합과 동양의 중용이 만난 것이다' 고 말씀하셨는데, 그게 무슨
말씀인지 좀 자세히 듣고 싶습니다"

"제발, 가벼운 이야기가 있으면 좀 합시다."

'너는 밥 먹으러 오기 전에 재미있는 이야기나 좀 하자는 소리 못
들었냐? 너는 애인도 없고 축구도 안 보냐?"

"그래, 박지성이 맨체스터로 이적하기로 결정됐나?"

저녁 밥상을 물리고 차를 한 잔씩 들자, 하루 종일 도서관에만 쳐 박
혀 공부만 하던 한 청년이 뜬금없이 던진 질문이었습니다. 그 다음은
공부에 지치고 토론에 지친 청년들의 딴전 피우기였습니다.

"사실 동서양 세계관이 만난 것은 알렉산더나 징기스칸 혹은 마르
코 폴로까지 올라가지는 않더라도, 19세기만 해도 헤겔은 노자나
공자, 부처님이 그리스의 절대 개념과는 다른 중용을 이야기했다는
것을 알았고, 다산도 천주교를 통해 이미 아리스토텔레스가 최고의
윤리는 황금의 중립(the Golden Mean)이라는 것을 알았던 것으로
보아 동서양의 사상적 교류는 오래됐다고 볼 수 있습니다. 베이징
대학교의 탕이지에(湯一介) 교수도 '21세기에는 동서 간의 상호대

화, 상호보완, 상호학습이 필요하다' 고 주장한 지 오래입니다. 교류 자체가 문제는 아닙니다. 단지 교류의 성격에 문제가 있지."

"교류의 성격에 무슨 문제가 있습니까?"

"상호 대화나 보완, 학습도 중요하지만 그보다는 대화의 기준이 중요하다는 이야기입니다. 만약 기준과 원리와 원칙도 없이 이야기 자체에만 의미를 둔다는 것은 마치 유부남과 유부녀가 만나는 것 자체가 의미가 있다고 하며 그들이 불륜을 저지르든 뭘 하든 상관하지 않겠다는 것과 같기 때문입니다. 불륜에는 사랑의 불륜만 있는 것이 아니라 사상의 불륜도 있기 때문에 비극이라고 말한 것입니다."

"아니, 유부남은 아무나 못 만나요? 나는 유부남인데?"

"누가 못 만난다고 그랬나? 유부남이 유부녀와 놀아나면 안 된다는 거지. 그렇죠?"

"그럼요. 남녀 간의 만남에는 기준과 원칙이 없으면 선을 넘기 마련이죠. '서양의 종합과 동양의 중용이 만났다' 는 말도 단순히 '종교 간의 교류와 대화만 오고갔다' 는 말이 아니라 서양식 종합적 사고와 동양식 중용적 사고가 만나서 동서양의 최고 지혜는 상대주의라는 것에 눈이 맞았고, '절대는 없다' 는 선을 넘게 되었다는 것이지요. 프랜시스 쉐퍼는 그 선을 "절망의 선(the line of despair)" 이라고 불렀고요. 그 성격과 내용에 대해서는 다음 장에서 더 자세히 이야기하기로 하고, 먼저 그 과정을 프랜시스 쉐퍼(F. A. Schaeffer)가 분석한 서양 사상 전파 방법에 따라, 다음과 같이 그 대강을 추론해 보겠습니다."

사상의 전파는 어떤 과정을 그치는가?

과연 사상의 전개과정을 분석하는 것이 쉬운 것일까요? 결코 쉬운
일이 아닙니다. 아무리 위대한 사상이라고 하더라도 그 전개 과정을
분석하는 것은 쉽지 않은 작업입니다. 저는 어려울수록 단순하게 접근
해 보겠습니다.

우리나라에서 동서양 사상이 조우를 시작한 것은 시기적으로는 마
르코 폴로(marco Polo)에 그 시원을 둘 수 있지만, 1920년대 초, 3·1
운동 직후 일본의 식민지 문화정책이 시행되던 시기에 조우가 시작되
어 지난 70년 동안 우여곡절을 그치며 점차적으로 진행되었을 것으로
생각됩니다.

강영안도 "1920-30년대가 헤겔과 막스로 대변되는 주체철학이 처
음 수입되던 시기였다"[18]고 말한 바가 있습니다. 그렇다면 이것은 미국
에서 자유주의가 사회 전반에 맹위를 떨치기 시작한때와 그렇게 뒤지
지 않는 시기입니다.

그러나 보다 본격적으로 만남이 이루어진 시기는 아무래도 해방 공
간의 어지러운 틈바구니이며 북한에서는 주체사상이 정립될 때까지,
남한에서는 이념논쟁이 심했던 1950-60년과 좌우논쟁이 끊이지 않는
오늘날까지도 그 만남의 갈등은 지속되고 있다고 할 수 있을 것입니다.

---

18) 강영안, 『주체는 죽었는가?』(서울:문예출판사), p.16. 강영안은 여기에서 "현대 한국
철학이 본격적으로 시작된 1920년대 말, 30년대 초 한국에 소개된 철학은 헤겔과 마
르크스 철학 계열과 하이데거와 야스퍼스의 실존 철학 계열이었다"고 지적하고 있
습니다.

모든 사상은 사회 환경에 따라 발전되고 전파되는 분기점이 있습니다. 오늘날처럼 이념의 공백 시대에는 진위 여부와는 상관없이 어떤 사상이나 종교든지 무차별적으로 흡수되고 전파될 수 있습니다. 잘못된 세계관으로 무장한 이념가들이나 이단 사술가들에게는 더 없는 호기입니다.

지리적으로는 서양에서는 유럽에서 출발하여 영국을 거쳐 미국으로 흘러갔으나, 우리나라의 경우에는 처음에는 조선 말기의 개화파들에 의해 일본과 독일로부터 서양사상을 수입하다가 나중에는 독일과 러시아 그리고 미국으로부터 직접 수입했던 것으로 생각됩니다. 미국은 우리에게 좋은 것을 많이 준 나라이지만 동시에 인본주의적으로 세속화 된 사상을 준 나라입니다. 북한은 주로 러시아와 중국으로부터, 남한은 미국과 일본으로부터 가장 많은 영향을 받게 된 것 같습니다.

세계관의 영역별 전파 과정

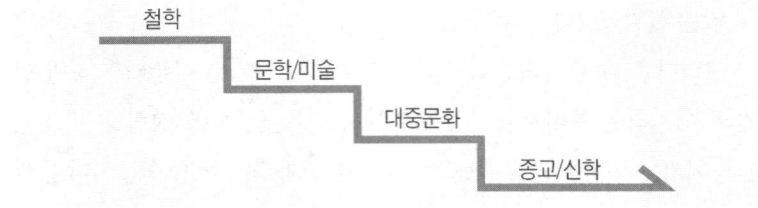

영역적으로는 서양에서는 철학에서 미술로, 미술에서 대중문화로, 대중문화에서 다시 신학의 순서로 사상이 전파되었으나, 우리나라에서는 다른 영역은 모두 비슷하지만 개화기에는 미술보다 문학이 앞섰다고 생각되며 그 뒤로는 둘이서 앞서거나 뒤서거니 한 것 같습니다.

기독교 역사학자 홍치모는 라브리 금요학당에서 "근세사에서 시인 이상(李想)은 절대적인 진리를 인정하지 않는 가장 선구적인 지식인이었다."고 언급한 바가 있는데, 요즘도 그렇지만 당대의 문인들은 사상의 선구자들이었습니다. 물론 최근에 들어서는 문학이나 예술보다 오히려 '과학이 상대주의의 전도사'라는 소리를 듣고 있는데 그만큼 시대흐름에 빠르기 때문입니다.

계층적으로는 처음에는 주로 일본과 미국에서 유학한 개화파 엘리트들이 소개하고 전파했지만, 나중에는 현대적 학문을 한다는 지식층들의 자발적인 수용과 담론으로 확산되었습니다.

특이하기도 우리나라에서도 서양과 마찬가지로 빈민층이 중산층보다는 세계관의 변화에 일찍 문제의식을 가집니다. 중산층과 부유층은 언제나 보수적이라 세상의 변화에 가장 늦게 반응하지만 한 번 변화되면 그만큼 큰 힘을 발휘합니다.

중산층은 늦게 반응하지만 자기 주변에 문제가 생기면 그제야 누구보다 심각하게 반응하는 집단이기도 합니다. 물론 지금은 시장 바닥의 배추 장사와 농부들뿐만 아니라 대부분의 중산층까지도 여느 지식인들과 다를 바가 없는 상대주의적인 가치관을 가지고 있습니다.

동서양 사상의 데이트

우리나라에 들어오는 것은 뭐든지 독해지거나 섞인다는 것을 아십니까? 독해진다는 말은 본래 것 보다 더 강해거나 무서워진다는 것을 말하며, 섞인다는 것은 샤마니즘으로 세례를 주고 융합시킨다는 말입니다.

즉, 어느 하나가 다른 하나를 잠식하거나 포섭하기보다는 오히려 우리 민족의 고질적인 '조화주의(調和主意)'를 따라 둘을 혼합하여 삶의 전 영역으로 확산시킨다는 말입니다. 나중에 다시 이야기 하겠지만, 우리 민족은 외국의 지식과 종교를 받아들일 때 무조건 배타적이거나 수용적이라기보다는 조화적이고 융합적인 태도를 보였습니다.

조화나 융합은 네 것 내 것도 없이 섞여서 좋으나, '진흙과 철이 섞인 것'과 같이 혹은 '흙과 시멘트'가 섞인 것과 같이 튼튼하지 않습니다. 고대 바벨론제국의 느부갓네살 왕의 신상처럼 흙과 철이 섞인 것은 조그마한 '돌 하나'만 날아와도 곧 무너지는 종이 집과 같고, 홍수가 조금만 나도 떠내려갈 것 같은 모래 위에 세운 집과 같이 습니다.

아마도 21세기에는 동서양의 지식인간의 만남이 지난 어느 세기보다 더 활발해질 것이 분명합니다. 이미 문화와 사상의 만남은 시작되었습니다. 베이징대학교의 탕이지에(湯一介) 교수도 "동서의 상호대화, 상호보완, 상호학습이 필요하다"고 주장한 지 오래입니다. 그러나 상호 비판적인 대화와 보완 그리고 학습은 필요하지만 절대적인 진리의 기준 위에서 만나야 인류에 도움을 줄 수 있습니다.

동서양의 인본주의적인 지식인들과 지도자들이 상대주의와 감성주의를 인간이 찾아낸 최고의 지혜로 여기고 있는 동안, 그리고 그러한 잘못된 신념들로 똘똘 뭉쳐 엄청난 문제를 확대 재생산하고 있는 동안, 우리 시대의 보통 사람들은 그것으로 인해 자신들에게 직접적인 피해가 닥칠 때까지는 이 세상에 무슨 일이 일어나고 있는지 조차 몰랐습니다.

그것은 모든 학문의 인본주의 화 즉, 절대적인 진리는 없고 모든 진리는 상대적이라는 것과 그 진리를 찾는 방법은 이성적이고 감성적이지만 주관적 감성 혹은 느낌이 우선이라는 세계관이 철학, 예술, 정치, 경제, 종교 등 모든 영역을 지배하게 되었다는 것입니다. 특히 오늘날 학문의 지배자는 인본주의 지식 구조이며, 그 구조는 너무나 강하여 어떤 공격으로도 부서지지 않을 정도로 견고하게 되었습니다.

특히 순진한 기독인들은 상대주의와 감성주의가 우리 사회에 얼마나 위험한 것인지, 그리고 그것이 청소년들로 하여금 의심의 풍랑에 휘말리게 하고 신앙을 무기력하게 만드는 데는 에이즈(AIDS)나 엑스터시보다 훨씬 더 치명적인 것이라는 것을 알아차리지 못했습니다. 그들은 세상을 지배하고 있는 이런 인본주의 세계관들이 이렇게 거침없이 그리고 빨리 학교와 교회에 침입해 들어올 수 있을 것이라고는 미처 생각하지 못했던 것입니다.

로버트 부스노우(Robert Wuthnow)가 지적한 말입니다.

> "현대 지성의 심오한 구조들은 대개가 비기독교인이나 반기독교인의 활동으로 형성된 것이다. 특히 마르크스(Marx), 베버(Weber), 뒤르껭(Durkheim), 프로이트(Freud) 같은 19세기 이론가들은 현대 대학교의 지성적 전통을 수립해 놓았다. 좋든 싫든 그들의 유산은 기독인들이 자신들의 연구를 진보시키는 데 패러다임을 제공해 준다." [19]

그러나 인본주의적이고 상대주의 진리관과 학문체계가 기독교를 무차별적으로 공격하고, 교회를 세속 사상의 여인숙으로 물들이고, 멀쩡하던 젊은이들의 가치관을 무장해제 시키고 있는데도 지도자들은 침묵으로 일관하고 있습니다. 간혹 젊은이들이 "예수를 더 이상 안 믿겠다"는 말을 듣고서야 정신을 차려보면 이미 그들은 교회를 떠난 후입니다.

안타깝게도 대부분의 교회는 철학자들이 "지혜의 여왕"이라고 부르는 이성을 그 보좌로부터 끌어내리려고만 했지, 그것에 성령의 기름을 부어 겸손하게 하나님을 섬길 수 있는 법을 가르치려고 하지 않았습니다. 지난 세기에 풍미했던 반 지성주의(anti-intellectualism)는 마크 놀이 잘 지적한 대로, 기독교 근본주의자들이 문화 세계로부터 소외되는 것 자체를 미덕으로 여긴 결과 중에 하나라고 하는 말이 맞을 것입니다.

오늘날 우리나라와 현대사회의 비극은 절대적인 진리를 고의적으로 거부하고 상대주의와 그것을 기반으로 한 지식 체계를 절대화하므로 인간과 진리의 죽음을 부르고 사회 전반에 극심한 갈등과 혼란을 초래한 것입니다. 그러면 이제 문제의 원인이 되었던 변증법적 사고와 중용의 도에 뿌리에 대해 좀 더 살펴보며, 그와 동시에 '신앙과 이성'의 상관성과 관념적이고 경험적인 방법론에 대한 대강의 흐름을 파악해 보도록 하겠습니다.

---

19) Mark A. Noll, 『복음주의 지성의 스캔들』, (서울: 엠마오), p.31.

제 2장

동서양의 상대주의와 감성주의의 흐름

서양의 변증법과 동양의 중용지도

"해체주의자들은 일과 유용성의 규약으로부터 해방된 탈중심화 된 주체를 설파한다. 그럼으로써 그들은 근대 세계 바깥으로 도피하며, 자신들의 화해 불가능한 탈현대성을 정당화한다. 그들은 멀고 먼, 원시적이고 능동적인 상상의 힘과 자기표현과 감정의 영역으로 퇴행하고 있다. 도구적 이성 대신에 그들은 마니교적인 방식으로, 신비적인 수단을 통해서만 접근 가능한 원리들을 주장한다."

Jurgen Harbermas

서양 지성은 어디로 가는가?

서양 지성은 어디로 가는가

청년 : "나는 길을 잃은 느낌입니다."

푸코 : "당신은 젊기 때문에 당연히 길을 잃어야 하오."

청년 : "목숨을 걸고 그 길을 찾아야 합니까?"

푸코 : "무슨 수단을 써서라도 찾아야지요. 위험을 인정하고 불리한 처지에 있더라도 전진하시오."

청년 : "나는 해결을 원합니다."

푸코 : "해결이란 있을 수 없소."

청년 : "그렇다면 몇 가지 대답만이라도…"

푸코 : "대답이란 있을 수 없소."

프랑스 철학자 푸코(M. Faucault)라는 사람이 한 청년과 나눈 사오정 같은 이야기입니다. 여기에서 푸코가 말한 "대답이 없다"는 말은 "진리가 없다"는 것을 의미합니다. 그는 진리가 죽었다고 믿었기 때문에 궁극적인 대답은 없다고 생각했고, 만약 누가 아직도 진리가 있다고 말하는 것은 하나의 장난이거나 일탈 혹은 이데올로기라고 생각습니다.

푸코뿐만 아니라 우리 시대 지식인들은 실력이 있든 없든 이렇게 모든 것을 농담과 장난으로 취급하든지 아니면 일탈로 향합니다. 그런 세태를 반영한 것이 한동안 유행한 '사오정 이야기'[20]이었습니다. 이런 현상은 우리 시대에 우연히 출현한 것이 아니라 사실은 동서양의 오랜 사상사적 흐름의 결과일 뿐입니다.

한 번은 이런 일이 있었습니다. 제가 던진 질문이었습니다.

"오늘은 서양 지성사에 대해 공부할 텐데, 그런데 지성(知性)이 뭐죠?"

어떤 학생이 용감하게 대답했습니다.

---

20) 사오정은 서유기(西遊記)에 등장하는 괴물로 원래는 천계의 신이었는데, 잘못해서 천도복숭아(3000년에 한번씩 열매를 맺는다는 복숭아인데 이것을 먹으면 늙지도 죽지도 않는다는 전설이 있는 복숭아)를 담은 접시를 깨뜨린 죄로 땅의 물로 떨어져 내려와서 물귀신 혹은 요괴를 말하며, 한국에서 한때 예상치 못한 엉뚱한 대답을 하는 게임에 붙인 이름을 말합니다.

"건성 피부가 아닌 게 지성(脂性) 아닙니까?"

오늘도 인간 세상에는 사오정 이야기 못지않은 광기어린 이야기들이 판을 칩니다. 그러면 어떻게 하여 사오정 같은 이런 이야기들이나 광기어린 생각들을 하고 살게 되었는지, 그 근본 원인을 밝히기 위해 잠시 '타임머신'을 타고 과거로 돌아가서 그 사상사적 뿌리를 한 번 살펴보겠습니다.

서양 지성의 뿌리

철학을 '후추'라고 하는 말 들어보셨나요? 그리고 그 '후추'가 무엇을 의미하는지 아세요? 서양 철학사에서는 "세상의 모든 철학은 후추와 같다"고 합니다. 왜냐하면 후추가 들어가지 않는 음식이 없듯이 그리스 철학이 들어가지 않는 사상이 없기 때문입니다. 여기에서 말하는 '후추' 맛은 대부분 플라톤(Platon, 427-347 BC)으로부터 온 것입니다.

지난 세기의 과학 철학자 화이트헤드(A. N. Whitehead)와 같은 사람은 좀 지나칠 정도로 플라톤의 영향력을 높게 평가하여, "서양사는 플라톤의 각주에 불과하다"는 말을 하기도 했습니다.

사실이지 플라톤은 수많은 철학적 주제들을 상정한 장본인입니다. 서양에서 기독교 다음으로 영향력이 있다고 하는 '이원론(dualism)'은 바로 그로부터 나온 것이라 해도 과언이 아닙니다.

그리고 논리적 사유는 감각적 지각보다 우위에 있다고 하는 인식론도 그로부터 나온 것입니다. 그는 추측에 의한 감각적 지각은 경험적이고 주관적이기 때문에 혼란에 빠지기 쉽지만 이성적이고 통찰을 중요시 하는 논리적 사유는 그만큼 더 합리적이라고 보았습니다.

중세 말에 이르러서 잠시 "이성은 진리를 탐구하는 데 있어서 체험보다 못하다"(D. Scotus, W. Ockam)는 강한 주장이 나타났습니다. 그러나 르네상스와 함께 이성 우위 사상이 다시 힘을 얻습니다.

아퀴나스(T. Aquinas, 1225-1274, 이탈리아 신학자)가 "인간의 의지는 타락했으나 이성(理性)은 건재하다"고 하는 '이성 건재설'을 주장한 것입니다. 사실 그것은 성경과 기독교에 대한 큰 오해였습니다.

아퀴나스의 이러한 이성관과 불완전한 타락관(墮落觀)은 오늘날 서양 문제의 직접적인 뿌리가 되었는데, 르네상스 시대와 그 이후에 인본주의가 발전할 수 있는 철학적, 신학적 원인을 제공했기 때문입니다.

아퀴나스의 '이성 건재설'은 그의 신학에 의하면, 인간의 '원의(justitia originals)'가 타락할 때 '하나님의 모양'에 속한 은사들은 상실되었으나 '하나님의 형상'에 속했던 이성은 상실되지 않았다고 보았기 때문인 듯합니다.[21]

14세기 - 아퀴나스 : "이성은 타락하지 않았다."
16세기 - 루터 : "이성은 악마의 창녀이다."
17세기 - 데카르트 : "나는 생각한다. 그러므로 존재한다."
17세기 - 칸트 : "순수 이성은 감각적인 현상 세계를 인식하는 데 그친다."
18세기 - 흄 : "이성이 하나님의 보좌를 찬탈했다."
19세기 - 헤겔 : "절대정신에 의해 진리에 이를 수 있다."
20세기 - 푸코 : "이성에 의해 합리적인 해답을 찾으려는 시도는 이성의 폭력이다."
21세기 - ?

16세기는 개혁의 시대였습니다. 어느 역사가가 잘못 번역했듯이 'Reformation'은 종교개혁만이 아니라 모든 영역에 대한 개혁이었습니다. 칼빈(John Calvin, 1509-1564)과 같은 개혁가들은 이성의 전적 타락을 인정하면서도 하나님을 섬기는 종으로서 혹은 도구적 이성으로서의 자리 매김을 잘 해 주었습니다.

그러나 루터(Martin Luther, 1483-1546, 독일의 종교개혁자)는 "오직 믿음으로 구원받는다"는 것을 강조하다가 그만 "이성은 마귀의 매춘부 혹은 악마의 창녀(the devil's whore)이다"고 하는 실수를 저지르고 말았습니다.

사실 루터는 아퀴나스의 잘못된 이성관을 공격하려고 한 말이었지만, 루터의 마음과는 다르게 철학사적으로 이성이 신앙을 떠나 세속화되는 길을 열어주고 말았습니다.

화란의 기독교 철학자 도이벨트(Herman Dooyeweerd)는 "루터가 악마의 창녀 같은 이성을 항복시켜야 된다고 말한 것이나 믿음의 진리를 깨닫는 데는 이성은 전혀 소망이 없는 소경이라고 말한 것은 모두 복음을 이해하기 위해서였는데, 그것은 지나친 단정이었다"고 지적한

---

21) 교의신학자 최홍석은 이성 건재설의 문제를 다음과 같이 지적한 바가 있습니다. "아퀴나스는 창세기 1장 26절을 해석하면서 하나님께서 인간을 창조하실 때, 자연적 은사로 분류한 하나님의 "형상(첼렘, צֶלֶם, image)"으로 영혼, 이성, 양심을 가지고 있는 존재로 만드셨고, 또한 초자연적 은사로 분류한 하나님의 "모양(데무트, דְּמוּת, likeness)"으로는 의지, 각종 은사, 추가적 은사를 가진 존재로 다르게 만드셨다고 보았다. 그런데 인간의 '원의(justitia originals, 에베소서 4:24)'가 타락할 때 초자연적 은사는 잃어버렸으나 자연적 은사는 존속하여 인간 생활에 여전히 기여하고 있으며 그 중에 하나가 이성이라고 한다. 그의 주장에는 크게 네 가지 문제가 있다. ①"형상"과 "모양"을 단어는 다르지만 같은 의미를 표현한 동의어로 해석하지 않았다. ② 인간이 타락했다고 하는 것은 전인격이 구원 얻는데 무기력하다는 것이기 때문에 당연히 이성이 포함되어야 한다는 것을 간과했다. ③ '원의'의 타락을 '영적 사망'으로 해석하지 않고 그리스적인 악의 개념으로 해석하여 '완전에 대한 결핍'으로 보았다. ④ 자연과 초자연(은총)의 구분에서 그치지 않고 이원론적 분리의 문을 열었다."(총신대신대원 강의 중에서)

바가 있습니다.

　개혁주의 신학자 바빙크(Herman Bavicnk)도 같은 지적을 한 바가 있는데, "루터는 인간의 이성을 나무토막처럼 굳어진 것으로 보고, 철학이나 인간의 지식이 신학에 아무런 도움을 줄 수 없다고 생각했다."[22] 고 분석했습니다. 이것은 루터 자신도 원치 않았겠지만, 서양사에서는 경건주의에 이어 이성주의가 번창하게 되는 역사의 아이러니를 보게 되었다는 사실입니다.

　경건주의부터 살펴본다면, 루터가 나무토막처럼 깎아 내렸던 이성은 결국 하나님을 섬길 수 있는 '종'의 자리마저도 잃어버리게 되고, 그 결과 경건주의의 아버지로 불리는 필립 스페너(Philip Jakob Spener, 1635-1705)를 중심으로 영적 체험을 어떤 것보다 중시하는 풍조가 생기게 되고 자연히 이성적인 학문과 전문적인 직업은 경시되었습니다.

　경건주의 운동은 스페너와 그의 영적인 아들이라 할 수 있는 그의 후계자 푸랑케(Francke)와 그를 이어 '헤른후트(Herrnhut)'라는 경건주의 공동체를 인도했던 진젠돌프 백작(Zinzendorf) 그리고 1738년에 헤른후트를 방문했습니다.

　거기서 그는 "나는 기꺼이 나의 생애를 여기서 보내겠다."고 뜨겁게 헌신했다가, 나중에 영국 감리교 창시자가 된 존 웨슬리(John Wesley, 1703-1791) 등에 의해 주도된 일련의 운동을 말합니다.

　역사가들은 그 시대를 일컬어 "경건주의 시대"라 부르는데, 후에 경건주의 신학의 진수를 '감정의 신학'으로 정리한 사람은 슈라이어마허

---

22) H. Bavicnk, 『신학의 원리』, (서울:총신대출판부), p.189.

(F. Schleiermacher, 1768-1834)이며, 그는 "절대 의존의 감정(feeling of absolute dependence)", "원초적인 직관과 감정의 관계(original relation of intuition and feeling)"를 신앙과 동일시하기도 했습니다. 많은 변화를 그치기는 하지만, 오늘날까지도 경건주의 전통은 세계 곳곳에 면면히 흐르고 있습니다.

인식론의 혁명

"코기토 에르고 슘 Cogito Ergo Sum"이란 말 아시죠? '나는 생각한다. 그러므로 존재한다.'라고 번역되는 이 라틴말은 데카르트(Rene Descartes, 1596-1650)가 한 말로서, 이성주의의 대표적인 구호입니다.

데카르트는 처음에는 보편적이고 우주적이고 영원하고 이론적인 진리를 추구했습니다. 그러다가 나중에는 영혼과 정신을 수학적으로 증명하는 어려운 일에 몰두했습니다. 그리고 그 일을 수행하는 효과적인 방법으로써 '영혼'을 신체에서 분리된 '정신'으로 전환시키려고 노력했습니다.

바빙크는 데카르트가 살던 시대를 평하여, "이성은 처음에 시민생활에 관한 것에만 기여하다가, 미국에는 과학과 철학에 손을 뻗치더니 결국 신학까지 지배코자 했고 끝내는 신앙까지 다스리고자 했다. 특히 데카르트의 영향이 커서 순수한 성경적 개혁신학이 합리주의적인 신학으로 변질되어 갔다."고 말했습니다.

그 결과 18세기에는 "이성의 르네상스 시대"가 열리게 됩니다. 바로 그 이성의 시대에 흄(David Hume, 1711-1776, 영국의 철학자)은 이런 말까지 했습니다. "이성이 나타나서 하나님의 보좌를 찬탈했다. 그리고 법을 박탈했으며 절대적인 권한을 가졌다. 이제 보좌에는 더 이상 하나님은 없다. 하나님의 말씀도 계시도 없다. 단지 인간의 이성만이 있을 뿐이다."

흄은 "이적이 일어날 수 없다고는 말하지는 않았지만 이적이 하나님의 존재를 충분히 증명할 수 있는 근거가 되는 것은 아니다"고 말하기도 했습니다. 그 후 이성주의는 200년 이상 유럽의 사상계를 휩쓸게 되는데, 그 결과 기독교는 슈바이처(Albert Schweitzer, 1875-1965)로 대표되는 역사적 예수에 대한 비평으로 치명상을 입게 됩니다.

이성을 비평하는 작업이 다시 일어나는데, 칸트(Immanuel Kant, 1724-1804)의 『순수이성 비판』이 그것입니다. 그는 순수이성이란 감각적인 현상세계를 인식하는데 그치고 그 이상의 것, 곧 초감각적인 것이나 초자연적인 것을 인식할 수는 없다고 보았습니다.

특히 신(神)에 관한 지식을 가지려면 이성이나 학문적인 논증을 버리고 다른 길, 곧 신앙이나 도덕적 요청 혹은 환상의 길 이외에는 없다고 칸트는 말했습니다. 자연히 이 시기에는 선험적 인식 혹은 선험적 도덕이라는 것이 부각되었습니다.

문제는 '변증법적 사고'입니다. 변증법이 주관적 사색을 일거에 몰아내 버렸습니다. "이성의 필연적인 자기 발전 논리에 입각한 세계 해석인 진리로서의 진리는 사라졌다 그리고 이제부터는 종합이 상대주의와 함께 지배한다"는 가공할 변증법(辨證法, Dialectics)의 시작이 그것입니다.

변증법은 칸트에서 싹이 터서 헤겔에서 꽃을 피우고 막스에 와서 열매를 맺는 논리학인데, 세계의 끊임없이 변천하는 사건과 사물의 변화 과정을 담아낼 수 있는 절대정신의 점진적이고 종합적인 사유방식을 말합니다.

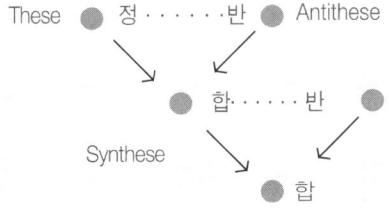

헤겔(Georg W. F. Hegel, 1770-1831, 독일의 철학자)의 역사철학이 그 기초입니다. 그는 역사를 반정립적인 대립의 관계로 보는 것 때문에 갈등과 전쟁이 일어난다고 생각하고 그 해결책으로 역사의 세 단계, 즉 '정립(These)'과 '반정립(Antithese)'을 거쳐 마침내 '종합(Synthese)'에 이르는 주기적인 운동으로 보자고 말했습니다.

그 첫 번째 단계에서는 이성이 우주와 인간의 실재에 대한 의의를 어떤 정설로 요약하고 결론짓는다면, 두 번째 단계에서는 처음에 내세워진 정설에 대한 비판과 회의를 시도하며, 세 번째 단계에서는 앞에서의 부분적 이해와 부정적 비판을 종합하여 실재에 대한 보다 큰 부분을 파악한다고 보았습니다. 이때 정립과 반정립의 부분적 진리들은 모두 종합 속에 보존되어 보다 전체적인 것으로 합체되며, 이러한 주기적 운동은 끊임없이 계속되는 것입니다.[23] 프랜시스 쉐퍼는 여기에 "두 단계의 혁명이 있었다"고 설명한 바가 있습니다.

제1단계는 인식론 혹은 진리관의 혁명인데, '진리는 절대적이다'는 것에서 '진리는 상대적'이라는 것으로의 변화입니다. 쉐퍼는 여기에 대한 책임을 헤겔에게 물었습니다. "헤겔을 절대적인 이성주의자로서 인식론의 혁명을 통해 철학사의 게임의 규칙을 두 가지 어겼는데, 첫 번째 파울은 진리는 절대적이라는 것에서 상대적으로 만들었던 것이고, 두 번째 파울은 진리를 아는 방법으로서 경험을 폐기하고 이성만을 택한 것"이라고 말했습니다.[24]

---

23) S. P. Lamprecht, 『서양철학사』, (서울:을지문화사), pp.550-552.
24) 성인경 편, 『프랜시스 쉐퍼 읽기』, (서울:예영커뮤니케이션), pp. 241-245.

제2단계는 방법론의 혁명이라는 것인데, '이성에 의해 진리에 이를 수 있다'는 것에서 '믿음의 비약에 의해서만 진리에 이를 수 있다'는 것으로의 변화입니다. 쉐퍼는 이 두 번째 변화에 대한 책임을 키에르케고르(Soren Kierkegaard, 1813~1855, 덴마크 철학자)에게 돌립니다.

　쉐퍼는 이 시점을 일컬어 "절망의 선(The line of despair)"이라고 이름을 붙인 바 있으며, 그 "절망의 선"을 기점으로 기존의 반정립적인(Antithetical) 진리 혹은 절대적인 진리는 사라지고 말았으며, 그때로부터 지식의 통일성도 불가능하게 되었고 서양 문화의 방향이 달라졌다고 보았습니다.

　루제거는 쉐퍼의 이런 견해에 반대하여, "상대주의가 널리 확립된 것에는 쉐퍼가 말하는 것처럼 헤겔에 의한 철학적인 변증법의 출현보다는, 칸트의 '인식은 상대적이다'는 말이나, 과학적으로 아인슈타인의 상대성 원리(Relativity Principle)와 하이젠베르그(Heisenberg)의 불확정성의 원리(Uncertainty Principle, Indeterminacy), 혹은 사회적으로 타문화에 대한 서구 문화의 노출이나 독재 체제의 실패 등의 공헌이 더 크다"고 주장하기도 합니다.[25]

　쉐퍼가 옳든지 그러든지 상관없이, 변증법이 출현한 이후로 서양에서는 절대적인 진리관이 자취를 감추고 온통 상대주의가 판을 치기 시작한 것은 분명합니다. 그리고 진리를 아는 방법도 한동안은 경험적인 것이 무시되고 이성적 과학에만 의지하기 시작했습니다. 이성적이고 과학적이 아니면 진리가 아니었습니다.

포퍼(Karl Popper)는 그 점에 대해 이렇게 지적했습니다.

"헤겔이 인도한 곳은 부정직의 시대이다. 속임수가 사실에 대한 지적 해석의 자리를 밀어냈다. 헤겔 이전의 철학자들은 명백한 것만 이야기했다. 그러나 헤겔로부터 역사는 일종의 강제, 곧 우리가 이해할 수 없는 법칙에 의하여 지배된다고 믿게 되었다. 이러한 터무니없는 역사관은 정치뿐 아니라 예술마저도 부패시켰다."[26]

정치나 예술뿐만 아니라 교회도 부패시켰습니다. 변증법은 기독교의 진리관을 심각하게 도전했으며 기독교가 영향력을 잃은 그 빈자리는 대중적인 지식인들이 차지했습니다. 그 공백을 이신론자나 회의론자, 혹은 무신론자들이 메웠으나 200년이 지나도록 메워지지 않고 있습니다. 서양 교회를 텅텅 비도록 만든 다윈의 인본주의적 진화론, 막

---

25) 홍치모, 『프랜시스 쉐퍼의 사상』 (서울:신학지남), 1984. p.81 참고 Ronald Ruegsegger, Reflections on Francis Schaeffer, pp.115-118; 성인경 편, 『프랜시스 쉐퍼읽기』, (서울:예영커뮤니케이션), p. 243. 여기에서 루제거는 "헤겔 이전에도 진리가 상대적이라는 개념이 있었으며, 칸트(Kant)에게도 '실재 자체는 생각의 산물'이라는 절대적 이상주의가 사라지지 않았다. 철학적으로는 금세기 초에 무어(Moore)와 러셀(Russell)이 철학을 다시 실재론자의 방향으로 바꾸어 놓았다. 그리하여 '지식은 인식자에게 상대적이다'는 칸트의 주장은 실재론과 양립하게 되었다. 그러므로 쉐퍼가 주장하는 인식론의 코페르니쿠스적 변화는 헤겔에서 출발할 수 없다." 그러나 인식이 상대적이라는 말은 칸트보다 훨씬 이전인 그리스 시대에도 '황금의 중립(Golden Mean)'라는 말로 사용된 적이 있을 뿐만 아니라, '상대적'이라는 용어도 그 말을 누가 제일 먼저 사용했느냐가 중요한 것이 아니라 그것을 세계관의 혁명에 결정적인 영향을 끼치고 이론화한 사람이 누구냐 하는 것이 중요한데, 그런 의미에서 서양 역사에 사상사적 전환점을 마련한 사람이 헤겔이라는 쉐퍼의 지적은 타당하다고 할 수 있습니다.

26) Guy Sorman, 『20세기를 움직인 사상가들』(서울:한국경제신문), p.394.

영역	진리의 성격		철학	미술	음악	일반문화	신학
대표적 인물	절대		헤겔	드가, 모네, 르누아르	드뷔시		슐라이어마허와 같은 구자유주의자들
절대주의의 개념	상대주의의 선 ▼		반대되는 신념들은 반정립적이다	리얼리즘	?		자연은 인과적 질서를 가지고 있으나 기적을 허용한다
상대주의의 개념			반대되는 신념들은 종합 안에 포함되어 있다	인상주의	?		인과적 체계는 기적을 허용하지 않는다
영역			철학	미술	음악	일반문화	신학
대표적 인물	상대	신앙	키에르케고르	반 고흐, 고갱, 세잔	?		칼 바르트
절망의 선 후의 개념	절망의 선 ▲		오직 비이성적인 믿음을 통해서만 의미를 찾을 수 있다	개별자와는 별도로 보편자를 추구한다	?		예수님에 대한 신비주의적 신앙
절망의 선 전의 개념		이성	이성을 통해 의미를 찾을 수 있다	개별자 안에서 보편자를 발견할 수 있다	?		역사적인 예수만으로 충분하다

★ 루제거(R. Ruegsegger)가 그린 프랜시스 쉐퍼의 "절망의 선" 도표

스의 사회주의적 공산주의도 알고 보면 변증법과 거기에 따른 과학적 이성주의의 산물입니다.

준거점의 상실

실존주의자들의 구호가 무엇일까요? 인본주의자들의 구호가 "나는 이성의 절대성을 믿는다"였다면, 실존주의자들의 구호는 "나는 인간 이성의 한계를 믿는다"는 것입니다.

인본주의자들은 인간의 이성이 우주를 지배하리라고 믿었던 반면에, 실존주의자는 "오, 그건 말도 안 돼. 실재는 추론에 의해서 예측할

수 없다. 인간에게는 알 수 없는 것이 얼마든지 있다. 우리는 모든 면에서 인간 이성의 한계에 직면하고 있다"고 말했습니다.

키에르케고르(Soren Aabye Kierkegaard, 1813-1853)는 이성으로는 하나님을 알 수 없고 '믿음의 비약(leap)'에 의해서만 알 수 있다고 주장했습니다.

그들은 인본주의자들보다 이성의 한계에 정직했으며, 인본주의자들보다 현실세계에 좀더 가깝게 살았던 것은 확실합니다. 쉐퍼가 지적한 대로, 같은 실존주의자들이면서도 사르트르(Jean-Paul Sartre, 1905-1980)는 자기의 논리세계에 한층 가까이 살았고 카뮈(Albert Camus, 1913-1960)는 현실세계에 좀더 가까이 살았다고 할 수 있습니다. 그러나 그 둘 다 이성의 한계를 인정하면서도 다른 한 발은 인본주의자들과 마찬가지로 이성을 완전히 벗어나지 못했습니다. 그들은 인간이었기 때문입니다.

확실히 20세기 철학자들은 이전 세대와는 전혀 다른 문제에 매달렸습니다. 그들은 더 이상 거대 담론, 메타 담론, 혹은 통일적인 지식과 의미를 파악하는데 시간을 보내지 않았을 뿐만 아니라 그것이 가능하다고 믿지도 않았습니다. 그런 철학은 어리석은 짓이라고 생각했고, 그렇게 시간을 보냈던 플라톤이나 헤겔과 같은 사유는 지적 유희와 낭비라고 생각하게 되었습니다.

배럿(William Barret)은 말하기를, "통일적인 지식에 대해 생각하는 것은 바보짓이다. 우리의 철학에는 이제 더 이상 이성에 대한 어떤 신뢰도 남아 있지 않다. 우리는 현대인의 불안과 긴장에 맞서야 한다"고 했습니다. 사실 그것은 이성주의자들에 대한 실존주의자들의 대반격이었습니다.

그들은 지식에 대한 포괄적인 이론이나 단일한 설명 체계와 같은 것에 대해 강한 반감을 가졌습니다. 그들은 합리성과 통합적 지식을 제공하기보다는 단지 미세하고 분석적인 대답을 제시하려고 노력했습니다.

오늘날 '전공'이라는 미명 아래 이루어지고 있는 학문 간의 혹은 학제 간의 상호 관련성(關聯性)의 파괴는 자기 전공 외의 다른 어떤 전공자와도 대화가 거의 불가능할 정도로 단절되고 편협해지고 말았습니다. 쉐퍼는 이런 현상을 일컬어 "지식의 통일성의 상실"이라고 말했고 스키너(Q. Skinner)는 "거대 이론의 상실"이라고 탄식했습니다.

일찍이 이런 문제의 핵심을 파악한 사람이 있었는데 그는 사르트르(Jean-Paul Sartre, 1905-1980, 프랑스 철학자)였습니다. 나는 그의 전반적인 사상에는 동조할 수 없지만, 적어도 그는 "자기 내부에서만 세상을 보면 무한한 준거점(reference point)을 발견할 수 없으므로 만사가 부조리하다"는 결론에 이르렀던 대단한 통찰력을 가진 사람이었습니다.

어느 시대나 절대적인 준거점이 없어지면 자기 내, 외부의 능력에 의존하다가 결국 인간 스스로의 유한성과 죄악성 때문에 모든 것이 불가능하다는 논리적 결론에 직면하게 됩니다. 우리 시대가 지금 그렇습니다.

오늘날 전 세계가 앓고 있는 갈등과 혼돈도 알고 보면 지식의 통일성과 거대 담론의 상실에 있습니다. 우리가 기준과 원칙이 없는 세상에 살게 된 근본 원인은 바로 신의 죽음, 즉 사람들의 마음에서 유대, 기독교 하나님의 죽음 때문에 찾아온 준거점의 상실입니다.

종착역을 향한 서양 지성의 징후들

기차 여행을 좋아하십니까? 저는 기차를 타고 풍광을 즐기며 생각하기를 좋아해서 우리나라는 물론이고 유럽도 여러 번 기차로 여행을 했습니다. 한국 열차는 길이 막혀 달릴 데가 없어서 안타깝지만 빨라서 얼마나 좋습니까?

반면에 영국 열차는 낡았지만 차창 밖이 멋있었고, 이태리 열차는 지저분해서 싫었지만 사람 사는 맛이 나서 좋았고, 스위스 열차는 비쌌지만 시간을 잘 맞추어주어 좋았고, 프랑스 열차는 비좁았지만 예뻐서 마음에 들었고, 독일 열차는 편안하지는 않았지만 튼튼해서 좋았습니다.

새삼스러운 것도 없지만, 모든 기차는 종착역이 있었고 그리고 그때마다 종착역을 알리는 신호나 신호에 버금가는 징후가 있었기에 여행을 잘 마치곤 했습니다. 기차만 종착역이 있는 것이 아니라 역사에도 종말이 있습니다. 특히 서양 사상도 종착역에 가까워지고 있다는 징후들이 보입니다. 여러 곳에서 포착되고 그 징후들이 있습니다.

이성에서의 도피

제일 먼저 나타난 것은 이성에서의 도피입니다. 상대주의의 유령은 진리를 파괴하는데 만족하지 않고 인간성의 파괴 혹은 인간 이성의 해체(解體)를 시작한 것입니다. 대표적인 사람은 프랑스의 철학자들인 푸코와 리오따드, 데리다 등입니다. 푸코(Michel Foucault 1926-1984)는 "세계를 분석하는 기존의 틀이나 범주와 이념들을 해체시킴으로 모든 이데올로기로부터의 해방"을 시도했습니다.

일찍이 마르쿠스(S. Marcus)는 "푸코의 이러한 시도는 차라리 이성의 우매함을 찬양하고 이성과 대결하기로 한 것이다"라고 말했고, 쉐퍼는 "이성에서의 도피"라고 불렀습니다. 이성에서의 도피는 서양 지성사에 중대한 결과를 초래했습니다. 합리성의 붕괴가 그것입니다.

푸코의 야망이 낳은 첫 번째 희생물은 도구적 이성이었고 그 다음은 합리성 자체였습니다. 그는 합리주의자들이 이성의 권위로 합리적이고 통일된 해답을 줄 것이라고 장담했으나 그 약속이 이루어지지 않았다는 것을 간파했습니다. 그래서 그는 "이성에 의해 합리적인 해답을 찾으려는 시도는 이성의 폭력이며, 그것은 이성의 보편적인 어리석음을 잘 모르는 짓이다"라고 주장했습니다.

그는 이성이 해체된 빈 자리에 '비이성(非理性)' 혹은 '광기(狂氣)'를 구원의 길로 대치시켰습니다. 그가 말하는 '광기'는 시대에 따라 그 의미를 달리한 것인데, 한때는 광기가 천재적 기질 혹은 종교적으로 신들린 현상으로 이해되기도 했고 혹은 정신병으로 취급되기도 했으나, 푸코는 "이성과 합리성의 폭력"을 광기라 말하기도 하고, "인간의 꿈과 야수의 악몽의 이면에서 찾아낼 수 있는 마지막 구원"으로 말하기도 하고, "동성애와 같이 뭔가 엉뚱하고 남과 다른 행동을 하는 일탈 행위"를 뜻하기까지 했습니다.

어느 것을 의미하든, 푸코가 말하는 광기는 인간의 죽음이요 진리의 사망 선고입니다. 신국원은 푸코의 이런 작업에 대해 다음과 같이 핵심을 찌르는 분석을 했습니다.

"푸코는 니체처럼 신의 죽음에 만족하지 않고 인간도 죽어야 한다고 주장한다. 근대에서 억압의 주체는 신이 아니라 인간 자신이라고 보았기 때문이다."[27]

해체주의는 양면 얼굴을 가지고 있습니다. 푸코와 어깨를 나란히 하는 해체주의자 중에 리오따드(Jean-Francois Lyotard, 1924 - 프랑스 철학자)와 같은 사람들이 제기한 탈 현대주의(post-modernism)는 현대성(modernity)이라고 불려지는 객관적 과학, 보편적 윤리, 예술적 조화와 같은 것들에 대한 비판의 지평을 크게 넓힘과 동시에 개방성과 투명성에 대한 새로운 비평을 열었던 것이 사실입니다.

리트께르크(Wim Rietkerk)는 일찍이 리오따드가 제기한 탈 현대주의의 중심 사상을 세 가지로 분석한 바가 있는데, (1) 진리의 통합적 지식 상실, (2) 끝없는 자유와 인간성 추구, (3) 다원성의 진정한 위치 요구가 그것입니다. 이 세 가지는 현대인이 추구하는 종교적 신비성, 자기 정체성, 그리고 예술적 다원성에 대한 문제라고 할 수 있으며 거기에는 현대인의 고통과 바람, 그리고 참과 거짓이 섞여 있다고 합니다.[28]

목숨을 걸고라도 즐기자?

또 다른 징후는 진리를 해체해 버리고 인생을 즐기자는 것입니다. 만약 누가 진리가 있다고 주장하면 "그것은 이데올로기"라고 몰아붙이거나, "진리는 권력 행사를 위한 위장" 또는 "권력 게임의 장난"이라고 말하며, 그러한 진리는 결국 인간을 죽음으로 유혹한다고 말합니다.

27) 신국원, 『포스트모더니즘』, (서울:IVP), p.181.
28) Wim Rietkerk, "Postmodernism(포스트모더니즘)", 『혼돈 시대 속의 확실성을 찾아서』, (서울:일지각).

여기에서는 진리가 해체될 뿐만 아니라 진리가 살해되고 그 위에서 인생을 즐기자는 것입니다.

워프(P. Waugh)는 여기에 대해 "단지 진리가 폐기되기만 한 것이 아니라 진리-효과(truth-effect)를 유지하려는 욕망까지도 버림을 받았다."고 탄식을 했습니다.[29] 그래서 그런지 해체주의자들은 진리를 추구하는 대신에 진리에서 도피하여 현재를 마음껏 즐기는 것이 미래에도 얻지 못할 목표를 추구하는 것보다 훨씬 낫다고 부추깁니다.

그것이 바로 우리 시대의 이율배반, 즉 한편으로는 인생은 아무런 의미가 없는 허무한 것이라고 말하면서도, 다른 한 편으로는 목숨을 걸고서라도 인생을 즐기려는 신체적 쾌락주의 혹은 리오따르드가 말한 "미소 띤 허무주의(nihilism with a smile)"가 판을 치고 있는 것입니다.

데리다(Jacques Derrida, 1930- , 프랑스 철학자)는 푸코와 리오따르드의 어깨를 딛고 서서, 그들의 해체 담론을 모든 영역에 적용하는 작업을 수행하고 있습니다. 특히 이항 대립, 이를테면 이성과 감성, 사실과 허구, 주체와 객체와 같은 대립 논리를 해체하므로, 그 속에 있는 전제와 사상 구조 자체를 해체하고 있습니다.

신국원은 거기에 대해 "푸코가 억압된 침묵을 깨뜨리고 눌린 목소리를 대변하려 했다면, 데리다는 체계 내부의 균열을 드러냄으로써 체계 자체를 해체하는 방법을 택했다"고 잘 분석했습니다.

로티(Richa rd Rorty, 1931- , 미국의 철학자)도 "자연의 거울 깨뜨리기"라는 말로 철학을 과학적이라기보다는 오히려 소설이나 서정시와 유사한 문학의 한 장르로 보자고 말하는데, 그도 결국 인식론 해

---

29) Gene Edward Veith, 『현대사상과 문화 이해』, (서울:예영커뮤니케이션), p.67.

체를 목표로 하고 있습니다.

폴 존슨(Paul Johnson)은 그 영향을 다음과 같이 지적했습니다.

> "2차 세계대전이 끝나자 세속적인 지식인이 앞세우는 주도적인 목
> 표에 중요한 변화가 일어났다. 즉 유토피아적 이상주의에서 쾌락
> 주의, 혹은 허무주의로의 전환인데 처음에는 완만한 변화를 보였으
> 나 서서히 속도가 빨라지고 있다."

하버마스(Jurgen Harbermas, 1929- , 독일 철학자)의 지
적은 더욱 신랄합니다.

> "해체주의자들은 일과 유용성의 규약으로부터 해방된, 탈 중심화
> 된 주체를 설파한다. 그럼으로써 그들은 근대 세계 바깥으로 도피
> 하며, 자신들의 화해 불가능한 탈 현대성을 정당화한다. 그들은 멀
> 고 먼, 원시적이고 능동적인 상상의 힘과 자기표현과 감정의 영역
> 으로 퇴행(退行)하고 있다. 도구적 이성 대신에 그들은 마니교적
> 인 방식으로, 신비적인 수단을 통해서만 접근 가능한 원리들을 주
> 장한다."

종착역이 두 갈래로 뻗어있다면?

만약 종착역이 여러 길로 나누어져 있다면 어떻게 될까요? 저는 그
많은 기차를 타보았지만 종착역이 몇 갈래로 나누어져서 내린 적은 없
었던 것 같습니다. 그러나 서양 지성의 마지막 종말론적 징후는 크게
두 갈래로 나누어지고 있습니다.

넓은 갈래는 신비주의로 달려가고 있는 것입니다. 건전한 지성이 무너진 곳에서는 언제나 신비적이거나 엽기적인 모든 종교적 체험이 우상화가 됩니다.[30] 이미 17세기에 경험했듯이 이성으로부터의 도피는 필연적으로 신비주의로 귀착됩니다.

17세기 경건주의와 비슷한 영적 이상 징후가 세계 곳곳에서 일어나고 있습니다. 뉴에이지 운동, 시한부 종말론, 빈야드 운동, 토론토 축복 등이 그것인데, 계시와 지성이 상실된 곳에 돋아나는 독버섯들이 어떤 것들인가를 알 수 있습니다.

한때 프랑스 문화를 이끌었던 말로(A. Malraux)가 "21세기는 신비주의의 세기가 될 것이 틀림없다"고 예고한 것이 예사롭게 들리지 않습니다. 세계 곳곳에서 반 지성주의적인 징후들이 나타나고 신비주의가 꽃 피고 있기 때문입니다. 그러나 이런 딜레마를 해결하고자 노력하는 사람들이 전혀 없는 것은 아닙니다.

---

30) 신비주의(mysticism)는 기독교의 신비적 성격을 지나치게 이념화한 것인데, 보통 건전한 신비주의와 불건전한 신비주의로 나눕니다. 건전한 신비주의란 성경 말씀에 의존한 각종 건전한 영적 체험을 말하며 우리는 이것을 기독교의 신비성이라 부르고, 불건전한 신비주의는 성경 말씀을 무시하는 각종 영적 체험을 말하는데 일반적으로 말하는 신비주의는 불건전한 신비주의입니다. 신비주의의 특징은 ① 신비적인 체험을 하나님의 말씀인 성경의 권위 아래에서 해석하지 않고 주관적으로 해석합니다. ② 인간성을 무시하고 일상적인 삶을 등한히 여깁니다, ③ 기독교의 교리적이고 지성적인 면을 도외시하고 감각적이고 체험적인 것에만 가치부여를 합니다. 역사적으로는 2세기경에 초대교회의 몬타누스가 교회의 도덕적 부패에 반기를 들고 성령이 자기로부터 임했다며 자기가 아버지요 말씀이고 보혜사라고 말할 때부터 시작되었습니다. 그 후 중세를 거치며 재세례파나 그 밖의 수많은 이단적 집단에서 성경과 배치되는 주장들과 초월적인 영적 체험들을 부추겼고, 오늘날까지도 그러한 경향은 세계 곳곳에서 지속되고 있습니다.

다른 한 갈래는 이성주의의 부활입니다. 이성의 부활을 꿈꾸는 사람들의 등장이 그것입니다. 비이성과 허무주의 그리고 신비주의에 대항하는 강력한 지적 흐름이 그것입니다. 그것은 잃어버린 합리성을 회복하려는 시도이며, 의식 있는 소수가 이론과 실천의 회복, 지식의 통일성의 회복, 거대 담론의 복구에 대한 향수에 답하려는 노력입니다. 대표적인 사람은 독일의 가다머(Hans Georg Gadamer, 1900-)와 하버마스(Jurgen Habermas, 1929-)로 그들은 그 점에서 가장 영향력 있는 사람들입니다.

가다머는 현대문화의 근본 문제를 근대적 객관주의와 탈 현대주의의 상대주의 사이의 딜레마라고 파악하고 이를 해결하고자 철학적 해석학과 그에 입각한 사회 문화관을 제시했습니다. 신국원은 그의 정신을 분석하여, "근대 철학과 과학 전통의 무비판적 계승이나 무조건적 배격이 아닌 해석학적 비판과 개혁으로 근대문화의 위기를 극복해 보고자 하는 것이다… 즉 예술작품을 이해할 때처럼 주제에 중심을 둔 대화적 이해를 통해 진리를 찾는 해석학적인 길이다"라고 지적한 바가 있습니다.

가다머의 관심은 고대 그리스 철학의 전통을 복원하고자 했던 것이라고 알려져 있습니다. 반면에 하버마스는 본래 마르크스주의자였으나 마르크스주의의 지나친 기계론적 측면을 비판하고 도구적 이성의 한계를 보고 의사소통적 이성을 강조한 사람입니다. 그런 점에서 그는 푸코와 대치되는 학문적 목표를 가졌습니다.

다소 관념론적이기는 하지만 '의사소통적 이성'에 의한 합리성을 정초할 수 있는 보편적이고 객관적인 토대를 다지는 것이 그의 목표입니다. 푸코가 서구적 합리성을 해체하려고 했다면 소위 실증주의 논쟁

"절망의 선"에 이르기까지… 그리고 그 후

	1200	1300	1400	1500	1600	1700	1800	1900	현재

철학

미술

음악

일반 문화

신학

진리의 성격: 절대 (반정립) → 절망의 선 → 상대(변증법)

을 주도하고 있는 하버마스는 무너진 합리성을 다시 복구하려고 하는 것입니다.

손봉호는 좀 더 분명하게 "하버마스는 지배적 이념으로 변한 기술 문명과 그 도구(道具)로 전락한 기술적 이성으로부터의 초월은 이 문화 전체와 이 사회 체제 전체의 혁명 없이는 불가능하다고 본 사람이다"고 비평했는데 타당한 지적이라 생각합니다. 윤평중의 평가에 의하면, "하버마스는 회의주의와 지적 상대주의가 만연되어 있는 오늘날 그 조류에 대항해서 외로운 싸움을 전개하고 있는 이 시대의 대표적인 이성주의자이다."고 지적되기도 합니다.

그러나 문제는 그가 지나치게 이성을 신봉한다는 점입니다. 쉐퍼는 『이성에서의 도피』에서 이렇게 지적했습니다.

"인간의 이성만으로 궁극적인 진리를 향하는 것은 마치 굉장히 넓은 계곡에 다리를 놓으려고 하면서 단지 한 쪽에서만 시작하는 것과 같다."

그의 시도에 한편 감사하면서도 그것이 새로운 이데올로기의 향수 혹은 이성주의의 부활의 징조라고 진단한다면 지나칠까요?

독일 외에도 합리성과 이성의 권위를 완전히 포기하지 않은 사유 작업은 지금도 계속되고 있습니다. '가로지르기 철학자'로 알려진 프랑스의 들뢰즈(Gilles Deleuze, 1925-1995)도 '욕망', '이미지' 등 비록 모호한 대상을 연구하고는 있지만 '감각적 논리' 혹은 '유목민적 사유' 등의 화두로 이성의 회복을 주장하고 있습니다.

하버마스를 위시한 이런 사람들은 한편으로는 이성이 그 본래의 목적인 개인과 사회의 해방과 자유를 위한 것이 아니라 개인과 사회를 지배하는 기술 문명의 도구가 되어 버린 추락한 도구적 이성을 복구해 보려고 하면서도, 다른 한편으로는 이성의 합리성과 가신성(可信性)을 지나치게 의존하므로 "해 아래 새 것이 없다"는 말처럼 플라톤이나 데카르트를 무덤에서 다시 파내는 꼴이 되지 않기를 바랍니다. 아무튼 이성주의의 부활은 플라톤 시대나 18세기로 역사를 다시 되돌려 놓는 것입니다.

소르망(Guy Sorman)의 보고서는 언젠가 이 땅에서 상대주의의 유령이 물러날 날을 기대하게 합니다.

> "상대주의의 불확실성에도 불구하고 인간은 절대적인 존재에게로 저항할 수 없이 이끌린다. 금세기가 다 끝나 가는 이즈음 우리는 이 낡은 강박 관념으로 점점 복귀하고 있다… 이제 서양 문화의 불확실성은 점차 사멸하고 있는 국면이다. 포퍼는 철학에서, 곰브리치는 미술사에서, 베를린은 정치학에서 상대주의란 일시적인 지적 연약함에 지나지 않는다고 말하고 있다."[31]

기차는 종착역이 가까울수록 천천히 달리는 것이 정상입니다. 그러나 서양 지성의 추락은 시간이 갈수록 그 속도가 더 빨라지고 있습니다. 18세기에 일어난 '인식론의 혁명'처럼 또 한 번의 경착륙을 감행하게 되므로 발생할 사고나 문제를 줄이고 싶기 때문입니다. 그러나 연착륙이 우리의 소망처럼 잘 되겠습니까?

---

31) Guy Sorman, 『20세기를 움직인 사상가들』, (서울:한국경제신문), p.424.

동양의 중용사상은 무엇을 지향하는가?

황희 정승 이야기를 잘 알죠?

조선 초기 태조로부터 세종대왕에 이르기까지 4대에 걸쳐 명재상을 지낸 분을 모르면 되나? 황희 정승이 하루는 나랏일을 마치고 집에 돌아오다가 뒷마당에서 종들이 싸우는 것을 보았지만 군자는 사소한 일에 개입하지 않는다는 전통에 따라 아무 말도 하지 않고 자기 방으로 들어왔습니다. 황 정승이 방에 들어오자마자, 싸우던 종 하나가 뒤따라 들어와 황 정승에게 아뢰었습니다.

> "대감님, 여차여차하여 이렇게 되었나이다."
> "그래, 듣고 보니 네 말이 옳구나"라고 말했답니다.
> 그러자 곧이어 같이 싸우던 다른 종이 들어와서 아뢰었습니다.
> "대감님, 여차여차하여 이렇게 되었나이다"
> "그래, 듣고 보니 네 말도 옳구나"라고 말했답니다.
> 이 광경을 지켜보던 그의 조카가 아뢰었습니다.
> "대감님, 어찌하여 이놈저놈을 모두 옳다고만 하십니까?"
> "그래, 듣고 보니 네 말도 옳구나."

정치인도 철학이 있다

정치인들이라고 철학이 없는 줄 아십니까? 그들도 개똥 철학이라는 것이 있습니다. "좋은 게 좋다" 혹은 "네 말도 옳고 제 말도 옳도다"라는 처세술은 비단 황희 만의 철학은 아니었습니다. 『재상론』이란 책을 쓴 김진섭은 "조선시대 대부분의 재상들은 정치적 손익에 따라 철새처럼 처세했다"[32]고 밝힌 바가 있는데, 요즘도 우리가 "철새 정치인"이라고 부르는 것이 어제 오늘의 문제가 아니라는 것을 알면 한숨이 나올 뿐입니다. 그러면 과연 그들의 철학은 어디에서 왔을까요? 다른 이유도 물론 많이 있겠지만, 저는 그것이 '중용(中庸)의 도'에서 온 것이 아닌가 생각합니다.

'중용(中庸)'은 세상을 모나지 않고 상황에 따라 둥글둥글 살아가는 동양인의 대표적인 처세술이요 사고방식입니다. 중용의 처세술로 우리 사회에 가장 영향력을 미친 인물은 『삼국지』에 나오는 유비입니다. 종종 도량이 넓고 의지가 강하고 마음이 너그러워 호걸이나 군자의 모델로 통하는 영웅적인 인물입니다.

그는 비록 장비보다는 무예와 힘이 부족했고, 조조나 손권 보다 권모지략이 모자랐지만 사람을 잘 알아보고 인재를 발탁할 줄 알고 대세를 탈 줄 알았기에 삼국의 하나인 촉한을 세운 인물로 통합니다.

그러나 그의 후덕함 속에 보인 다음과 같은 위선적인 처세술을 어떻게 해석할 것인가? 아무리 유비를 난세의 영웅이라고 하더라도, 이를테면 양다리 걸치기와 얕은 속임수, 겉과 속이 다른 말 등을 보면, 그에게도 간웅(奸雄) 혹은 탁월한 권모술수가(權謀術數家)의 이중인격이 숨어 있었다는 지적을 하지 않고는 해석이 불가한 것들입니다.

(1) 한 편으로는 조조를 안심시키면서도 다른 한 편으로는 원소의 도움으로 조조를 정복할 계획을 세운다.
(2) 화가 난 조조가 번성을 공격해 오자 백성들의 마음이 흔들리는

---

32) 김진섭, 『조선건국기 재상열전』, (서울:지성사), p.147.

것을 보고 강물에 뛰어들어 빠져 죽으려 하므로 민심을 얻었다.

(3) 생의 마지막에 유언을 남기는 자리에서 재갈량에게 아들 유선
을 대신하여 왕이 되어달라고 부탁한다.

중정 · 중용 · 중도

'중용의 도'의 원조는 누구일까요? 아무래도 석가모니(釋迦, BC
563?-483?, 인도의 불교 창시자)의 말이 가장 설득력이 있는 것 같습
니다. 『아함경』에서 이렇게 말했기 때문입니다. "지극히 천한 욕락의
행위와 범부의 행동을 하지 말아라. 또한 스스로 별로 성스럽지도 않
으며 의롭지도 않은 고행을 구하지 말아라. 이 두 극단을 버리면 그것
이 중도가 된다."

여기에 "버리고"는 부정하는 것을 말합니다. 뭘 부정하라는 것인
가? 쾌락주의나 고행주의가 그것입니다. 석가는 당대에 인도에 널리
유행하던 득도(得道)의 방법으로서 지나친 성적 쾌락이나 육체적 고행
을 부정하고, 선정주의나 금욕주의 중에 어느 한 쪽으로 치우치지 않
는 것을 '중도'라고 말하고 있는 것입니다.

이 말을 근거로 일본 학자 모로하시 데츠지(Morohashi Tatsuzi)는
불교의 중용에 대해 "사물의 중용뿐만 아니라 유(有)나 무(無)를 고집
하지 않는 것이나 고통도 없고 즐거움도 없는 것을 중도라고 하며, 그
중도는 팔정도에서 말하는 정도(正道)이다"[33]라고 풀었습니다.

달라이라마 방한 준비 집행위원장이신 성관 스님은 중용의 도가 무
엇인지 풀어 준 적이 있습니다. "최초의 한역 불교 경전이라고 하는

---

33) 모로하시 데츠지(Morohashi Tatsuzi), 『공자 노자 석가』, (서울:동아시아), pp. 192-195.

『사십이장경』에서 부처님이 한 거문고 연주자에게 '줄의 늦춤과 조임이 알맞으면 여러 소리가 고르게 나느니라'는 말을 한 적이 있는데 그것이 바로 중도(中道)이며 중도란 양극단에 치우치지 않는 중정(中正)의 도를 뜻한다"고 해석했습니다.[34]

그는 중용은 곧 중도요 중도는 곧 '조화(harmony)'라고 풀고 있는 것입니다. 소를 타고 하늘로 사라졌다는 노자(老子, BC 604~?)도 『도덕경』에서 "중용보다 나은 것이 없으니라"하고 읊었습니다. 그는 "도(道)는 하늘처럼 받아들이는 것이며, 일출처럼 일관되며, 산처럼 굳건하며, 바람에 흔들리는 대나무와 같으니라"고 했는데, 하늘과 일출, 산, 대나무의 이미지가 잘 안 어울리는 것 같지만 핵심은 자연이며 자연의 순리를 따르는 것이 도라는 말입니다.[35]

"서양사는 플라톤의 각주이다"라고 할 수 있다면 동양사는 공자의 각주에 불과하다는 말을 할 수 있을 정도로 동양 마음은 공자의 책과 사상에 의존되어 있습니다. 공자(孔子, BC 552~479, 중국 춘추시대의 사상가)는 『중용』에서 "군자는 중용을 지키고 소인은 중용에 반하는 행동을 한다. 군자의 중용은 군자로서 때에 알맞게 하는 것이고, 소인의 중용은 소인으로서 아무런 거리낌도 없는 것이다(君子中庸 小人反中庸. 君子之中庸也 君子而時中; 小人之中庸也 小人而無忌憚也)"라는 말을 남겼습니다.

공자가 말하는 군자의 도에 대해서는 맹자(孟子)가 전하는 옛 이야기를 통해 그 해석을 들어보겠습니다. 중국에는 성인들이 아주 많았는

---

34) 《한겨레》, 2000. 9. 23.
35) Pamela K. Metz, *The Tao of Learning*, Mindle, p.148.

데 대표적인 이들이라면, '청렴의 성인'이라는 백이(佰夷)와 '책임의 성인'이라는 이윤(伊尹), '시중의 성인'이라는 공자(孔子)가 그들이랍니다.

그러나 백이는 이상적인 군주가 아니면 섬기지 않고 이상적인 백성이 아니면 부리지 않으며 태평하면 벼슬하고 혼란하면 물러난 인물이었으나, 이윤은 어떤 군주라도 섬겼고 어떤 백성이라도 부렸으며 태평해도 벼슬하고 혼란해도 벼슬한 인물이었습니다.

그런데 공자는 "나는 그들과 달라서 옳은 것도 없고 옳지 않은 것도 없도다."고 말하며, 벼슬할 만 하면 벼슬하고 그만 두어야 하면 그만 두었으며 오래 머물러야 하면 오래 머물렀고 빨리 그만 두어야 할 것 같으면 빨리 그만 두었던 인물이었답니다.

이 세 사람 중에 맹자가 말하는 군자는 공자였습니다. 왜 그럴까요? 백이는 고정불변의 원칙과 소신을 주장하기 때문에 융통성이 없고, 이윤은 원칙과 소신은 하나도 없이 책임감만 넘쳤으나, 공자는 인간의 정감의 발생과 기타 모든 거동은 '때와 상황에 따라서 항상 다른 것이 좋다'는 이른바 '시중(時中)'의 성인이었기에 맹자는 그를 따르겠다고 했습니다.

맹자는 여기의 '시(時)'를 '상황' 즉 '때와 장소와 사람에 따라 달라야 하는 주변 환경으로 풀었고, 중(中)은 어느 한 쪽으로 치우치지도 않고 고정되어 있지도 않은 것으로 풀었습니다.[36] 주희(朱子, 1131-1200, 중국 송나라 사상가)는 "중(中)이라는 것은 치우치지도 않고 기울어지지도 않고 지나치거나 미치지 못하는 일이 없는 것을 말하며, 용(庸)이

---

36) 풍우란, 『중국철학사 상권』, (서울:까치), p.588.

란 평상의 뜻, 즉 언제 어디에나 있고 영원 불변하다는 뜻이다"라고 했습니다.

현대적인 의미로 중용을 풀어낸 이는 김학주입니다.

> "군자가 때에 맞게 행동한다는 것은 사회의 법률이나 도덕 또는 주위의 모든 사정에 가장 알맞게 행동한다는 뜻이다… 그런 의미에서 중용의 도에는 절대 악이나 절대 선이 있을 수 없다. 선악의 기준은 상대적인 것이지 절대적인 것이 못된다. 그렇기 때문에 중용을 지키는 것은 절대 악이 아닌 동시에 절대 선도 아닌 것이다. 악 속에도 선한 동기가 들어 있고 선속에도 악의 씨가 있는 것이다."[37]

동양학자들은 이 중용을 아리스토텔레스의 '황금의 중립(Golden Mean)'과 동일시하므로 동양 사상의 뿌리 깊음을 은근한 자랑하기도 합니다.[38] 아마도 그것은 서양 사상의 금자탑이라고 하는 변증법적 사고가 출현하기 훨씬 이전에 그와 같은 상대주의적인 세계관이 동양에는 이미 오래 전부터 존재했다는 것을 과시하고픈 생각 때문일 것입니다. 중립이니 중도니 중정이니 하지만 결국 중용사상의 지향점은 절대가 없다는 상대주의입니다.

---

37) 김학주, 『대학 중용』, (서울:서울대학교출판부), pp. 203-209.
38) 풍우란은 "아리스토텔레스의 중(Golden Mean)이라고 하는 것은 본래부터 상대적이며 절대적이지 않은 것"이라고 지적했으며(풍우란, 『중국철학사 상권』, 까치, p.588), 박종홍도 "아리스토텔레스의 황금의 중립이란 인간 생활에서 가장 알맞은 것, 곧 부족하지도 지나지도 않은 것을 의미했다"고 지적한 적이 있으며(김학주, 『대학 중용』, 서울대학교출판부, p.193), 이동환도 "아리스토텔레스의 금중은 유교에서의 중용의 그 중에 흡사한 점이 있다."고 말한 바 있습니다.(이동환, 『중용 대학』, p.73).

한겨레의 '부정일치' 사상

우리나라의 상대주의는 서양보다 천 년이나 더 앞섰다는 것을 아십니까? 김용옥은 "서양에서는 겨우 18세기 헤겔 이후에 변증법을 발견하고 우쭐되고 있지만 동양에서는, 특히 우리나라에는 서양의 그것보다 천년 이상이나 오래된 '부정일치(不定一致)'라는 것이 있다"고 이런 말을 하는 것입니다. 물론 우리가 이렇게 말하면 서양 사람들은 플라톤이나 아리스토텔레스 때부터 있었다고 말할 것입니다.

우리나라에 상대주의의 뿌리는 깊습니다. 상대주의 정신을 찾기 위해 옛날로 돌아가서 처음 만나는 것은 '부정일치'라는 사상입니다. '부정일치'란 부정을 통한 일치, 즉 이론상 대립에 대립을 매겨서 높은 차원의 하나로 발전시키는 사유 방법이라고 합니다. 최민홍의 설명을 들어보겠습니다.

"'갑'이라고 하는 사람이 옳다고 하면 '을'이라고 하는 사람은 그르다고 할 수 있지만, 따지고 보면 '갑'과 '을'에서 서로 다르지 않는 동일한 점을 발견할 수 있다. 이런 방법에 의해 우리 조상들은 삶과 죽음을 두 개의 대립된 개념으로 보는 것을 부정하고 죽음 다음에도 삶이 있는 것으로 보았다. 그 예가 고구려의 무덤이나 우리나라의 제사 제도이다"[39] 라 하였습니다.

부정일치는 '불이성(不二性)'이라고 하는 석가의 가르침에서 왔다고도 말하고 도가에서 온 것이라고도 하고 우리나라의 '한'의 인식론에서 왔다고도 말하는데, 어디에서 왔든 '불이성'은 말 그대로 '두 개

---

39) 최민홍, 『한철학-한민족의 정신적 뿌리』, (서울:성문사), pp. 23-39.

의 성질을 부정하는 것'이며 참된 진리를 알려면 어느 한 면만 보아서는 안 되고 전체를 큰 하나로 보아야 한다는 정신입니다.

최근에 회자된 신토불이(身土不二)란 말도 '몸은 몸이고 땅은 땅이다'라며 별개로 보지 않고, '몸과 땅은 두 개가 아니다', 즉 '몸과 땅은 하나다'고 보는 논리입니다. 기 철학자 김용옥도 인간을 서양식으로 정신(spirit)과 육체(body)로 구분하지 않고 '몸(Mom)'이란 것에 둘이 융합되어 있다고 보는데 그것도 이와 같은 맥락입니다.

이처럼 '존재의 있고 없음'을 두 개의 양극으로 보지 않고 그러한 극단적인 양극성을 배제하므로 모순이 없는 큰 하나를 보는 것이 불이성의 인식론입니다. 최민홍은 "부정일치는 서양의 변증법에 결코 뒤지지 않는 논리"라고 은근히 자랑하기까지 합니다.

우리나라 고대 불교에서도 이와 비슷한 인식론이 있었습니다. 7세기 신라의 원효(元曉, 617-686)가 주장한 "화쟁논리(和諍論理)"라는 것이 그것인데, 서로 반대되거나 반정립적인 개념을 융합하는 논리입니다. 화쟁논리 중에 '동이(同異)', 즉 '같음과 다름'에 대한 원효의 논리도 비슷합니다.

> "같은 것과 다른 것이 다 같은 것이라 하면 자기 속에서 서로 다투게 될 것이고, 같은 것과 다른 것이 다른 것이라 하면 그들과 서로 다툴 것이다. 그러므로 같은 것도 아니고 다른 것도 아니라고 해야 한다. 같은 것이 아니라 함은 말 그대로 모두 부정하기 때문이고 다른 것이 아니라고 함은 뜻을 밝히어 긍정하지 않음이 없기 때문이다."

이것을 최민홍이 선문답 식으로 그것을 풀어 보았습니다.

"결국 같음이란 같은 것을 다름에서 분별하고 다름이란 다른 것을 같음에서 밝히는 것이다. 그러나 다름과 같음을 분별하고 밝히는 것은 다름을 쪼개거나 같음을 없애므로 되는 것이 아니다. 같음은 다름을 없애지 않으므로 같음이라 할 수 없고 다름은 같음을 나눈 것이 아니므로 다름이라 할 수 없을 뿐이다. 다만 다르다고 할 수 없으므로 같음이라 할 수 있고 같음이라 할 수 없으므로 다름이라 할 뿐이다."

동=이 (A=비A)

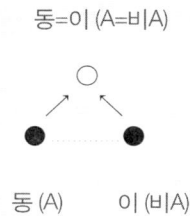

동 (A)   이 (비A)

사실 이런 사고방식은 "심은 즉 비심이요, 비심은 즉 심이다"라는 선불교의 논리에서 나온 것인데, 서양 철학적으로 말하면 "A는 비A이요, 비A는 A이다(A = non A)"는 말입니다. 이것은 서양의 "A는 비A가 아니오, 비A는 A가 아니다(A ≠ non A)"라는 논리와는 완전히 거리가 먼 비논리적인 것이라 할 수 있습니다.

김하태는 거기에 대해 이렇게 평했습니다. "이것은 비논리적인 것이 아니라 초논리적인 것이라 할 수 있는데 모순의 철학적인 장난이다. 여기에는 두 개의 목적이 있다. 하나는, 실재에 대한 논리적 검토는 결코 통일적인 관점을 가질 수 없다는 것이며, 다른 하나는 비논리성의 논리가 보통 논리보다 더욱 적절하게 실천철학의 여러 역설적인 문제를 설명한다는 것이다."[40]

모순의 철학적 장난을 박동환은 이렇게 설명했습니다. "동양의 마음은 표리부동(表裏不同)의 현실을, 표면의 명분과 이면의 배려 사이에 끝없이 일어나는 논리적 괴리를 진지하게 익힘에 있다." 나 자신도 중용이 어떻게 태극(太極)[40] 사상으로 발전되어 오늘날 상생과 조화의 미학적 기호로 통하게 되었는지 그것이 궁금합니다.

중용의 문제가 무엇인가?

중용은 처세술인가 역사철학인가? 이상에서 본 것처럼, 중용의 도는 지나친 대립과 갈등을 해소하고 양극단을 배제하자는 의미에서 시작된 매우 수준 높은 정치윤리요 역사철학입니다. 그러기에 중용의 기본 정신은 모든 세상살이에서 안일한 절충을 시도하거나, 양다리를 걸치거나 타협 따위를 부추는 천박한 처세술이 아니라는 것은 이해합니다.

---

40) 김하태, 『동서철학의 만남』, (서울:종로서적), pp.20-23.

41) Wim Rietkerk, *If Only I Could Believe*, Solway, pp.114-115; 풍우란, 『중국철학사 상권』, (서울:까치), p.533-544. 흔히 우주 만물의 생성 본체를 '태극(The Great Absolute)'이라고 하는데, 태극은 음과 양, 빛과 그림자, 선과 악, 죽음과 삶과 같은 두 개의 상반된 실체가 서로 대립되지 않고 조화를 이루며 맞물려 있기 때문에 서로가 서로를 필요로 한다고 말합니다. 주자(朱子, 1130-1200)는 태극에 대해 "모든 사물은 저마다 그 극(極)이 있는데 도리(道理)의 정점을 지칭한다. 천지만물의 리(理)의 총화가 태극(太極)이다. 그러나 태극은 방향과 장소도 없으며 형체도 없으며 놓인 지점도 없다"고 말했답니다. 여기에 대한 풍우란의 해석은 다음과 같습니다. "태극이 곧 천지만물의 최고 기준이라고 본다면, 그것은 곧 플라톤이 말한 선의 이데아(Idea)이고 아리스토텔레스가 말한 신(神)이라 할 수 있다. 그러나 모든 사물의 '리'는 결코 '모든 사물'도 아니고 '모든 사물의 잠세태'도 아니다. 그런데 한 종류의 사물의 경우 그 '리'가 어떻게 그 종류의 모든 개체 안에 동시에 나타날 수가 있는가? 그의 뜻을 미루어보면 '달빛이 모든 강에 드리운다(月印萬川)'는 그의 비유로 설명할 수 있겠다." 태극 사상의 모호함을 이렇게 지적한 것입니다.

그러나 안타깝게도 그러한 의도와는 전혀 다르게, 중용은 시시때때로 말을 바꾸고 거짓말하는 것을 위장하기 위한 야누스적인 정치논리나 교활한 처세술로 사용되는 경우가 더 많다는 것이 사실입니다. 절대가 없는 중용은, 서양에서 진리가 인간의 이성이나 다수결에 의해 결정되듯이, 주변 상황과 인간의 욕망에 의해 좌우될 수 있기 때문입니다.

결국 중용의 핵심 문제는 절대를 용납하지 않는데 있습니다. 그 결과, 중용은 정치적으로는 상황변화론(상황론) 혹은 전략적 모호성으로 통하기도 하고, 윤리적으로는 가치중립 혹은 중간입장으로 통하기도 하며, 지리적으로는 그래이 존(Gray Zone)이라고 하는 회색지대 혹은 중립지대로 통하기도 합니다.

중용의 또 다른 문제는 진리를 아는 방법론에 있어서 이성보다 감성이, 논리보다는 직관에 편중한다는 것입니다. 동양 사상에 있어서 인식의 주체는 이성이 아니라 '마음'입니다. 물론 여기서 '마음'은 서양에서 말하는 '이성'이나 '정신'이 아니라 '감성' 혹은 '직관'을 말하는데, 맹자(孟子)는 그것을 '정(情)'이라고 불렀고 인간의 '순수 감정(pure feeling)'을 의미했습니다.

그가 말하는 '순수감정'이란 인간의 본심에서 자연적으로 우러나오는 측은지심(測隱之心)을 말하며, 김용옥은 그것을 현대적으로 풀어서 "창조적 감정(creative feeling)"이라고 부르기도 했습니다. 이기반은 동양의 이런 마음을 정리하여, "동양인은 자연과 인생에 대해 분석적이 아니라 종합적이며, 추리적이 아니라 즉각적이며, 조직적이 아니라 개괄적이고, 이지본위(理智本位)가 아니라 정서본위(情緒本位)이다"라고 했습니다.

그렇다면 동양에서 흔히 '중용', '中道', '正道'니 하는 것은 예수님의 "좌로나 우로나 치우치지 말라"는 말라는 말씀과 무엇이 다른가? 간단히 말하자면, 동양의 '중용'이나 '중도'와 '정도'는 중립이나 중간을 의미하는 것이며 칼에 비유하자면 날카롭지도 않은 '칼등 위를 걷는 것'과 같으나, 예수님이 말씀하신 "좌로나 우로나 치우치지 말라"는 말씀은 중립이나 중간을 취하는 것과 다르게 옳은 것과 그른 것을 분명히 하라는 말씀인데 칼에 비유하자면 날카로운 '칼날 위를 걷는 것'과 같은 것입니다.

　　예수님은 "중용을 취하라"고 하신 적이 없습니다. 오히려 "예(Yes)"와 "아니오(No)"를 분명히 하라고 요구했습니다. 우리 사회 곳곳에 팽배한 불확실성과 가치관의 혼란 그리고 각종 부패는 바로 이와 같은 분명한 기준이 없고 명확한 대답이 없이, "글쎄요(Well)"과 같이 중용의 도에서 파생한 비절대적인 진리관과 감각적인 방법론에서 나오는 것이 아닌가 생각해 봅니다. 현대 교육을 받은 동양인이라면 이 중용의 도가 서양의 변증법적 사고와 묘하게 융합 내지 혼합되어 있는 것을 볼 수 있을 것입니다.

이기론 : 이(理)가 먼저냐 기(氣)가 먼저냐?

"선생님, 도대체 기(氣)가 뭡니까?"

오래 전 동양학 강의실에서 있었던 이야기입니다만 한 학생이 선생님께 진지하게 물었습니다.

"나도 기(氣)가 뭔지는 모르네. 그러나 내가 한 가지 아는 것은 모든 것이 기(氣)라는 것이다."

지금도 생생하지만 그때 선생님의 단순한 대답은 제게 쇼크였습니다. 제가 동양의 이기론에 관심을 가진 것은 그때부터였습니다. 선생님은 그 후에 이기론에 대해 몇 시간이고 말씀하셨는데 요지는 이런 것이었습니다.

"이기론이란 인간과 우주의 본질을 '이(理)' 라고 하는 감각적으로 경험할 수 없는 형이상학적인 세계와 '기(氣)' 라고 하는 감각적으로 경험할 수 있는 형이하학적인 세계로 설명하고, 이가 먼저냐 기가 먼저냐 하는 논쟁을 말하는 것이다."

600년간 이기론을 토론한 나라

한 가지 사상을 가지고 600년간이나 토론한 나라가 있을까요? 그렇게 역사가 깊은 나라도 많지 않지만, 한 가지 사상을 600년간이나 연구하고 토론한 나라는 별로 없을 것입니다. 그러나 조선 600년은 사상적으로는 이기론(理氣論) 논쟁사입니다.

우리가 알기로 본래 유교는 본래 정치론이나 도덕론으로 출발했으나 그 기초가 되는 인식론과 그 방법론은 세월이 흐르면서 보완되므로 정치 사상과 도덕 철학이 되었습니다. 이제 유교는 정치 윤리뿐만 아니라 삶의 모든 영역에 이르는 윤리 체계이며 실천 철학입니다.

유교의 원조라고 할 수 있는 공자가 주유열국을 하면서 70여 명의 왕들을 섬기며 깨달은 것을 수많은 맹자, 순자 등 후학들이 체계를 세워오던 중에, 주자(朱子, 1131-1200, 중국 송나라 사상가)가 신유학을 세우는 과정에서 인식론적 체계를 세웠는데 그 중에 하나가 인간의 본성과 감정에 대해 논한 이기이원론(理氣二元論)입니다.

우리나라는 고려왕국을 성리학적 이념으로 개량해 보려고 했던 정몽준(1337-1392)과 새 시대를 열어 나라를 개혁해 보려했던 정도전(1337-1398)이 이기론의 선구자인듯 합니다.

정도전은 주자를 본받아 "즉물궁리(卽物窮理)", 즉 '사물에 접촉하여 그 법칙을 규명 한다' 고 주장했는데, "천체가 아무리 크다 하더라도 그 크기와 운행, 회전의 변화, 해, 달, 별 등의 역순(逆順)에서 운행의 지속에 이르기까지… 극히 짧은 시간은 물론이고 그 밖의 것도 계산법의 곱하기와 나누는 법에 의하여 잘 계산 된다"고 말했습니다.

그것은 원효의 화쟁논리(和諍論理)에 나타난 것과 같은 기존의 관념론적이고 주관주의적인 인식방법에서 떠나 경험론적이고 객관적인 인식방법으로의 전환을 의미하는 중요한 변화였습니다.

16세기 서경덕(徐敬德, 1489-1546, 조선 초기 유학자)에 와서도 정도전의 경험론적 인식방법은 그대로 계승됩니다. 그는 14세에 태음력의 수학적 계산을 해득했으며 18세에는 『대학』을 읽고 격물치지(格物

致知)[42]의 원리를 깨달은 것으로 유명합니다.

그는 주자학을 따라 우주의 본질을 이와 기로 보는 것에는 동감했으나[43], 조선 초기의 학문적 제한에도 불구하고 기를 중심으로 천지만물이 형태화하며 음양으로 분화한다는 이기일원론(理氣一元論)을 체계화하려고 노력하였습니다. 그는 이는 기가 스스로 움직이는 법칙을 이름 지어 말하는데 불과하다고 보았습니다.

서경덕의 실천적인 경험론은 그 후 이율곡을 거쳐 실학자들에게 많은 영향을 미치게 됩니다. 조선 개국초기부터 유학은 학문이나 국가경영 철학에만 아니라 사회계층을 선비와 양반과 상놈으로 나누는 계기가 되기도 했습니다. 결국 한국 유학을 연구한 도철러(Martina Deuchler) 같은 영국 학자는 "유학이 한국에 엘리트층 혹은 상류층 현상을 만들었다"[44]고 지적했는데 일리가 있는 말입니다.

---

42) 정옥자, 『우리 선비』, p.23. 성리학에서는 자기 성찰에 이르는 이성(理性) 훈련의 한 방편으로 격물, 치지, 궁리를 제시했는데, 사물의 이치를 알기 위하여 관찰하고 실험하는 단계로서의 앎의 기초가 되는 것이 '격물(格物)'이고, 격물의 결과로서 이르게 되는 경지가 '치지(致知)'이며, 격물에서 치지에 이르는 과정을 '궁리(窮理)'라고 한다. 성리학에서는 이런 과정을 거치지 않고는 세상 만물의 이치에 통달하고 명정한 자기 성찰에 이를 수 없다고 한다.

43) 주자는 "무릇 형체가 있고 모습이 있는 것은 모두 기(器)이고, 그것이 기인 까닭으로서의 리(理)가 도이다"라고 말했는데, 이 말을 보면 도는 추상적 원리 또는 개념(이데아)을 지칭하고, 기는 구체적 사물을 지칭했습니다. 그리고 주자가 "형이상의 존재는 형체도 없고 그림자도 없는 것, 즉 리이다. 형이하의 존재는 실상도 있고 모습도 있는 것, 즉 기(器)이다"라고 했는데, 이 말은 형이상자는 시공을 초월하여 자존하는(subsist) 것이고, 형이하자는 시공 안에 존재하는(exist) 것을 말합니다. 참고, 풍우란, 『중국철학사 상권』, (서울:까치), p. 532.

44) Martina Deuchler, *The Confucian Transformation of Korea*, Harvard, p.14.

한국의 대 유학자, 이황과 이이

"퇴계 선생은 누구이고 율곡 선생은 누구입니까?"
"퇴계는 천 원짜리의 주인공이고 율곡은 오천 원짜리의 주인공입
니다."
"그러면 우리나라 지폐에까지 얼굴이 오를 정도로 유명하시다면
두 분의 업적과 사상의 차이가 무엇인지 말해 보세요."
"가게에서 돈 계산을 편리하게 해 주셨습니다. 그분들 덕분에 물물
교환을 안 해도 되잖아요?"

공자가 뿌린 유학의 씨가 천 년이 지나 주자에 이르러 신유학으로
꽃을 피우더니, 그로부터 300년이 더 지나 우리나라에서는 이황과 이
이에 의해 성리학(性理學)이란 이름으로 크게 열매를 맺게 됩니다.

이황, 이이 두 거인은 동시대 인물이었지만 인식론에 대해서는 차
이를 보입니다. 두 거인을 조선시대뿐만 아니라 한국철학사의 황금기
를 구가한 대표적 철학자들이라 하는 이유가 무엇인지 그 단면을 살펴
보겠습니다.

퇴계 이황(李滉, 1501-1570, 조선 중기 학자, 정치가)을 주리론자
(主理論者)라 하는 이유는 '사물의 이(理)는 사물에 접촉해서 인식한
다'고 보았기 때문입니다. 이는 정도전과 같이 경험론적으로 사물에
존재하는 이를 궁리(窮理)하므로 얻은 물질적 세계의 반영이 아니라
선천적인 이성의 능력으로 사물의 이를 인식한다는 것입니다.

그것은 서양 사상에서 이데아(Idea)의 개념을 진리의 근원으로 본
것과 매우 유사합니다. 특히 그는 '태극'이라는 이를 기본으로 삼라만

상의 생성이론을 구축하고 이의 운동능력에 음양, 즉 음기와 양기를 나타내는 것으로 보고 이기이원론(理氣二元論)의 입장을 취했습니다. 그리고 "천하의 사물은 내 마음 밖에 있다"고 하므로 사물은 인간의 인식 주체와 분명히 독립되고 분리되어 있는 것으로 보았습니다. 그래서 학계에서는 이황을 존재론적으로는 주리론자, 인식론적으로는 관념론자로 봅니다.[45]

반면에 율곡 이이(李珥, 1536-1584, 조선 중기 학자, 정치가)는 이황과는 달리 주기론자(主氣論者)라고 하는데 그는 "이(理)는 형태도 운동능력도 없으나 기(氣)는 형태와 운동 능력이 다같이 있다"고 보았기 때문입니다. 그는 태극을 이라고 보는 점에는 이황과 같은 생각을 했지만 이 자체의 운동능력을 부인했으며 태극은 처음부터 그 자체에 운동능력을 가진 음기와 양기를 포함하고 있다고 주장했으므로 그것을 주기론이라 합니다.

그리고 이이는 한 걸음 더 나아가 "혈기지신(血氣支身)이 있은 다음에 지각지심(知覺支心)이 있다"고 말했는데 그것은 그가 감각기관을 지각기관보다 우선했고, 그리고 그 둘을 특수한 기의 작용으로 본 것이라 할 수 있습니다. 그런 의미에서 그는 참된 지식을 알려고 함에는 감각을 기초로 해야 한다는 경험론적인 인식론을 가졌다고 할 수 있으며 그것은 중국의 주자와 동일한 입장으로 보입니다.

그것은 신유학에서 주자가 인간의 완성은 자신의 윤리적 자아를 깨닫는 것(自意識)이라고 보고, 그 윤리적 자아에 이르는 최선의 길은 '지성의 사용을 중단하거나 멈추는 것(fasting of minds)'이라고 한

---

45) 최민홍, 『한국철학사』, pp.144-145.

것과 같은 맥락입니다. 그는 인간의 이성이란 욕망과 감정에 깊이 영향을 받는다고 생각했기 때문에 지고(至高)의 지식과 진리를 아는 데는 지성이 적합하지 않다고 믿었습니다. 이이도 주자철학에 충실하게 인식의 주체는 이성이 아니라 마음이라고 보았기 때문에 다분히 경험론적인 인식방식을 취했습니다.

퇴계의 독특한 사상

하버드나 일본에서 퇴계 선생의 사상에 관심이 지대한 이유를 들어 보셨습니까? 퇴계 이황 선생이 일본이나 미국, 중국 등에서 독특한 사상가로 인정받는 이유는, 중국의 주자가 이기이원론을 설파하고서도 이와 기가 어떻게 상호 작용하는지에 대해서는 설명을 제대로 하지 못했는데 반해, 이황은 기존의 이기호발설(理氣互發設)과 사단칠정론(四端七情論)으로 그것을 설명코자 했기 때문이라고 합니다.

'이기호발설'이란 인간으로부터 우러나오는 네 가지 본성(四端), 즉 인의예지(仁義禮智)는 이(理)가 발한 것이고 일곱가지 감정(七情), 즉 희로애락애오욕(喜怒哀樂愛惡慾)은 기(氣)가 발한 것이라는 것입니다. 즉 사단은 이의 발현이고 칠정은 기의 발현이라는 것이 그것입니다.

그러나 그는 제자 고봉 기대승과의 8년간에 걸친 논쟁 끝에 자기주장을 꺾고 '사단은 이가 발하여 기가 거기에 따르는 것이며(理發氣隨之)', '칠정은 기가 발하고 이가 거기에 올라타는 것이다(氣發理乘之)'고 결론을 지었습니다. 이것을 간단히 이선기후(理先氣後)라고 말하기도 합니다.[46] 이이는 이황의 입장을 따르기보다는 사단과 칠정이 둘 다

---

46) 김영두 역, 『퇴계와 고봉 편지를 쓰다』, (서울:소나무), pp.354-486.

기(氣)에서 발하여 이(理)가 탄다고 보았는데, 그것은 그가 주자와 이황을 극복하여 이기일원론(理氣一元論)의 입장을 택한 것이라 할 수 있습니다.

김하태는 거기에 대해, "이황은 심학(心學)에 중점을 두고 그의 인성론을 수립한 나머지 그가 우주론과 인성론 사이에 논리적 통일성을 잃고 이원론적인 경향을 띠었으나, 이이는 우주론적 입장에서 인성론을 다루어 논리적 일관성을 유지하므로 일원론적이었다"고 긍정적으로 해석한 바가 있습니다.

이 두 거인의 차이는 긍정적으로는 우리나라 사상 발전에 좋은 밑거름이 되었으나 정치적으로는 본의 아니게 당파싸움의 빌미를 제공하게 되기도 하고, 인식론적으로는 관념론과 경험론이라는 큰 맥을 세우기는 했으나 입장 차이에 따라 감정의 골을 깊이 파 놓은 것도 사실입니다. 그러나 한국의 이기론은 주자의 주기론을 넘어서는 독창적인 철학적 산물이고 아리스토텔레스의 형상과 진료 논의와 유사한 우주론적 사색이었다는 점에서 연구해볼 가치가 있습니다.

실학사상과 민족사상

"사부님, 인이란 무엇을 말합니까?"

"논어 521장 중에 인에 관한 장이 58장이며, 인(仁) 자만 1082자가
나오느니라. 이는 공자 사상의 근본원리가 이 안에 있음을 보여주
는 것이지만, 예부터 인에 대한 해석은 실로 구구하여 그 참뜻을 밝
혀내기란 극히 어려운 일이니라."

"제 이름에도 '인' 자가 들어 있는데, 인이 그렇게도 어려운 개념입
니까?"

"어려운 개념이냐가 뭐냐? 공자는 평소에 그처럼 많은 인을 이야기
하였지만 결코 인의 본질을 논하여 설한 일이 없었고, 다만 인의 실
천 방안만을 설명하였기 때문이니라… 그러나 공자의 후학들은 인
에 대하여 제각기 나름대로 설명하고 있느니라. 그것들을 두 가지
로 정리하면 철학적인 것과 윤리학적인 것으로 나눌 수가 있느니
라…"

"사부님, 숨을 좀 가다듬고 말씀하시지요."

"도대체 네 이름에는 왜 인자가 들어 있느냐? 네 부친이 한학자더
냐?"

최초의 '유학과 기독교'의 통합 시도

다산 정약용은 한국 최초로 동양학과 서양학의 통합을 시도한 인물
로 평가되는데, 그가 유학의 핵심 사상이라 할 수 있는 '인(仁)'의 개념
을 기독교적 경험론의 입장에서 해석하는 데서 그 단면을 엿볼 수 있

습니다.

그는 '인'을 공자로부터 힌트를 얻어 '남을 사랑하는 것 혹은 남을 아끼는 것(愛人)'이라고 편협하게 보지도 않았고, 주자처럼 '성(誠, sincereness)'이나 '천리(天理, heavenly truth)'라는 추상적 의미로 해석하지도 않았습니다. 오히려 '인'은 자연이나 인간뿐만 아니라 모든 절대적인 것을 사랑하는 것으로 보다 포괄적이고 실천적으로 해석했습니다.

그는 '인'은 마음가짐이 아니라 행동하는 것이어야 하며, 상징적인 것이 아니라 실제적인 것이며, 논리적인 것이 아니라 경험적이어야 한다고 강조했습니다. 이것은 그가 관념론적이라기보다는 실천이 수반된 경험론적인 실사구시(實事求是)의 철학을 했기 때문이 아닌가 생각

---

47) 황인경의 『소설 목민심서』에서는 '인(仁)'을 다음과 같이 멋지게 해석해 놓았습니다. 청년들의 이해를 돕기 대화 형식으로 손을 좀 보아서 옮겨보았습니다.
"그러마. 주자는 인을 '애지리심지덕(愛之理心之德)'이라 표현하였는데, 이러한 인은 인도(人道)로서의 인이라기보다는 천지의 근원적인 것으로서의 인이니라. 이는 바로 이(理)와 심(心)이 둘이 아니고 하나라는 뜻이니라… 그렇지만 여기에 문제가 있어. 공자는, 인을 윤리관에 있어서의 최고 이념이고 사람답게 사는 데 요구되는 온순, 친절, 선량, 자애 등 덕성의 결정(結晶)이라고 말했지. 그러므로 인은 결코 마음의 상태가 아니라 인간 스스로의 행동을 통하여 이루어지는 그 어떤 결과인 것으로, 다시 말하면 인이란 인간도(人間道)이지 주자가 말한 천리(天理)가 아니니라." "하오면 이제 사부님의 인관(仁觀)을 말씀하여 주시옵소서." "인은 향인지애(向人之愛)이니라. 한 마디로 말하여서 인이란 사람을 향한 사랑이라는 뜻이니라. 인이란 인간관계(人倫), 즉 사람과 사람 사이에서 그의 도리를 극진히 하는 것이니라. 인간관계를 좋게 하려면 사람구실을 하고, 사람노릇을 하고, 사람다운 행동을 하고, 사람됨이 있어야 하고, 사람값을 하여야 하느니라… 그러므로 인은 일상적인 생활 속에서 겪어야 하는 실천윤리로서의 인간도이니라. 인은 결코 어진 사람의 마음씨가 아니라 사람다운 사람이 실천한 사람 구실의 결과를 총칭한 것이니라." 황인경, 『소설 목민심서』, (서울: 삼진기획), pp.294-297.

하며, 원시 유학의 복원보다는 성리학과 기독교를 통합하고자 노력한 결과가 아닌가 생각합니다.

김한식은 라브리 금요학당에서 다산을 다음과 같이 평가했습니다.

"다산의 모든 저작은 비록 조선시대의 유학적인 용어를 빌려 쓰고 있지만 거의 기독교적인 내용이다. 보다 정확하게 말하면 그의 『여유당 전서』와 같은 것은 성리학적 관점이 아니라 기독교적 정신으로 쓰여진 것이다. 다산이 사용한 용어는 유학적인 것이었지만 내용은 다분히 서학적이었다.

그 이유는 당시의 당파싸움에서 살아남아서 학문을 하는 길은 그것밖에 없었기 때문이다. 한 예로서, 다산은 모든 인간은 선악(善惡)의 기호 즉 선할 수도 있고 악할 수도 있는 경향이 있는데, 악한 마음이 선하게 되는 길은 인간 스스로는 불가능하다고 보고, 외부의 지원이 필요하며 그것이 바로 신독(愼獨)이다고 했는데 그것은 성령의 도움으로 가능하다는 기독교와 일치한다."

김한식은 동양학자 이우로의 말을 빌려 "이런 사상은 원시 유학이 아니다"고 지적했습니다. 그것이 사실이라면 다산이 성리학의 풍토에서 기독교 복음의 접촉점을 찾기 위해 얼마나 고심했는가를 엿보게 하는 흔적입니다.

민족 사상은 어디로 가고 있는가?

한 민족 사상은 지향점이 있는가? 저는 이 질문에 대해서는 대답을 유보하겠습니다. 아직 갈림길에 서 있는 것 같이 보이기 때문입니다.

19세기 이래로 한 민족 사상은 방황을 거듭하고 있습니다. 최근에는 민족 사상을 한다고 오히려 사상적 후퇴 혹은 정신사적 방황을 경험하는 사람들이 많은 것 같습니다. 그들에 대해서는 천천히 살펴보겠습니다.

19세기는 민족사상의 부흥기였다고 할 수 있는데, 당시의 민족사상가들은 지나치게 조화주의에 매달린 듯합니다. 대표적인 예로 1860년 동학 제1대 교주인 수운 최제우는 후천개벽(後天開闢)을 선포했는데, 후천개벽이란 선천 시대 또는 선천 개벽에 대응하는 개념인데 주로 역학, 즉 『주역(周易)』에서 이야기 되어온 것이었으나, 수만 년 또는 수십만 수백만 년에 걸친 인류 문명사 전체의 기본 질서를 바꾸는 "거대한 우주적인 차원에서의 변혁을 뜻하는 말"[48]이라고 했습니다.

그 중에 동학의 핵심 철학은 '인내천(人乃天)' 사상입니다. 인내천은 '사람이 한울님을 섬긴다' 혹은 '사람이 한울님이고 한울님이 사람이라' 는 뜻인데, 이 사상은 해월 최시형의 '사람이 한울' 이라는 말에서 시작되었다고 하며, 민중 자신의 원인내천사상(原人乃天思想)이 그 근거라고 합니다. 나중에 이 사상을 발전시킨 사람이 스스로를 "광대", "무당" 혹은 "옥황상제"라고 불렀던 강증산이었는데, 그는 "천대받는 민중이 한울님이다"라고 부르짖었습니다.

근래에 민족사상을 현대화하려는 김지하(金芝河, 1941- , 한국의 시인, 사상가)는 주목해 보아야 할 재야 철학자입니다. 그는 어느 누구보다도 한국의 전통 사상을 비판적으로 재활성화 하는데 앞장 서 있고, 특히 그런 전통 사상의 재발견으로 우리 사회의 현실적인 문제들뿐만 아니라 세계문명과 우주적 변화에 대한 철학적이고 세계관적인

---

48) 김지하, 『동학이야기』, (서울:솔출판사), p.268.

토대를 찾노라고 말하고 있기 때문입니다.

그는 동학에 감동하여 "한 개인도, 전 인간도, 전 중생계도, 생명계 전체가 생명 자신의 본원(本源)에 자각적 창조적으로 귀의하는 것이 후천개벽의 성취"라고 말했다가, 최근에는 원시반본에 집착하여, "단군은 신화가 아닌 실존 인물"이라고 주장하기도 했고, "율려운동(律呂運動)"이라 하여 우주와 인간의 관계를 표현하는 동양의 음악으로서, 역동과 균형이 동시에 상호작용 하면서 그 배후에서부터 새로운 무궁한 성스러운 삶이 생성하는 창조적 질서를 함축하는 것이라고 말하기도 했습니다.

얼마 전에는 "흰 그늘의 미학"이라 하여 들뢰즈의 "카오스모스(무질서적 질서)"에 비교했는데, 음이면서 양이고 어둠이면서 빛인 '그늘'이라 함은 두 가지 대립적인 것을 끌어안는 상호 모순적이고 역설적으로 통합된 그 어떤 것이며, '흰'이라 함은 내면적 삶을 신령한 우주적 차원으로 드러내는 어떤 것이라고 말합니다.[49]

최근에 동양 고전의 부흥을 꾀하고 있는 김용옥은 서양 신학계에서 발전된 역사 비평적 해석학(historical-critical hemeneutics)을 동양 고전 연구에 적용하여 선풍적인 인기와 비난을 동시에 받고 있습니다. 뿐만 아니라 그는 같은 비평학에 의해 예수를 비역사적 인물, 즉 신화적 인물로 이해합니다.

'역사비평적 해석학'이라고 하는 것은 "자유주의 신학자들이 신약 성경의 신적 권위를 인정하지 않고 단지 후대 교회가 자신들의 신앙을 합리화하기 위해 예수의 말씀을 미화시키고 왜곡시키며 신화적으로

---

49) 《한겨레》, 1999. 11. 2., p.23.

해석하기도 하고 심지어 없던 것을 만들어 내었다고 믿는 성경 해석학 중에 하나"입니다.[50]

김용옥은 이런 자유주의적 해석학에 근거해서, 후대 교회가 예수의 말씀을 왜곡시키고 변질시켜 사생자를 하나님으로 만든 것처럼 공자의 제자들이나 공자 교단이 그의 교훈을 전수하는 과정에서 상하수직의 복종 이데올로기로 왜곡시켜 변질시켰기 때문에 고전을 역사비평적으로 잘 해석해야 한다고 말합니다. 그러나 오늘날 역사비평적 해석학은 그 주관적 해석으로 사람마다 본문해석이 너무 달라지기 때문에 믿을 수 없는 해석학으로 받아들여지고 있습니다.

김지하는 민주화운동의 기수요 현대 한국 사상의 대표적인 존재로서 민족 사상의 재활성화를 이끌어내는데 많은 공헌을 했습니다. 그리고 김용옥은 어려운 동양학을 대중철학으로 발전시킬 수 있는 가능성을 보여준 공로자입니다. 그러나 그들이 바라는 대로 동양학에서 우주적 세계관을 찾고자 한다면 결국 절대에서 도피한 인본주의적인 사상을 현대적으로 재해석하는데 머물고 말 것입니다.

동양의 마음은 사물을 통전적이고 직관적으로 파악하려는 면에서 두드러집니다. 그러나 서양과 마찬가지로 절대가 없는 인간의 지혜와 경험에 의존하고 있기 때문에 상대주의적 세계관 그 이상을 제시하기는 불가능합니다. 물론 가끔은 절대를 믿는 사람들 이상으로 혜안을 내놓을 수도 있음을 부인하지는 않습니다.

그러나 동양의 마음은 자기 한계를 알 때 그 존재 가치가 있습니다. 동양학이 자칫 교만해져서 역술인들과 기공사 그리고 풍수가들에 의

---

50) 이한수, "도올 해석학의 허", 《기독신문》, 2000. 11. 22.

해 농락당하여 뭇 사람을 현혹시키고 신흥 교단의 교주처럼 군림하게 하는 일은 없어야 하겠습니다. 이승환 의 지적처럼, "동양학이 바퀴 없는 비행기처럼 현실 속으로 안착하기를 거부한 채 허공을 배회할까 우려된다"[51]는 말이 현실이 되지 않기를 바랄 뿐입니다.

---

51) 이승환, 『유가 사상의 사회철학적 재조명』, (서울:고려대학교출판부), pp.350-351.

제 3장

지식 시장의 인기 상품들

마르크스주의, 인본주의, 실존주의, 탈현대주의

"제2차 세계대전이 끝나자 세속적인 지식인이 앞세우는 주도적인 목표에 중요한 변화가 일어났다. 즉 유토피아적 이상주의에서 쾌락주의, 혹은 허무주의로의 전환인데 처음에는 완만한 변화를 보였으나 서서히 속도가 빨라지고 있다."

Paul Johnson

마르크스주의와 경제논리

지식 시장

"요즘 청소년들에게 가장 해로운 것이 무엇일까요?"

"컴퓨터 음란 사이트, 나쁜 만화, 영화, 게임기, 이단종교, 섹스, 마약 등입니다."

"그게 나쁘다는 것은 알지만 공부할 때 조심해야 되는 것은 없나요?"

"더 치명적인 것이 있지요. 공부할 때뿐만 아니라 일상생활 속에도 영향을 미치는 것인데 그것은 영혼을 갉아 먹는 나쁜 사상들입니다. 얼마나 더 나쁜 것을 원하십니까?"

"미래를 짊어질 젊은이들의 영혼을 갉아 먹는 것은 무엇일까요?"

"요즘 청년들은 정신과 영혼이 썩든 말든 관심이 없어요. 관심이 있

는 것이라고는 몸이지요. 몸짱, 얼짱이란 말도 못 들어 봤어요? 옛
날에는 '학문의 전당'이라고 한 곳이나 인터넷은 요즘 지식을 사고
파는 '지식 시장'이 되었습니다. 거기에서 영혼의 양식이 되는 좋
은 지식보다 잘못된 이론이나 이데올로기(ideology)[52]를 닥치는 대
로 주워 먹고 있습니다. 그것은 돈 내고 정신과 영혼을 파는 것과 같
습니다."

"그러면 지식 시장에서 가장 해로운 것은 어떤 것이 있습니까?"
"제가 임의로 선정한 것입니다만, 인본주의, 실존주의, 탈 현대주의
(post-modernism) 그리고 마르크스주의입니다. 그 중에서 청년 대
학생들이 직접적인 영향에서 먼 것부터 생각해 보겠습니다. 마르
크스주의가 그것입니다."

"왜 마르크스주의를 직접적인 영향에서 가장 먼 것이라고 보시는

---

52) 리트께르트, "기독교는 과연 이데올로기인가?", 성인경 편, 『기독신앙의 실체와 매
    력을 찾아서』(서울:일지각), pp.141-145. 여기에서 리트께르크는 이데올로기
    (Ideology)라는 말속에는 세 가지 차원이 있다며 다음과 같이 설명합니다. 이데아
    (idea-관념,생각), 이상(ideal), 이데올로기(ideology)라는 단어입니다. 첫째, '이데아
    (idea)'라는 말은 원래 고대 그리스의 철학인 플라톤의 철학에서 유래한 것으로
    그는 보이는 세계를 그림자라 여기고 보이지 않는 세계를 선한 것들로 건설되는 이
    데아의 세계라 했습니다. 둘째, 이 이데아를 우리가 사는 세상에 적용시킬 때 그것은
    이상(ideal)이 됩니다. 이데아는 실제 아무런 능력도 없으며 그것은 단지 관념일 뿐
    입니다. 그러나 당신이 "잠깐만 기다리시오, 이 이데아는 지금 여기에서 실현되어야
    만 합니다"라고 말하자마자 당신의 이데아를 이상(ideal)으로 만들게 된다고 합니
    다. 셋째, '이데올로기(Ideology)'란 '절대화된 이상(an ideal made absolute)'을 말
    합니다. 곧 자신의 이상을 최종적이고 궁극적인 삶의 목표로 삼고 그것을 위해 어떤
    대가라도 지불하겠다고 하는 것이 이데올로기입니다. 그러므로 이데올로기는 개인
    이나 집단의 이상적인 실제 목표를 진리와 혼돈하여 그것을 최종적인 목표와 절대
    적인 기준으로 가장하는 모든 사상체계의 이념이며 총칭입니다.

지요?"

"더 이상 마르크스주의가 뭔지도 안 가르치고 안 배우니까요. 그러
나 변형된 형태로 여전히 세상을 지배하는 사상이기 때문에 다루겠
습니다."

"직접적인 영향에서는 멀다고 하면서 왜 지배적인 사상이라고 말
합니까?"

"그 이유는 이 한 마디에 있습니다." "의식이 존재를 결정하는 것이
아니라 존재가 의식을 결정한다." 이 의미심장한 말을 남긴 사람이
마르크스(Karl Marx)입니다. 그는 생각이나 사상이 존재를 결정짓
는 것이 아니라 물질적 · 경제적 구조가 사람의 행복과 정체성을 결
정한다는 것을 이 짧은 한마디로 갈파한 것입니다. 이것은 "사람은
떡으로만 사는 것이 아니요 하나님의 입으로 나오는 말씀으로 살
것이라"는 예수님의 말씀에 정면으로 대항하는 유물론적 사상입니
다."[53]

모든 것이 경제다

"나는 경제가 모든 것을 규정한다고 믿는다." 이것이 이른바 '사적
유물론'(historical materialism)이라는 것인데, 경제적인 구조가 모든
실재와 인간의 삶을 지배하는 법칙이며, 경제체제가 사회 전체 구조와
발전 방향을 결정짓는 핵심요인이라고 보는 것입니다. 마르크스는 인

---

53) 여기에서부터 이야기 하려는 것은 우리 시대의 복음주의 지도자 중에 한 사람이었
던 프랜시스 쉐퍼(Francis A. Schaeffer)나 그의 제자인 미국 커버넌트신학교 교수인
제람 바즈(Jerram Barrs)나 국제라브리 회장인 빔 리트께르크(Wim Rietkerk)의 글과
지혜를 빌린 것입니다.

간의 이념이나 종교 또는 이성이나 감정 그 어떤 것보다도 경제가 모든 인간관계와 사회관계를 결정짓는다고 보았습니다.

사적 유물론에는 다섯 단계가 있으며 각 단계의 핵심은 경제적 이해관계입니다.[54] 이런 유물론적 세계관은 사회주의자들만 갖고 있거나 공산주의가 망하면서 역사에서 사라진 것이 아니라, 오늘날 자본주의 국가에서 '물질주의' 란 이름으로 돈을 신처럼 섬기고 있는 모든 사람들의 뇌리에도 자리 잡고 있으며 그 힘은 날이 갈수록 강해져 가고 있습니다.

"*나는 인간이 일하는 존재라고 믿는다.*" 인간은 오랫동안 예배하는 존재에서부터 생각하는 존재, 느끼는 존재, 먹는 존재로 이해되어 왔습니다. 그러나 마르크스에게 인간이란 일하는 존재에 불과합니다. '일하는 인간' 이란 말은 인간은 자연에서 나온 산물이므로 자기 필요를 충족시키기 위해 자연에 의지해야 하는 존재임을 뜻합니다.

즉 인간은 자기의 물질적 필요를 만족시키기 위해 자연과 투쟁하는 존재이며, 노동을 통해 자기 자신의 자연, 곧 욕구, 필요, 소망, 의식을 만듦으로써 진정한 인간이 되어야 한다는 말입니다. 이것이 마르크스의 인간관입니다. "아무도 진정으로 자유롭지 못하다. 오직 노동을 통

---

54) 1단계는 상품이 생산되고 그것을 사고파는 방식이 인간관계를 규정한다는 것입니다. 2단계는 한 사회가 통치되고 유지되는 법적·정치적 제도인데, 사람들이 비록 투표를 해서 정치나 법조계에 있는 사람들을 뽑을 수 있다고 하더라도 경제적 하부구조에 의해 규정되어 버린다고 생각하는 것입니다. 3단계는 법적·정치적 구조 위에는 이른바 '사회의식(social consciousness)' 이라는 것이 존재한다는 것입니다. 4단계는 정치적·지적·종교적·도덕적·이념을 가리킵니다. 5단계는 우리 자신에 대해, 옳고 그름에 대한 가치에 대해 또는 종교적인 것에 대해 생각하는 모든 것들은 전부 경제적 구조에 의해 결정된다는 것입니다.

해서만이 모든 인간은 자유로울 수 있고 또한 인간다워질 수 있다. 모든 사람이 자기의 필요를 자연에서 충족시킬 수 있을 때 모든 사람은 진정한 자유를 누리게 되고 진정한 인간이 되며, 보편적인 인간(Universal man)이 될 것이다."

"나는 사람이 이론보다 이해관계 때문에 행동한다고 믿는다." 마르크스는 정교한 이론의 중요성을 알고, "일단 대중이 이론을 손에 쥐게 되면 그것은 물리적인 힘으로 바뀌게 된다"고 말하며 당원들의 사상 교육에 힘을 쏟았습니다. 이론이 자기의식이 결핍된 대중들을 정치적으로 하나로 묶거나 행동하는 집단으로 바꾸어 놓는 수단으로 믿었기 때문입니다. 그러나 그는 "인간의 행동을 촉발하는 것은 추상적인 이성이나 이론보다는 사회적 이해관계"라고 믿었습니다.

어설픈 관념론자들은 "이성의 힘만으로도 변동을 가져오기에 충분하다"고 주장했으나, 마르크스는 그 말을 순진하게 믿지 않았습니다. 그는 사람이 행동하는 것은 이론 때문이라기보다는 자기 이익과 직결될 때 움직인다고 보았습니다. "마르크스가 정치적 힘으로서의 이론의 역할에 대해 큰 기대를 갖고는 있었지만 그렇다고 해서 이론 자체가 변동을 초래한다고는 믿지 않았다"[55] 는 사이드먼(Steven Seidman)의 지적이 바로 그것입니다. 오늘날 우리 사회에 팽배한 "돈이 사람을 움직인다"는 논리는 바로 유물론에서 나온 발상입니다.

---

55) Steven Seidman, 『지식논쟁』(서울:문예출판사), p.73.

자본주의가 문제다

"*나는 자본주의 때문에 소외가 발생한다고 믿는다.*" 마르크스는 인간을 소외된 존재라고 보았는데, 첫째, 인간은 노동의 산물에서 소외된다고 보았습니다. 둘째, 인간은 그의 일을 통하여 자기 자신에게서 소외된다고 보았습니다. 셋째, 자본주의 사회에서는 인간은 서로를 사물(私物)로 다루어 서로 소외시킨다고 보았습니다. 마르크스는 이것을 '사물화 과정'이라고 이름 붙였습니다. 넷째, 자본주의는 인간을 자연으로부터 소외시킨다고 보았습니다.

공산주의는 사유재산(私有財産)을 반대합니다. 소외를 조장한다고 보기 때문입니다. 마르크스도 자연으로부터 인간을 소외시키는 근본 요인으로 본 것이 바로 자본주의 체제하의 사유재산입니다. 그러나 그의 꿈이었던 공산사회(共産社會)는 부메랑이 되어 오히려 공산국가의 해체를 앞당기고 말았습니다. 네 것 내 것도 없고 성장보다 분배만 앞세우거나 부자들의 것을 빼앗아 가난한 사람들에게 나누어 주면 다 잘살게 될까요? 그렇지 않습니다. 인간은 죄인이 아니거나 이기적이 아니면 가능할 것입니다.

"*나는 역사를 계급투쟁이라고 믿는다.*" 이것은 유명한 『공산당 선언』에 있는 정치선언입니다. "지금까지 존재했던 모든 사회의 역사는 계급투쟁의 역사이다. 자유인과 노예, 귀족과 평민, 지주와 농노, 장인과 도제공 등 한마디로 지배자와 피지배자가 서로 맞서온 역사였다." 마르크시즘에는 두 종류의 계급이 존재하는데, 프롤레타리아트(proletariat)와 부르주아지(bourgeoisie)입니다. 부르주아는 생산수단

(공장 같은 것들)을 소유한 사람을 가리키며, 프롤레타리아는 노동을 하는 사람을 말합니다.

마르크스는 이런 두 계급 사이의 끊임없는 투쟁에 늘 프롤레타리아트가 착취당한다고 보았습니다. 그는 또한 빈부의 격차를 해소하고 시장을 확보하기 위해 투쟁과 전쟁은 필연적이라고 보았습니다. 지난 세기에 일어난 "민중 혁명"이니, "대장정"이니, "민중봉기"니, "노동자 투쟁"이니 하는 것들은 모두 계급투쟁의 성격이 강했습니다. 오늘날 사회주의 여성운동가 중에 남녀 성차별을 이런 계급투쟁의 대상으로 보는 것은 결코 이상한 것이 아닙니다.

"나는 혁명이 유일한 해결책이라고 믿는다." 계급 투쟁의 마지막 대안이 '혁명'입니다. 마르크스는 이렇게 말했습니다. "우리는 고쳐질 만한 체제 속에 살고 있지 않다. 그 체제는 핵심에서부터 부패되어 있기 때문에 전적으로 혁신되어야 하고 완전히 전복되어야 한다." 그가 말하는 혁명은 첫째, 모든 사유재산은 폐지되어야 한다. 둘째, 온건한 사회주의자나 서투른 자유주의자에게는 기회가 없다. 셋째, 혁명은 전체적으로 일어나야 한다. 넷째, 예외가 있다면 그것은 이른바 '영구 혁명론'이다.

마르크스는 혁명을 위해서는 프티부르주아와 프롤레타리아를 연계시킬 수 있다고 제안했으며, 피선된 혁명 부르주아들이 프롤레타리아를 교육하고 각성시키고, 각성된 프롤레타리아들은 프티부르주아들이 차지했던 권력을 이양 받음으로써 프티부르주아는 사라지게 될 것이라고 말했습니다. 그러나 포퍼(Karl Popper)가 잘 지적했듯이, "어떤 사회 개혁이나 경제 발전도 폭력을 통해서는 얻어낼 수 없다"는 것을 기억해야 합니다. 구소련도 뒤늦게나마 이 점을 깨달았습니다.

"나는 과학을 믿는다." 마르크시즘은 과학으로 위장된 환상적인 이론입니다. 『자본론』에는 기본적인 가정, 개념, 설명에 매우 객관적이고 비판적인 태도를 견지하는 과학적 접근방법이 사용되었습니다. 그러나 그것은 과학의 이름 아래 자행된 거짓 이론이었습니다. 뒤늦게 밝혀진 바에 의하면, 마르크스는 수많은 다른 지식인들과 마찬가지로 '과학'이란 이름 하에 자기주장에 반하는 논문과 데이터 등을 조작하거나 고의적으로 누락 변경했다는 비판도 있습니다.

한때 마르크스주의자였던 사이드만의 고백입니다. "마르크스는 사회 변화를 통해 인간성 회복이 목표인 강력한 도덕적 시각을 만드는 유대·기독교 예언자들과 경쟁하는 인물로, 그의 사회사상이 단순한 과학적 이성의 계시라고 믿게 되는 환상을 가질 수 있다… 내가 마르크스에 반대할 만한 그리고 유감스럽게도 과학적 시각으로 자극 받은 많은 인간학에서 대개 허약한 주장에 의해 정당화되는 그런 확신, 곧 과학의 언어로 포장된 확실성이다."[56]

지식 시장에서 가장 인기상품은 아직도 마르크스주의의 변형들입니다. 어떤 사람은 순진하게 소련이 무너질 때 마르크스주의도 함께 역사에서 사라질 줄 알았으나 오히려 사회주의, 물질주의란 이름으로 온 세계에 더 넓게 퍼지고 있는 것을 주목해야 합니다. 마르크스주의의 가장 쓴 열매는 '얼굴 없는 이념'입니다. 얼굴이 없는 이념은 이데올로기이며 물질주의와 성공철학에 노예가 되게 합니다. 우리 모두 유물론적 이데올로기에 노예가 되지 않았는지 스스로 대답해 보시기

---

56) Steven Seidman, 앞의 책, pp.92, 99.

바랍니다.

(1) 당신은 이 세상에 돈이 가장 힘 있는 것이라고 믿지 않습니까?
(2) 당신도 성공의 마력에 빠져 있습니까? 성공의 마력은 부와 명성을 인생의 목표로 삼는 것입니다.
(3) 당신이 마르크스 시장에서 값싸게 구입한 상품이 무엇입니까?

인본주의와 이성의 우상화

"서양 최고의 조각품이 무엇일까요?"

"미켈란젤로의 '다윗상(David)' 입니다."

"제 강의안을 미리 보셨든지 아니면 제 강의를 안 들어도 될 만큼 책을 많이 읽으신 분인 것 같으신데 일어나도 좋습니다. 만약 집에 돌아가지 않으려면 예술적으로나 기술적으로 탁월한 '다윗상' 이 어떤 사상의 상징물인지 말씀해 주시겠습니까?"

"아하 그거요? 인본주의 상징 아닙니까?"

"제 대신에 강의 하시죠. 그러면 '다윗상' 이 인본주의 상징이라면 그 이유가 뭔지 아시겠네요?"

"아는 것만 말씀드리겠습니다. '다윗상' 은 '인간은 위대하다' 는 르네상스 시대를 표상하는 세기적 작품으로서 미래에는 신의 시대가 아니라 인간의 시대가 다가온다는 사상을 상징화한 작품이다. 그의 우람한 팔이 인간이 얼마나 능력 있는 존재인가를 과시하고 있다. '다윗' 은 인본주의의 이상적인 남성이었다. 만약 처녀가 이 조각을 감상하고 '다윗상' 의 남성다움에 빠진다면 그런 남성이 나타날 때까지 결혼을 못할지도 모른다. 여기까지 프랜시스 쉐퍼의 말이었습니다."

"맞습니다. 미켈란젤로가 소망했던 인본주의가 이제는 서양에 정부와 사회 과학에 이르기까지 가장 만연되어 있습니다. 그 결정판이 인본주의 선언입니다. 인본주의 선언이 몇 조로 되어 있는지 아세요?"

"인본주의 선언(Humanist Manifesto)은 1933, 1973, 2003년에 세 번에 걸쳐 선포되었습니다. 그러나 몇 조로 구성되어 있는지는 모르겠군요."

"자네, 공부를 하려면 제대로 해야되겠군. 15개조야. 자세한 것은 직접 찾아보도록 하고.… 서양 사회가 얼마나 인본주의로 물들었든지 소련에서 서양으로 탈출한 솔제니친(Alexander Solzhenitsyn)이 처음한 말이 바로 이것이었습니다. '서구가 몰락한다면 그것은 인본주의 때문일 것이다. 오늘날은 서양뿐만 아니라 전 세계가 인본주의의 신전에 제사를 올리고 있습니다. 그것이 무엇인지 그 핵심만 살펴보겠습니다."

"교수님, 너무 하세요."

모든 것이 자연에서 왔다

"*나는 자연을 믿는다.*" 1933년에 발표된 인본주의 신조 제1조는 창조론과 초월적인 것을 거부하는 것으로 시작합니다. "인간은 스스로 존재하며 창조된 것이 아니다." 이 말은 기독교에서 천지만물과 인간이 창조되었다는 것을 거부하는 것만 아니라 모든 것이 자연적으로 발생한다고 하므로 초월성을 부정하는 것이었습니다. 미국 인본주의협회 회장을 지낸 라몬(Beth Lamont)은 이렇게 말했습니다. "자연이야말로 존재하는 것의 총체이다. 자연은 창조주가 없이도 스스로 존재한다. 그것은 어떤 목적이나 그 배경을 초월하는 지식체계가 없이도 존재한다. 오직 우연만이 자연 속에서 작용할 뿐이다."

모노(Jacques Monode)는 이렇게 말했습니다. "생물학적 세계에서 창조되는 모든 것은 순전히 우연 때문이다. 맹목적인 우연이야말로 진화의 기초이다." 박진숙은 20세기 최고의 걸작들을 만들어 낸 스필버그 감독의 "쥐라기 공원", "잃어버린 세계" 등은 위장된 자연주의(naturalism)가 어떤 것인지를 잘 보여준 영화라고 분석했습니다.[57] 과학 철학자 존슨은 "오늘날 지성계의 가장 중요한 전제는 '과학이 실체를 묘사하는데 탁월한 권위(preeminant authority)'를 가지고 있다고 믿는 것인데 그것은 자연주의 혹은 방법론적 무신론 위에 근거한 것이다"[58]고 경고한 적이 있습니다.

"나는 인간이 자연의 산물이라고 믿는다." "인간은 스스로 존재하며 창조된 것이 아니다"란 말은 인간이 피조된 존재가 아니라 단지 자연의 일부이며 산물이라고 말하는 것입니다. 이러한 선언이 나온 것은 하루아침에 가능했던 것이 아니라 그동안 서양에서 누적된 인본주의적인 인간 이해의 결론입니다. 러셀(Bertrand Russell)은 "인간은 아무런 목적이 없는 원인에 근거한 결과물이다. 인간의 기원, 인간의 성장, 인간의 소망, 두려움, 사랑, 믿음 등은 단지 원자들의 우연한 집합으로 만들어지는 산물이다"고 말했습니다.

---

57) 박진숙, "잃어버린 세계, 그 위장된 자연주의", 『아담과 문화를 논할 때』, (서울:낮은 울타리), pp.215-220, "잃어버린 세계"에서 극중 해먼드 박사의 대사입니다. "이 섬을 보존하기 위해서는 필요한 규정을 만들어 인간의 손이 닿지 않게 하고, 우리 인간들은 그저 지켜보는 자세로 그들을 자생하게 해야 한다."
58) Philip E. Johnson, *Reason in the Balance*, (서울:IVP), p.196.

러셀의 그 말은 인간이 진화된 동물이라는 것을 우회적으로 말한 것에 불과하며, 인간을 하나의 '나무'나 '쥐새끼' 또는 '원숭이'처럼 셀 수 있고 객체화할 수 있는 물질의 하나로 보아야 한다는 말입니다. 그의 이론에서는 인간과 자연, 인간과 동물의 존재론적인 구분이 없으며 인간도 단지 자연의 일부로서 육체를 지닌 존재로 살아가는 물질적인 존재일 뿐입니다. 그러면 과연 인격과 영혼은 어디에서 나오는 것인가?

공산당 선언 (The Communist Manifesto) 1848
인본주의 선언 Ⅰ (Humanist Manifesto Ⅰ) 1933
인본주의 선언 Ⅱ (Humanist Manifesto Ⅱ) 1973
인본주의 선언 Ⅲ (Humanist Manifesto Ⅲ) 2003
- -
기독교 선언 (A Christian Manifesto, F.A.Schaeffer) 1981

"*나는 이성(理性)을 믿는다.*" 영국 브리스톨 인본주의자들(Bristol Humanists)의 신조입니다. "인본주의는 이성과 우리의 일상적인 인간성의 기초 위에서 삶에 접근한다. 도덕적 가치는 단지 인간 본성과 경험에 의해서만 제대로 발견된다고 인식한다."[59] 이 말은 인간의 이성이 하나님과 그의 계시를 대신한다는 말입니다. 흄(David Hume)은 이성이 나타나서 하나님의 보좌를 찬탈했다. 그리고 법을 박탈했으며 절대적인 권한을 가졌다. 이제 보좌에는 더 이상 하나님은 없다. 하나님의 말씀도 계시도 없다. 단지 인간의 이성만이 있을 뿐이다"고 외친 적

---

59) http://www.americanhumanist.org.

이 있습니다.

라몬은 한술 더 떠서 이렇게 말했습니다. "우리가 가지고 있는 이성적인 능력이야말로 인간 최고의 희망이다. 그리고 실제로 우리는 사고 작용에 의존하고 있다. 우리는 스스로 생각할 줄 안다. 다른 곳의 도움은 필요 없다. 단지 우리가 발견한 논리에 따라서 살아야 한다." 600여년 전에 아퀴나스가 "인간의 이성은 타락하지 않았다"고 말한 것이 이제는 "인간의 이성은 완전하다"로 바뀌게 된 것입니다. 그것은 하나님과 그분의 말씀의 도움 없이 자기 지혜로 세상을 살 수 있다는 말과 같습니다.

이성과 과학이 기준이다

"*나는 과학을 믿는다.*" 2003년에 개정된 미국 인본주의 협회의 첫 번째 신조는 이렇게 시작합니다. "세상의 지식은 관찰과 경험 그리고 합리적 분석에 의해 유래한다. 인본주의자들은 과학이야말로 지식을 판별하는 것뿐만 아니라 문제를 해결하고 유익한 기술을 계발하는데 최고의 방법이라고 생각한다."[60] 과학이 모든 판단의 기준이 된다는 말입니다. 그것은 과학 자체가 무엇이 선하고 악한 것인지를 가르쳐 줄 수 있다고 강하게 믿기 때문에 가능하다는 것입니다.

일찍이 줄리안 헉슬리(Julian Huxley)는 "과학이야말로 자기 교정과 자기 확장 시스템(self-correcting and self-enlarging system)이다"[61]라고 말한 바가 있는데, 사실 가치에 대한 과학적인 연구에는 정

---

60) 'Humanism and its aspirations'
    http://www.americanhumanist.org/index.html.

작 가치나 윤리가 포함되지 않는 경우가 많습니다. 더구나 그의 동생 앨더스 헉슬리로부터 『용감한 신세계』에서 "과학의 발전은 윤리에 반비례한다"는 경고를 받은 것처럼, "과학이 생명과 죽음을 판단하는 여신(女神)될 수도 있습니다. 과학이 가치 판단의 기준이 되면 과학 자체가 스스로 가치와 종교로 탈바꿈할 수 있으며 인간 생명을 좌지우지할 수 있는 판도라의 상자가 열릴 가능성이 높아집니다.

"*나는 진보를 믿는다.*" 줄리안 헉슬리는 이런 말을 한 적이 있습니다. "지금은 인류 역사상 가장 흥분되는 순간이다. 이것은 마치 우리의 옛 조상인 양서류가 그 첫발을 땅에 디딘 때와 비교할 만하다. 우리는 바로 그와 같이 진화하는 역사의 극적인 순간에 와 있다. 아무 것도 우리를 막을 수 없다. 왜냐하면 우리는 우리의 미래를 제어할 수 있기 때문이다." 미래를 마음대로 조정할 수 있는 힘은 이성과 과학의 힘을 과신한 탓입니다.

그는 이런 말까지 했습니다. "지금부터는 우리가 어떤 사람이 되어야 할지, 우리 사회가 어떤 사회가 되어야 할지를 조정해야 한다. 이것이 바로 우리의 희망이다. 우리는 과거를 돌이켜 보고 어떠한 진화가 있었는지 살펴보아야 한다. 그러면 우리는 우리 자신에 대해 신뢰와 희망을 가질 수 있을 것이다." 도대체 어디에서 이러한 희망이 나왔을까요? 그것은 과학과 진화론이 인본주의와 결합되어 진보에 대한 낙관

---

61) Edited by Sir Julian Huxley, *The Humanist Frame*, Harper, p.37. 참고로 줄리안 헉슬리(Julian Huxley)는 영국의 생물학자인데, 찰스 다윈의 직계이고 생물학자였던 토마스 헉슬리(Thomas Henry Huxley)의 손자이며, 『용감한 신세계(*A Brave New World*)』를 쓴 올더스 헉슬리(Aldous Huxley)는 그의 동생입니다.

적인 희망을 한도 끝도 없이 부풀린 결과입니다.

"*나는 다수결을 믿는다.*" 절대를 대신하는 차선책으로 인본주의자들이 선택한 것은 다수결입니다. 러셀은 그의 용감한 책 『나는 왜 기독교인이 아닌가?』라는 책에서 "인본주의는 절대적인 것, 절대적인 진리, 절대적인 윤리, 절대적 완벽함, 절대적 권위와는 아무 관계가 없다. 인간은 자신의 행동기준을 자신에게서 찾아야 한다"고 말했습니다. 그는 절대적 진리나 절대적인 권위가 진보의 장애물이라 여겼고 극단적으로 배격했습니다.

그러나 끔찍하게도 절대를 거부하는 순간 인간 자신이 스스로 절대가 되어 버렸습니다. 그 점에 대해서는 골딩(William Gerald Golding)의 지적이 백 번 옳습니다. "만약 인간이 최고의 존재이고 인간이 자신의 창조자라면 선과 악은 다수결에 의해 결정되어야 한다." 그러나 다수결에 의해 결정되는 선악은 참된 선악이 아닙니다. 다수와 무지한 대중에 의해 오늘의 선이 내일은 악이 될 수 있고 오늘의 악이 내일은 선이 될 수도 있기 때문입니다. 오늘날 네이버 지식인들이나 위키피디아에서 모이는 정보들도 진리는 다수에 의해 얻어낸 답이라는 생각이 깊숙이 깔려 있습니다."

"*나는 자연, 인간, 우연이라는 신을 믿는다.*" 라몬 회장은 제안하기를, "인본주의자들은 인간화된 종교체험들을 갖고 있어야 한다. 우리라고 해서 종교적 체험이 필요 없다는 말은 아니다. 하나님이 있다고 주장하는 기독교인들에게만 종교적 체험을 국한할 필요는 없다. 우리도 똑같은 종교적 체험을 가지고 있다. 우리는 그것을 인간화할 수 있어야 한다"고 말했습니다. 그가 말하는 인간화된 종교적 체험이란 자연이나 인간이 스스로 신처럼 사는 것을 말합니다.

인간과 자연 외에는 절대가 될 수 있는 것이 더 이상 그 어디에도 없다고 보는 것입니다. 과연 인본주의는 인간의 얼굴을 되찾아 왔습니다. 그러나 심장이 없는 인간이 되고 말았습니다. 가장 중요한 영혼을 잃어버렸기 때문입니다. 그리고는 인간 스스로 신의 보좌에 앉았습니다. 서양의 인본주의는 인간의 주체성을 지나치게 강조한 나머지 인간 스스로 신(神)이 된 사상입니다. 동양도 사람이 부처요, '사람이 한울이다(人乃天)'고 외치고 있기는 마찬가지입니다.

⑴ 당신은 스스로 잘 나서 하나님이 필요 없다고 자만하지는 않습니까?

⑵ 당신은 세상에서 끊임없이 일어나는 고통과 문제에 인간이 최종적인 해결책을 가지고 있다고 생각합니까?

⑶ 당신은 인본주의 시장에 질식하면 다음은 어디로 발길을 돌릴 것이라 생각합니까?

실존주의와 인생의 조소

"실존주의가 무슨 말입니까?"

"저도 잘 모르는 게 실존주의입니다. 야스퍼스가 말했듯이, '실존
주의적 진리는 설득할 수 없는 것이므로 자기가 경험하기 전에는
알 수 없는 것'이라고 합니다."

"그래도 실존주의란 말이 무슨 말인지 개념도 모르고는 공부할 수
없잖습니까? 그리고 설득할 수 없는 철학이 어디 있어요? 그건 철학
도 아니지 않습니까?"

"그래서 실존주의지요. 실존주의(existentialism)는 인간이 세상에 경
험하는 모든 것들은 매우 독특하고 독립적인 것이기 때문에 다른
사람에게 있는 그대로 설명하는 것이 불가능한 것이 많고 그뿐만
아니라 과연 질실하게 살 수 있는지에 대한 회의가 많으므로 자기
스스로 자기 행동에 전적인 자유와 책임을 져야 한다는 것을 주장
하는 사상입니다."

"알 것 같으면서도 모르겠군요."

"제가 설명하기보다 실존주의 철학을 입안하고 실천한 사르트르의
대답을 직접 들어보겠습니다. 단 한 마디입니다. '실존주의는 인간
의 삶을 가능하게 해주는 원리이다.'"

"의외로 간단한 말인데 어렵군요. 그 함의가 무엇입니까?"

"사르트르는 이 한 마디 속에서 두 가지를 말하려고 합니다. 첫째,

실존주의 철학이 탁상공론이 아니라 실제적인 인생의 문제를 다룬다는 것을 확실히 해두고 싶어서 한 말입니다. 다시 말하면, 철학은 실제 삶을 위한 것이어야 한다는 말입니다. 둘째, 완전한 실존주의적 인간의 삶이란 불가능하다는 것을 인정한다는 말입니다. 모든 철학은 가능성의 철학이지 완전한 것과는 거리가 멀다는 것입니다. 철학은 '무엇을 위해 살 것이냐' 또는 '무엇에 의해 사느냐'를 찾기 위한 투철한 탐색이지 완벽한 대답을 주는 것은 아니라는 것입니다."

인본주의자들을 우습게 본다

"나는 인본주의자들의 주장을 믿지 않는다." 실존주의자들은 말하기를, 우리는 인본주의자들이 외친 자연과 환경의 중요성에 별로 신경을 쓰지 않는다. 우리는 인본주의자들의 도덕적 낙관주의를 반대한다. 우리는 인본주의자들이 믿었던 이성, 진보, 발전 등을 믿을 수 없다. 우리는 인본주의자들이 믿었던 인간에 대한 과학적 접근을 거부한다. 우리는 인본주의자들의 다수에 의한 진리나 우상도 믿지 않는다. 우리는 아무 것도 믿지 않는다."

실존주의자들은 인본주의자들이 주장했던 모든 신조를 거부합니다. 특히 제2차 세계대전을 거치며 인간에 실망하고 그에 대한 모든 낙관론을 거두어들였습니다. 그들은 프로이트(S. Freud)와 같은 인본주의자들의 도덕적 무 책임론, 곧 "인간 존재는 그들의 유전자 구조나 환경, 부모의 영향에 따라 규정되기 때문에 자신의 행동에 책임이 없다"고 말하는 것에 대해 반대합니다. 사르트르는 "아니오, 우리는 그렇지 않소. 우리가 누구인지는 우리 자신에게 책임이 있소"라고 말합니다.

"*나는 나의 존재를 믿는다.*" 결국 실존주의자들이 믿는 것은 자신의 실존입니다. 사르트르는 이렇게 말했습니다. "나는 하나님을 믿지도 않고 이성이나 과학이나 의무 그리고 그 어떤 것도 믿지 않는다. 다만 내가 말할 수 있는 것은 '나는 존재 한다'는 것이다. 그렇다고 인간이 어떤 것인지 나는 말할 수 없다. 인간이 진화를 거쳐 만물의 영장이 되었다고도 말할 수 없다. 또는 신의 형상이라고도 말할 수 없다. 나는 인간의 본성을 정의할 수 없다. 단지 내가 말할 수 있는 것은 '나는 존재 한다'는 것이다."

존재(self)에 대한 사르트르의 이러한 논리에 대하여 제람 바즈(Jerram Barrs)는 이렇게 설명했습니다. "그에게는 오직 인간의 실존만이 존재할 뿐이다. 그것은 자기 존재 밖의 어떠한 객관적 진리나 초월적 존재의 현실도 인정할 수 없다는 말이다. 오직 인간만이 남은 세상을 말한다." 사실 지난 세기에 인본주의자들은 철저한 외로움, 고독감, 심지어는 삶에 대한 권태감만 남겨둔 채 사라져버렸는데, 그것이 객관적 진리나 초월적 존재가 없는 인생에 가져다주는 의미와 삶이며 인간 실존이라는 것입니다.

"*나는 인간 이성의 한계를 믿는다.*" 인본주의자들은 인간의 이성을 맹신했다면 실존주의자는 "오, 그건 말도 안 돼. 실재는 추론에 의해서 예측할 수도 없으며 인간에게는 알 수 없는 것이 얼마든지 있다. 우리는 모든 면에서 인간 이성의 한계에 직면하고 있다"고 말합니다. 일찍이 칸트(E. Kant)는 순수이성은 '현상적 세계(phenomenal world)'를 파악하는데 그치고 '본체적 세계(noumenal world)'를 파악하는 데는 도덕적 요청이 필요하다고 주장했으나, 키에르케고르는 "하나님은 이성으로는 알 수 없고 '믿음의 비약(the leap of faith)'에 의해서만 알수 있다"고 주장했습니다.

그들은 인본주의자들보다 이성의 한계와 오류에 정직했으며, 실제세계에 좀 더 가깝게 살았던 것이 확실합니다. 쉐퍼가 지적한 대로, 같은 실존주의자들이면서도 사르트르는 자기의 논리세계에 한층 가까이살았고 카뮈는 실제세계에 좀 더 가까이 살았다고 할 수 있습니다. 그러나 그 둘은 다 이성의 한계를 인정하면서도 다른 한 발은 인본주의자들과 마찬가지로 이성을 완전히 벗어나지 못했습니다. 그들도 생각할 수 있는 인간이었기 때문입니다.

하나님이 없는 인생의 처절함

"나는 허무(nothingness)를 믿는다." 헤밍웨이(Ernest Hemingway)는 『누구를 위하여 종을 울리나』에서 애인과 친구들을 잃어버린 한 젊은이의 외로운 죽음만 남기더니, 『노인과 바다』에서는 처절한 파도와의 싸움 끝에 한 노인과 청새치의 앙상한 뼈만 남겼고, 급기야는 '주기도문'에서 '주(主, the Lord)'를 몽땅 '무'(無, Nothing)로 바꾸기도 했습니다. "하늘에 계신 우리 '무'여, '무'가 하늘에서 이루어진 것같이 땅에서도이루어지며… 대저 나라의 '무'와 '무'와 '무'가 '무'에게 영원히 있사옵니다."

카뮈(Albert Camus)가 쓴 『시지프스의 신화』에서 시지프스가 받은지독한 벌(罰)은 반복해서 돌을 산에 들어올리며 자기 존재가 아무 것도 아니라는 것을 삶의 대가로 치러야 하는 것이었습니다. 하나님이없는 인간은 아무 것도 아니라는 것과 그 인생이 얼마나 허무하고 처절한지를 잘 보여주는 것입니다. 니이체(Friedrich Wilhelm Nietzs che, 1844–1900)의 '미친 사람'도 하나님이 죽어버린 삶이 얼마나 처절한가를 잘 보여줍니다. "나는 하나님을 찾소. 당신들과 내가 그를 죽인 사람들이요. 그래서 이 빈 공간에서 두려워하고 있지 않소? 인부들이 하나님을 매장하는 소리가 들리지 않소? 지금은 이전보다 더 깊은 밤이 되었소. 그러니 이제 등불을 밝혀야 하지 않겠소?"

"*나는 인간의 소외를 믿는다.*" 사르트르는 "인간이 이 세계에서 고아가 되었다"고 보았습니다. 그는 말하기를, "우리 주변을 돌아보든, 하늘을 바라보든, 땅 끝을 바라보든, 우리의 마음을 편하게 해주는 것은 없다. 따라서 우리는 궁극적인 결론을 내리지 못한다. 우리가 할 수 있는 일이라고는 존재를 드러내고 조명하는 것뿐이다. 이것이야말로 이 칠흑같이 어두운 밤을 밝힐 수 있는 촛불이다."

사르트르는 인간이 깊이 소외되어 있다는 것을 잘 보았습니다. 그는 그 소외가 인간과 인간 사이, 인간과 자연 사이뿐만 아니라, 국가와 국가 사이에도 존재한다고 보았습니다. 아마 이 세상에서 타락한 인간의 소외에 대해 실존주의자들처럼 처절하게 고민하고 파헤친 철학은 없을 것입니다. 그러나 안타깝게도 그들은 소외 자체가 없었던 창조의 위대함에 대해서는 알려고 하지도 않았으며 예수님의 구원과 회복에 대해서도 애써 외면했습니다. 단지 타락한 후의 소외된 실체만 보고 허무주의에 빠졌습니다.

"*나는 저주받은 존재라고 믿는다.*" 사르트르는 인간이 자유롭도록 저주 받은 윤리적 존재라고 규정했습니다. "나는 내가 원하는 모든 것을 할 수 있다. 이것이 바로 인간의 자유이다. 완전한 자유이다. 거기에는 한계가 없다. 그러나 나는 어떤 것이 틀렸다고 말할 수 없다. 또는 어떤 것이 내가 살아야 하는 한계라고 말할 수 없다. 내가 선택하는 것은 나 자신에게 완전한 자유와 완전한 책임이 있기 때문이다. 인간은 자유롭도록 저주받았다."

그는 인간이 자유로운 존재라는 것을 발견했습니다. 그러나 자신이 선택하는 것에 대한 모든 책임을 자신이 져야 하는 도덕적 존재로 인식했습니다. 결국 그는 인간을 윤리적 자유자로 굳게 믿었기 때문에 윤리적 부도덕에 대한 대속자(代贖者) 또는 평화의 중재자(仲裁者)가 들어올 수 있는 빈 자리를 내어 줄 여유를 갖지 못했고, 그 결과 인생을 끊임없는 두려움과 상실감과 절망 속에서 저주받은 존재로밖에 보지 못했습니다.

"*나는 희망이 없어도 살아야 한다고 믿는다.*" 사르트르는 "우리는 어떤 것을 더 나은 상태로 바꿀 만한 희망이 없다. 그러나 우리는 희망이 없이도 살아야만 한다. 다만 우리를 살아가도록 도울 수 있는 것은 바로 조소, 곧 경멸이다"라고 했습니다. 이것을 카뮈의 시지프스에 비유한다면, 떨어지는 돌을 산으로 끊임없이 굴려 올리려는 투쟁 자체가 인간의 마음을 채우는 것이기 때문에, 그가 희망을 가지고 있든지 없든지 상관없이 우리는 시지프스가 행복하다고 상상해야만 한다는 것입니다.

그들은 우리에게 "당신과 나는 시지프스와 같다. 우리는 전혀 쓸모없이 똑같은 짓을 반복하며 살고 있다. 아무런 희망도 갖지 못한 채 다만 이 터무니없는 인생을 유지시켜 주는 것은 조소뿐이다"라고 말합니다.

제람 바즈(Jerram Barrs)는 실존주의의 최후를 이렇게 기술했습니다. "그들은 인본주의자의 신전을 허물어 버렸다. 마룻바닥은 '절망'으로 바뀌었으며 이제 남아 있는 것은 두 기둥뿐이다. 한 기둥에는 '하나님은 죽었다'는 글씨와 다른 한 기둥에는 '인간은 자유롭다'는 글이 쓰여 있다. 그리고 그 신전 안쪽 제단에는 관이 하나 남아 있는데 그 관 위에는 '인간은 조소를 통해 승리해야 한다'라는 글이 쓰여 있다"라고 하였습니다.

다음의 물음에 한 번 대답을 찾아보세요.

(1) 당신은 실존주의자들의 삶이 어떤 것이라고 생각합니까?
(2) 당신은 실존주의자들이 남겨 놓는 것이 무엇이라고 생각합니까?
(3) 당신은 삶에 대한 절망과 인생의 조소를 어떻게 극복합니까?

탈현대주의와 장난 같은 인생

"열린 음악회를 보신 적이 있습니까?"

"예, KBS가 방송하는 것 중에 그런대로 좋은 프로그램이라고 생각합니다. 솔직히 재미있는 프로그램이라 생각합니다."

"뭐가 그리 재미있습니까?"

"요즘 유행하는 포스트모던 문화의 대표적인 모델이잖아요?"

"여러분은 재미가 진리를 판단하는 기준이군요. 한동대학교 학생들이 무엇을 재미있다고 하는지 들어보겠습니다."

"클래식과 대중가요의 조화입니다."

"전통음악과 현대음악의 만남입니다."

"연주자와 관객의 호흡이 멋집니다."

"장소를 연주 홀이나 마당을 가리지 않습니다."

"국악인과 성악가와 대중가요 가수가 한 자리에서 만납니다."

"동양과 서양의 악기가 어우러지는 무대입니다."

"예술과 상업성의 결탁이 이루어집니다."

포스트모더니즘

'포스트모더니즘(post-modernism)' = 'post + modernism.

'post'란 '이후에' 라는 뜻이니까 modernism(현대주의) 그 이후에 혹은 '탈현대주의' 라는 말입니다.

'포스트모더니즘'이란 용어를 처음 사용한 사람은 미국의 예술비평가인 이합 하산(Ihab Hassan)으로서, 그는 1970년대 중반부터 현대예술에 관한 논문을 많이 쓰면서 '제2차 세계대전 후의 예술'을 가리키는 용어로서 "포스트모던"이란 단어를 만들어냈습니다.

리오따드(Ryotard)는 "포스트라는 말은 일종의 전환점을 말하는 것이며, 앞선 시기 뒤에 나타나는 새로운 방향을 의미한다"고 설명했습니다. 즉 모더니즘에서는 객관성과 기능성 혹은 합리성과 실용성을 그 내용으로 하는 일련의 사고방식의 틀을 중요시 했으나 포스트모더니즘은 이런 것들은 한물 간 유행이며 매력을 상실했다는 것입니다. 대신에 개성과 일탈, 다양성과 독특성이 중요하다는 것입니다.

"나는 일탈을 믿는다." 최근 민요풍+트로트풍+록큰롤풍+테크노풍+엔카풍을 섞어서 부르는 '하이브리드(hybrid) 음악', 곧 '잡종교배' 음악의 등장은 일탈 중에도 일탈입니다. 톡톡 튀는 개성과 다원성의 극단적인 추구로 나타나는 결과는 일탈의 우상화입니다. 문학적으로는 파행적 독창성, 전통에 반하는 독자성, 규칙에 반하는 자유정신과 같은 문학비평정신도 일탈을 요구하는 시대에 부응한 결과입니다.

성적으로는 혼전동거, 혼전섹스, 혼외정사, 동성애 등은 일탈에 불과할 뿐 도덕적 죄악이 아니라고 말합니다. 한때 문학계에 '무단 복제'니 '표절'이니 하는 시비를 불러일으킨 혼성모방(pastiche)도 일탈이기는 마찬가지입니다. 일탈이 정상이 되면 문화의 퇴행을 가져옵니다. 심리적으로는 '이미지'만을 중시하는 현대인들의 특징도 일탈입니다. 실제의 자기가 아닌 다른 사람에 보이고 싶은 자기, 즉 이미지(image)가 실체(reality)를 대체하는 시대입니다. [62]

이성을 해체하라

"*나는 이성의 해체를 믿는다.*" 푸코는 "이성에 의한 합리적인 해답을 찾으려는 일체의 시도는 이성의 폭력이며, 그런 시도를 하는 사람이 있다면 그는 이성의 보편적인 어리석음을 잘 모르는 사람이다"고 주장했습니다. 그는 세계를 분석하는 기존의 틀이나 범주, 이념들을 해체함으로써 모든 이데올로기로부터의 해방을 시도했는데, 그의 야망이 낳은 희생물은 이성의 합리성이었습니다.

그는 일찍이 합리주의자들이 이성의 권위로 통일된 해답을 얻을 수 있다고 장담했으나 그것이 그대로 이루어지지 못했다는 것을 간파한 사람입니다. 그는 '비이성'(非理性) 또는 '광기'(狂氣)를 구원의 길로 대치했습니다. 누구보다도 생각하는 것을 즐겨야 하는 철학자들까지도, 이를테면 하이데거(Martin Heidegger)와 같은 사람도, "이성은 사고와 상상력의 적이다"[63]라고 외치는 시대입니다.

"*나는 진리가 없어도 자유롭다는 것을 믿는다.*" 포스트모더니스트들은 "만약 누가 하나의 신념체계 또는 진리가 있다고 주장하면 그것은 이데올로기이다. 누가 기독교가 진리라고 주장한다면 그것은 종교적 이데올로기이다"라고 말합니다. 그들은 이 세상에 더 이상 보편적인 진리나 전 포괄적인 체계와 같은 것들이 존재한다고 믿지 않기 때문입니다.

---

62) Jock McGregor, 『마돈나와 신세대』, (서울: 예영커뮤니케이션).
63) 『21세기를 여는 상상력의 창조자들』, p.118, 352.

현대주의와 탈현대주의 가치관의 차이	
이합 핫산(Ihab Hassan)[64]	
현대주의(Modernism)	탈현대주의(Postmodernism)
확정성의 원리를 신봉	불확정성의 원리를 신봉
목적과 의도를 강조	놀이와 우연을 강조
위계 체제를 설립	무정부 상태를 고양
유형, 형식을 중시	일탈, 돌연변이를 중시
로고스, 언어를 중시	침묵을 중시
예술의 대상을 중시	예술의 과정과 수행에 초점

이런 현상에 대해 제임슨(F.Jameson)은 '정신분열증(schizofreni
a)'이라고 진단하고 그 주된 특징을 "거기에서는 진리뿐만 아니라 논리
도 상실되고 없다. 궁극적인 목적도 없고 보편적인 의미도 없고, 지식
의 통합적 시각이나 절대적 진리를 기대할 수도 없다"고 말했습니다.
거팅(Gary Gutting)은 "포스트모더니즘은 진리가 없어도 여전히 자유
로울 수 있다는 소망을 갖게 하는 것이 문제"라고 지적한 바가 있습니
다. 이런 현대인들에게 '미소 띤 허무주의(nihilism with a smile)'라는
이름을 붙인 사람은 리오타르입니다.

"나는 내 몸을 믿는다." 포스트모더니즘은 니체(Friederich Nietz-
sche)에서 출발한다고 해도 과언이 아닙니다. "신은 죽었다"고 말한
그는 인간에게서 영혼을 제거하는 작업을 했는데, 신이 죽어버린 인간

---

64) 이합 핫산(Ihab Hassan)이 제시하는 모더니즘과 포스트모더니즘의 가치관적 차이를
정리한 것입니다. cf. Gene Edward Veith, 『현대사상과 문화의 이해』,(서울:예영커
뮤니케이션), pp.50-51.

에게 남은 것은 이성도 영혼도 없는 신체뿐이라고 믿고, "나는 몸이고 몸 외에는 아무 것도 아니다"라고 외쳤습니다. 강영안의 비평입니다. "그에게는 사람의 의식은 신체의 거울에 불과할 뿐 신체야말로 의식을 좌우하는 주체이다. 의식이란 신체의 작용에 불과하다. 니체는 사람이란 곧 신체라고 말한 사람이다"[65] 라고 비평했습니다. 이처럼 신체주의는 이성주의에 대한 반작용이라 할 수 있습니다.

나아가서 니체는 "몸이야말로 권력의 집합"이라고 믿었습니다. 니체는 몸을 "권력에의 의지, 곧 몸은 삶을 극대화하는 권력의 집합"이라고 보았는데, 푸코에 와서 신체주의로 꽃을 피웁니다.[66] 동양에서도 비슷한 흐름이 있는데, 김용옥이 말하는 "몸(Mom) 철학은 우주의 모든 진리가 인간의 몸에 구현돼 있으며 우주의 궁극적 실체가 몸이라고 믿거나 몸으로부터 도출돼야 한다고 믿는 철학적 신념"입니다. 그는 "인간의 정신(精神)은 신(spiritual)도 아니고 이성(mind)도 아니다. 정신이 곧 몸이다… 즉 정신은 마인드(mind)가 아니라 몸이다. 몸이 곧 정신이요, 정신이 곧 몸이다. 몸(만물)은 정신과 육체의 합성이다"[67] 라고 믿습니다.

하늘(天)	양(陽)	혼(魂)	신(神)	불(火)	기(氣)	몸 / 만물
땅(地)	음(陰)	백(魄)	정(精)	물(水)	혈(血)	

---

65) 강영안, 위의 책, p.177.
66) M. Foucault, 『쾌락의 활용』, pp.267-268.

"나는 섹스가 신이라고 믿는다." 영혼과 이성이 죽어버리고 오직 신체만 남는다면 매달릴 곳은 인터넷, 로봇, 터미네이트, 메트릭스와 같은 하이테크의 향연이나 섹스에 미치는 것뿐입니다. 설동렬의 분석입니다. "사이버 스페이스는 육체로부터의 탈출을 권하는 방편으로 오히려 가장 육체적인 성적 만족을 내세우고 있다. 사이버 스페이스는 인간의 폐기와 고양된 성적 만족을 모두 예견하며, 육체의 포기는 곧 향상된 섹슈얼리티를 약속하는 것으로 표현된다."[68]

오늘날 사이버 섹스가 사회 문화가 되고 있는 것은 가상과 익명을 이용한 탈 윤리에 있습니다. "IT 강국"이라는 자랑에 비례하여 음란 사이트와 채팅, 원조교제 등 성범죄가 그 만큼 많은 것은 어쩌면 우리가 자초한 자업자득입니다. 사이버뿐만 아니라 영화, 음식, 담론 등 문화 전체가 섹스 코드로 점철되어 있습니다. 그것은 현대인이 섹스에 미치는 정도로는 성이 차지 않으며, 섹스가 신이 되어야 직성이 풀리는 시대라는 것을 말합니다. 섹스가 인생의 목적이며 의미이며 모든 것이 된 것입니다.

---

(67) 김용옥, 『노자와 21세기 1』,(서울:통나무), pp.234-235. 그는 이런 말도 했습니다. "나의 몸에서 형체가 없는 것은 하늘이 될 것이요, 양이 될 것이다. 나의 몸에서 형체가 있는 것은 땅이 될 것이요, 음이 될 것이다. 옛 사람들은 나의 몸의 하늘을 혼(魂)이라 했고, 나의 몸의 땅을 백(魄)이라 했다. 그리고 또 나의 몸의 하늘을 신(神)이라 했고, 나의 몸의 땅을 정(精)이라 했던 것이다."

(68) 설동렬은 라브리 금요학당에서 "사이버 공간과 탈인간화의 환상"이라는 강연을 통해 사이보그와 인간성의 문제를 심도 있게 다루어 주었습니다. 설동렬의 사이버문화 비평에 대한 좀 더 자세한 내용은《예감 1, 2호》(라브리 무크지)를 참고하든지, 클라우디아 스프링거, 『사이버 에로스: 탈산업 시대의 육체와 욕망』(한나래)을 참고하시기 바랍니다.

예술은 장난이고 사기이다

"*나는 심미적 체험을 믿는다.*" 예술가들은 요즘 심미적 체험만이 조화로운 삶의 근거를 제공할 수 있다는 확신에 차 있습니다. 비디오 아티스트 백남준은 자신의 예술적 비밀에 대해 묻는 타임지 기자에게 다음과 같이 말했습니다. "예술은 장난이고 사기이다." 송두율은 오늘날의 이러한 시대적 흐름을 잘 읽었습니다. "진리의 마지막 피난처인 자율적인 예술에서 인간과 자연의 화해 가능성을 모색했던 아도르노(Addorno)에게서도 발견되는데, 인간의 이성, 도덕 그리고 감성 가운데 특히 감성 또는 심미적 체험을 강조하는 것이 오늘의 특징적인 사상적 경향이라고 할 수 있다."[69]

현대 문화는 감성의 우상화 또는 심미적 체험의 절대화로 달려가고 있습니다. 어떤 심령술사는 "우리는 내면의 경험을 믿는다"고 외칩니다. 어떤 도인은 "네 속에 진리가 있다"는 말도 합니다. 그러나 밀러(Darrow Miller)가 잘 지적한 대로, "인간이 자기 내부의 느낌이나 경험에 의지해서 세상을 보고 의미를 찾고 가치 판단을 하려고 한다면 그것은 인간이 어항 속의 금붕어가 되는 것이다"[70] 라는 말에 귀를 기울여야 합니다. 금붕어는 자기가 보고 느끼는 것만이 전부라고 착각하기 때문입니다.

"*나는 원시성과 엽기를 믿는다.*" 요즘 영매, 귀신, 괴물, 탈바가지,

---

69) 송두율, 『21세기와의 대화』, (서울:한겨레신문사), p.20. 송두율은 아도르노뿐만 아니라 부르디외(P. Bourdieu)의 '내면화된 개인의 체험'을 강조하는 것이나, 슐체(G. Schulze)가 개체화, 내면화되고 있는 심미적 체험의 세계를 해부하는 것도 같은 감성적 경향이라고 읽어 내고 있습니다.
70) Darrow Miller, "온 지성을 다하여", 성인경 편, 『신앙과 지성』, (서울:일지각), p.250.

우주인, 영혼과의 사랑 등 온갖 종류의 미신과 장신구와 엽기문화가 판을 치고 있습니다. 이것은 한국에서만 일어나는 현상은 아닙니다. 그러나 한국은 원시성과 엽기 문화의 선두에 서 있습니다.

김지하는 전통 사상의 재발견으로 우리 사회의 현실적인 문제들뿐만 아니라 세계문명과 우주적 변화에 대한 철학적이고 세계관적인 토대를 찾겠다고 하고 있습니다. 요즘 상영되는 드라마나 영화마다 전생, 귀신, 영매, 주술, 문신, 피로 물들이는 것, 느끼하고 끈적끈적 거리는 것 등 변태적이고 엽기적인 것이 빠지는 적이 없습니다.

그것은 현대인의 마지막 남은 공포심과 종교성마저도 말살하는 것입니다. 인간이 한때는 '생각하는 기계'에서 '몸만 있는 쾌락 장치'로 바뀌었다가 다시 '느끼는 금붕어'로 둔갑하더니 이제는 진리도 기준도 없는 '영적 괴물'로 변신하고 있는 것입니다. 현대 인간이 '하나님의 형상대로 만들어진 인격체'라는 진정한 정체성을 잃어버렸기 때문입니다.

온 세계가 원시성과 신비주의적인 엽기 문화에서 희망을 찾는 이유는 자기 정체성에 대한 신비적 갈망의 일탈에 빠져 있기 때문입니다. 원시성에로의 회귀나 엽기문화는 문명의 퇴행입니다. 다음의 물음에 답을 해 보세요.

(1) 탈현대주의 상품 중에 가장 마음에 드는 상품이 무엇인지 말하고 그 이유를 밝혀보시겠습니까?
(2) 당신은 현대 지식 시장의 인기상품의 목록에 추가 되어야 할 상품이 무엇이라고 생각합니까?
(3) 당신은 지식 시장에서 생각과 지식만 파는 것이 아니라 영혼도 팔고 산다는 것을 어떻게 증거 하겠습니까?

사상은 결과를 낳는다

"이 말은 누가 맨 먼저 했을까요?
"프랜시스 쉐퍼입니다."

"너무 쉐퍼를 우상숭배하는 것 아닙니까?"
"아닙니다. 그냥 좋아할 뿐입니다."

"사상은 결과를 낳는다(Ideas have consequences)"는 말은 라브리를
세운 프랜시스 쉐퍼가 자주 사용한 말임에는 분명합니다.[71] 그러나
최근에 막스 베버(Max Weber, 1864-1920, 독일의 기독교 사회정치
사상가)가 처음 한 말이라고 들었습니다. 그러나 출처가 어딘지를
몰라 저도 찾고 있습니다."
"누가 남긴 말이든지 좋은 말 아니에요?"

"맞습니다. 그런데 이 말이 세계관적으로 매우 중요한 의미가 담겨
있는 말이라는 것을 아십니까?"
"우선 화두를 던져 보시죠. 그러면 추가 질문을 하겠습니다."

떡이냐 말씀이냐

첫째, 이 말은 칼 마르크스(Karl Marx)가 말한 "의식이 존재를 결정
하는 것이 아니라 존재가 의식을 결정한다"는 유물론적 세계관에 대립

---

71) F. A. Schaeffer, 『그러면 우리는 어떻게 살 것인가?』, (서울:생명의 말씀사), p.15.

되는 말이기 때문에 중요합니다. 그는 생각이나 사상이 존재를 결정짓는 것이 아니라 물질적·경제적 구조가 사람의 행복과 정체성을 결정한다는 것을 이 짧은 한마디로 갈파한 것입니다.

마르크스의 이 말은 '사람은 떡으로만 사는 것이 아니요 하나님의 입으로 나오는 말씀으로 살 것이라'는 예수님의 말씀에 정면으로 대항하는 유물론적 사상입니다. 마르크스는 로고스(말씀), 의식, 자유와 같은 형이상학적인 것의 중요성을 결코 무시한 것은 아니지만 먹는 것, 일하는 것, 사회적인 계급과 경제적 능력과 같은 형이하학적인 것이 의식을 지배한다고 본 것입니다.

사실 그것은 도치된 것입니다. 인간은 떡 없이 살 수 없는 존재라는 것은 맞습니다. 그런 의미에서 인간은 먹고 마시고 살기 위해 돈이 필요하고 노동도 필요하기 때문에 물질적인 필요 혹은 유물론적 정체성을 전적으로 부인하는 것은 아닙니다. 그러나 유물론자들이 잘못 본 것처럼, 인간이 떡으로만 살 수 있는 존재는 아닙니다.

인간은 본질적으로 영적인 존재 혹은 유심론적 존재이며, 그 본질에 있어서 로고스, 즉 하나님의 말씀으로 살아가는 영적인 존재요, 예배하는 존재요, 생각하는 존재요, 느끼는 존재요, 인격적인 존재입니다. 그러나 인간은 먹고 일하고 행동하는 존재입니다. 마르크스의 말대로 표현한다면, 존재가 의식을 결정하는 것이 아니라 의식이 존재를 결정하는 것이라 할 수 있습니다.

그러므로 떡이냐 말씀이냐의 양자택일의 문제가 아니라 인간은 떡도 필요하고 말씀도 필요하지만 말씀을 존재의 근거로 혹은 본질로 삼는 영적인 존재입니다. 그런 의미에서 인간이 먹고, 일하고, 행동하는 데에는 이유가 있고 사상이 있고 철학적인 원인과 목적이 있습니다.

그 원인과 목적을 찾는 것이 철학을 탐구하는 것이고 세계관을 연구하는 것입니다.

이런 작업을 복잡하고 어렵다고 생각하고 포기하면 지적 주도권이 지난 150년간은 마르크스주의자들에게 넘어갔으나 다음 세대는 어떤 마법사들에게 넘어갈지 모릅니다. 여러분이 잘 아시다시피, 과학과 철학의 발견은 사소한 일상을 지나치지 않고 자세히 관찰하고 탐구한 열매들입니다. 하물며 오줌 누고 손 씻는 데도 철학이 있다면 우주 만물과 인간 행동의 저변에는 얼마나 많은 세계관이 숨어 있겠습니까?

예를 들어, 여러분의 취미생활은 자유롭습니까? 오랜 세월 동안 너무나 짓밟혀 왔기 때문에 취미도 억눌려 있는 경우가 많습니다. 일본 제국의 치하에서 우리의 언어나 노래와 춤, 풍습이 유린되었고, 독재 정부 하에서는 의사표현과 언론의 자유가 짓밟혔습니다. 민주화가 되었다고 말 한지가 언젠데 지금에 와서도 젊은이들이 노랑머리를 하고 다니는 것을 욕하거나 하물며 모자 쓰고 다니는 것까지 입에 오르내리기도 합니다. 어른들은 그 보다 훨씬 전부터 머리 염색을 해왔음에도 검정색이 아니라는 이유로…

약간 성격은 다르지만 술, 담배도 마찬가지입니다. 주초금지 문화는 한국교회의 자랑이요 기독인들의 정체성을 확인하는 표시로 사용되기도 합니다만, 그것도 원칙적으로는 양심의 자유이며, '무관심사', 즉 '아디아포라(adiaphora)'[72]에 속하는 문제입니다. 물론 저 개인적으로는 100여 년 이상이나 지켜온 좋은 문화를 유지한다는 차원에서 그리고 건강상의 이유로 주초를 금하는 것에 찬성합니다. 이처럼 우주 만물과 사람의 행동하는 것에서 근본 원인을 찾아내고 깨닫는 작업이 세계관을 공부하는 것입니다.

「Mein Kamf」가 히틀러를 만들다

세계관은 반드시 결과를 초래한다는 것입니다. 인간의 사상은 다리가 달린 동물이나 곤충처럼 역동적으로 역사와 문화에 필연적인 결과를 초래한다는 것입니다. 특히 신앙과 삶과 문화에 영향을 결정적인 미칩니다. 그것이 어떠한 사상이든지 모든 사상 체계는 그것을 받아들이는 사람의 신앙뿐만 아니라 일상적인 삶을 바꾸거나 결정짓게 합니다.

우리가 잘 아는 대로, 법칙이라든가 체계의 유익한 점은 실타래처럼 복잡하게 뒤엉키고 꼬인 문제들의 원인을 풀고 그 해결책을 찾는데 매우 용이하다는 것입니다. 아무리 복잡한 수학 문제가 있더라도 공식이 있으면 쉽게 풀리는 것처럼 말입니다. 반면에 사상이라고 하는 것은 긍정적인 영향도 있지만 나쁜 영향을 미칠 때는 엄청난 파장을 몰고 오기도 합니다. 잘못된 세계관이 낳는 비극이 어떤 것인지 그 예를 하나만 생각해 보겠습니다.

히틀러가 그 대표적인 예입니다. 처칠(Winston Churchill)의 말에 의하면, 600만 명 이상의 유대인들을 포함하여 유럽에서만 천만 명 가까운 사람들의 목숨을 앗아간 제2차 세계대전은 히틀러의 잘못된 인간관이 불씨였다는 것입니다. 처칠은 히틀러가 그렇게도 미친 듯이 전 인류와 싸웠던 이유를 그의 논문 「Mein Kamf(나의 투쟁)」에서 찾았습니다.

---

72) '아디아포라' 란 그리스어 '아디아포로스 $\alpha\delta\iota\alpha\varphi\rho\sigma\sigma$' 에서 나온 말로 추측되며, '무관심사(indifferent thing)' 란 말인데, 종교개혁자 칼빈(John Calvin)이 "개인의 취미 생활뿐만 아니라 음악, 건축, 기술, 과학, 사회의 축제, 의, 식, 주에 관한 문제는 교회와 국가로부터 자유롭게 개인의 양심으로 하나님 앞에서만 책임을 진다" 는 말에서 연유한 것입니다. cf. H. R. Van Til, 『칼빈주의 문화관』, p.137.

"인간은 단지 싸우는 동물이다."[73]

전통 기독교인들처럼 인간을 예배하는 존재도 아니고 합리주의자들처럼 생각하는 존재도 아니고 마르크스주의자들처럼 일하는 존재도 아닌 싸우는 존재, 그 사고가 불필요했을 뿐만 아니라 지금까지도 그 상처가 다 아물지 않은 무서운 전쟁을 일으키게 해다니!

히틀러의 이러한 왜곡되고 악한 인간관이 낳은 쓰디쓴 열매였던 것입니다. 전쟁을 통해서라도 잘못된 세계관과는 일전을 벌여야 하겠지만 그보다는 건전한 사색을 통해 사상적으로 싸우는 것이 우선되어야 합니다.

지난 세기 말에 포퍼(Karl Popper)는 "인간이 사색을 하지 않으면 이념(이데올로기)이 번창한다"는 좋은 말을 남겼습니다. 그의 말처럼 건전한 사색이 멈추는 곳에서는 언제나 나쁜 이념들이 활개를 치기 마련입니다. 그리고 그 나쁜 이념들은 우리도 모르는 사이에 은밀하게 세상으로 퍼져나가 문화를 파괴하고 사람들의 마음을 다 빼앗고 급기야는 하나님에게 대항하게 합니다. 사상이 결과를 낳는 것처럼 세계관도 필연적인 결과를 낳습니다. 좋은 세계관은 선한 결과를 낳지만 나쁜 세계관은 악한 결과를 낳습니다.

제가 만난 청년 중에는 물리학을 공부하고 난 후에, "성경의 이적 기사를 더 이상 믿을 수가 없다."며 신앙생활을 중단한 사람이 있었습니다. 그는 기독교의 신비성(神秘性)은 합리성(合理性)과 대립된다거나, 기독교의 초월성이 과학적 사고와 충돌한다거나, 신앙에는 완벽한

---

73) W. Churchill, *The Second World War*, Casell, 1959, p.26.

합리적 증거가 필요하다는 생각을 갖고 라브리를 찾아 왔습니다.

그는 자신의 사상 깊숙한 곳에 자신도 모르게 숨어 있던 합리주의, 과학주의, 증거주의와 같은 잘못된 세계관의 비밀을 파헤친 후에야 성경을 믿었습니다. 그 과정을 일일이 다 설명하지 못하지만 간단하게 말하면 그는 다음과 같은 잘못된 전제를 수정해야 했습니다.

(1) 합리성의 반대 개념은 비합리성이지 신비성이 아니라는 것을 깨달아야 했습니다.

(2) 기독교의 신비성은 이성을 뛰어넘는 것이지만 그렇다고 이성이나 과학과 충돌하는 것은 아니라는 것을 인정했습니다.

(3) 모든 일에는 합리적 증거가 필요하지만 그렇다고 우리가 언제나 완전하고 완벽한 증거를 찾은 후에야 믿는 것은 아니라는 것을 인정해야 했습니다.

사실 기독교는 합리성과 신비성이 공존하는 진리이며 지성적이며 동시에 체험적인 진리입니다. 바울 사도는 우리가 그리스도를 믿는 것은 단지 표적이나 능력 때문도 아니요 지혜나 지식 때문도 아니라 표적과 지혜, 능력과 지식 그 둘이 다 있기 때문이라고 말합니다. 즉 기독교는 체험적이고 신비적이며 동시에 지성적이고 합리적입니다. 그는 이렇게 설명했습니다.

"유대 사람들은 표적을 구하고, 그리스 사람은 지혜를 찾으나, 우리는 그리스도를 전하되, 십자가에 달리신 분으로 전합니다. 이것은 유대 사람에게는 거리낌이고 이방 사람에게는 어리석음이지만, 부르심을 받은 사람에게는 유대 사람에게나 그리스 사람에게나 그리스도는 하나님의 능력이요 하나님의 지혜입니다"(고린도전서 1:22-25, 표준새번역).

바른 사상을 가져야 바른 신앙과 역사를 만들 수 있습니다. 신앙은 물론이지만 모든 인류 역사에는 면면히 흐르는 사상이 있습니다. 모든 역사의 흥망성쇠는 그 시대를 지배했던 사람들의 사상에서 좌우 했던 것입니다. 튼튼한 사상에는 아름다운 역사가 허약한 사상에는 부끄러운 역사가 만들어졌고 때로는 그것에 따라 흥망이 결정되기도 했습니다. 그러면 잠시 역사의 진리가 무엇인지 살펴보겠습니다.

역사의 진리를 배우자

20세기가 낳은 역사철학자 카(E. H. Carr)는 "역사란 현재와 과거 사이의 끊임없는 대화이다"[74]라고 했습니다. 기독교 변증가 루이스(C. S. Lewis)는 "역사를 공부하는 이유는 과거에 무슨 마력이 있어서가 아니라 과거 없이는 현재와 미래를 연구할 수 없기 때문이다"[75]라고 잘 지적했습니다. 역사는 과거를 반성하고 현재를 직시할 수 있도록 해주는 거울과 같기 때문입니다.

그러나 역사의 거울을 보고도 진리를 배우지 못한다면 어리석은 사람입니다. 왜냐하면 역사란 과거에서 현재를 진단하고 미래를 준비하는 교훈이기 때문입니다. 그런 의미에서 역사의 자취를 해석하고 비평하면서, 현재의 시대적 위치를 가늠하여 앞날을 전망해 보는 것은 매우 중요한 작업입니다. 이를 위해 여기에서는 역사의 중요한 사건들을 몇 편 상기해 보겠습니다.

고대 이스라엘은 윤리와 종교가 부패했기 때문에 무너졌습니다. 영화 "솔로몬과 시바"에서 보았듯이, 당시에 이스라엘의 부귀와 영화가 그렇게도 빨리 종말을 고하게 될 줄은 누구도 의심하지 않았습니다. 솔로몬 성전과 왕궁은 바벨론과 그리스 그리고 유럽으로 이어지는 찬란한 건축 문화의 꽃이었습니다.

그러나 바벨론 제국이 앗시리아를 점령하고 중동의 새로운 초강대국으로 떠오르자 상황은 달라졌습니다. 팔레스틴을 지배하고 있던 이

---

74) E. H. Carr, 『역사란 무엇인가』, (서울:탐구당), 1978, p.38.
75) C. S. Lewis, *Learning in War-Time*, pp. 50-51.

집트 군사들이 나일강 서쪽으로 물러가 버렸는데, 그 힘의 공백을 이용하여 바벨론의 느부갓네살(Nebuchanezzar) 왕이 남 이스라엘의 유다 왕국을 삼키고 말았습니다. 그때가 여호야김왕 3년, 즉 기원전 605년 9월 경이었습니다. 그보다 약 100년 전에는 앗시리아가 북 이스라엘을 삼켰더랬습니다.

왕은 눈이 뽑힌 채 끌려가고, 수많은 국민들이 포로로 잡혀가고, 그 후 2000년간 나라 없는 민족으로 온 세상을 떠돌다가 지난 세기에는 히틀러에게 600만 명 이상이나 도살되기도 한 그 멸망의 근본 이유가 무엇이었을까요? 근본 원인은 바벨론의 침입이 아니었습니다. 이집트의 군대의 철수도 근본 이유가 아니었습니다.

당시에 이스라엘은 이미 나라가 두 쪽이 나 있었기 때문에 국력이 분산되어 있었습니다. 부정부패도 만연했습니다. 더구나 유대교가 형식에 빠지므로 온갖 이단 종교와 우상 숭배가 뒤끓고 있었습니다. 바로 이것, 즉 이스라엘은 내부의 부패와 싸우고 외부의 침입에 대항할 만한 정신적 기초가 없었기 때문에 망한 것입니다. 바벨론의 침입이나 이집트의 후퇴는 단지 멸망을 조금 앞당겨 주었을 뿐입니다.

로마제국은 절대적 가치관이 없었기 때문에 망했습니다. 로마제국도 '세계정복과 공화정치'라는 형편없는 개똥철학이라도 가지고 있었던 초기에는 길과 다리 하나를 만들 때도 튼튼하게 건설했고 법의 정의를 어느 정도 펼칠 수 있었으나, 쾌락주의와 무관심에 빠졌던 후기에는 길과 다리를 만들 때도 눈가림으로 건설했고 더 이상 정의라는 것은 찾아볼 수가 없었습니다.

프랜시스 쉐퍼(Francis A. Schaeffer, 1912-1984, 기독교 전도자, 라브리 설립자)는 로마제국의 멸망 원인을 이렇게 진단한 적이 있습니다.

> "로마가 강하고 위대한 군사력을 가진 제국이었지만 그들에게는 절대적인 기초가 없었고, 절대적 가치관이 없었으며, 그들의 신(神)마저도 상대적인 존재였기 때문에 로마는 멸망할 수밖에 없었다. 따라서 로마의 멸망은 외부의 침입으로 멸망한 것이 아니라, 사회를 유지할 만한 내부적 기초가 없었기 때문이었다. 단지 야만인들의 침입은 그들의 멸망을 조금 더 빠르게 완결 지어 주었을 뿐이었다."[76]

로마제국의 흥망성쇠를 종합적으로 진단한 에드워드 기본(E. Gibbon)도 로마제국의 멸망 원인을 크게 네 가지를 지적했습니다. (1) 시간과 자연의 상처, (2) 바바리안과 기독교인들의 침입, (3) 물질의 사용과 낭비, (4) 로마제국 내부의 다툼과 분열이 그것입니다.

기본은 그 중에서 가장 치명적인 원인으로 로마 제국 내부의 다툼과 분열이라고 말했습니다. 초기 로마 시대에는 법으로 제국이 통제되었으나 후기에 갈수록 칼로 다스려졌고, 법이 아닌 칼로 정의를 가름하고자 하니 불법과 분쟁은 더 극성을 부리게 된 것입니다.[77]

---

76) Francis A, Schaeffer, 『그러면 우리는 어떻게 살 것인가?』, (서울:생명의 말씀사), pp.17-21, 참고, Edward Gibbon, *The Decline and Fall of Roman Empire*, Book Club Asso, 1976, p.891.

인도는 내부적인 기초의 허약함 때문에 망했습니다. 지난 가을부터 우리 집 저녁 식탁에서 아이들과 함께 읽었던 책은 네루(Jawaharlal Nehru, 1889-1964, 인도의 수상)가 감옥에서 자기 딸에게 보낸 편지를 모은 『이야기 세계사』였습니다. 그 책에서 네루가, 인도가 영국에 쓰라린 지배를 받았던 것은, 영국 제국주의자들이 나쁜 놈들이었기 때문보다는 자기 나라가 힘이 없었기 때문이라고 진솔하게 털어놓는 것을 보고 얼마나 놀랐는지 모릅니다.

우리도 일본 제국주의로부터 식민지 탄압을 받았던 나라이지만 우리의 나약함이나 분열 때문에 망했다는 이야기는 많이 들어보지 못했습니다. 우리는 아직도 남의 탓만 돌리고 있지만 네루는 그렇지 않았습니다. 그는 권모술수가 판치는 정치판을 누볐지만 역사에서 교훈을 잊을 만큼 어리석은 정치가는 아니었던것 같습니다.

> "이렇게 우리의 재난의 대부분은 바로 영국의 식민 정책, 제국주의 정책에서 시작된 것이다. 영국인들이 우리에게 시행해 온 정책이나 그 때문에 생겨난 넓은 범위에 걸친 궁핍에 대해 너도 때로는 심한 분노를 느끼게 될 것이다. 그러나 이렇게 된 것은 도대체 누구의 탓일까? 그것이 바로 우리들 자신의 지혜롭지 못함과 나약함 때문이 아니었을까? 영국인들이 우리나라 사람들끼리 서로 다투고 분쟁을 일으키는 틈을 타서 밀려들었다면 우리의 불행은 우리들 자신의 책임이다… 그러니 네가 화를 내고 싶다면 우리의 나약함과 어리석음

---

77) E. Gibbon, *The Decline and Fall of Roman Empire*(An Abridgement by D. M. Low), London : Book Club Associates, pp.891-897.

그리고 우리 내부의 분쟁에 대해서 화를 내도록 하려무나. 그러한
것들이야말로 우리를 괴롭힌 보다 큰 원인이기 때문이다."[78]

우리나라의 신라, 고려, 조선도 내부적인 부패로 역사에서 하나씩
사라졌습니다. 백제는 나당 연합군의 외침도 있었지만 내부적인 갈등
과 부패로 망했으며, 통일신라도 왕건의 반란 때문에 망한 것이 아니
라 똑같은 이유로 1000년 왕조의 문을 닫았습니다. 고구려의 옛 땅을
되찾겠다는 웅대한 꿈을 가졌던 궁예의 태봉국도 마찬가지였습니다.

대형 사고들도 기초가 허약했기 때문에 생긴 문제들입니다. 다시
생각하기도 싫은 사건이지만 1994년에 붕괴된 한강 성수대교는 가벼
운 짐을 실은 차가 지나다닐 때는 그런 대로 잘 버텨냈지만 무거운 짐
을 실은 차들이 밤낮으로 왕래하니까 더 이상 그 무게를 버텨내지 못
하고 상판이 무너져 내리고 말았습니다.

사고 당시에는 "설계가 문제다", "시공이 문제다", "감리가 문제다."
라며 말도 많았지만, 한 마디로 말하면 그것은 "잘 살아보자"라는 물질
주의 가치관에 따른 총체적 부실 공사가 빚은 수치스러운 사건이었습
니다. 오히려 지금은 그때 상판만 무너진 것이 다행이었다는 생각이
들기도 하는데, 왜냐하면 지금은 다리의 기둥이나 기초 자체가 무너져
내릴까 겁이 나는 세상이며, 물질주의보다 나쁜 냉소주의와 쾌락주의
가 판을 치고 있기 때문입니다.

78) J. Nehru, 『이야기 세계사』, (서울:예림당), pp.144-145; 완역본을 읽기 원하면 『세계
사편력 1-3권』, (서울: 일빛)을 참고하시기 바랍니다.

이처럼, 어떤 개인이나 국가 하물며 제국이라도 그것을 떠받쳐주는 가치 기준이 취약하고 충분히 튼튼하지 못하면, 처음에는 이익집단이나 사회 계층간의 갈등이나 문화의 퇴보 정도로 나타나겠지만 결국에 가서는 부도덕, 부정부패, 내부분쟁 때문에 체제 자체를 유지하는 것도 어려워지게 됩니다.

즉 역사의 흥망성쇠 뒤편에는 그 시대를 풍미했던 지식 시장이 있는데, 한 시대의 역사와 문화라고 하는 것은 바로 그 시대의 지식 시장이 낳은 열매라고 할 수 있습니다. 그리고 그 시대의 가치 기준과 원리 원칙 혹은 지식이나 세계관이라고 하는 것은 그만큼 개인과 사회 그리고 역사를 가늠하는 핵심적인 동인입니다.

제 4장

진리의 기준이 무엇인가?

참 진리와 좋은 세계관의 판별 기준

"어떠한 이론이 진리가 되려면 그 이론의 내적인 정합성이 있어야 하고, 그 이론이 인간의 내, 외적인 경험과 부합해야 하며, 인간이 그 이론을 가지고 실제로 살 수 있어야 한다."

Francis A. Schaeffer

참 진리가 무엇인가?

참 진리가 무엇인가

> 청년 : "내가 누구입니까?"
> 스님 : "아직 모르는 게 좋습니다. 자꾸 머리로 따지지 마세요."

> 청년 : "인생이 무엇입니까?"
> 스님 : "가서 차나 한 잔 하세요."

『하버드에서 화계사로』란 책을 쓴 현각 스님(바울 뮌젠)은 어떻게 신학도에서 스님이 되었을까요? 그는 어린 나이에 천주교를 믿는 가정과 학교에서 영성에 눈을 뜨고 예일대를 졸업하고 하버드신학대학원을 다니면서까지 진리를 찾았던 정직한 구도자였습니다.

그의 말에 의하면 그가 어릴 때부터 가장 궁금했던 것은 '인간의 고통과 악은 어디에서 오는 것인가' 하는 것이었답니다. 그것은 모든 철학과 종교의 심오한 질문이 아닐 수 없습니다.

그러나 안타깝게도 그가 교회에서 들은 대답은 "모든 것이 하나님의 뜻이다"라고 하는 신정론(神正論)이 고작이었고, 그런 대답을 들으면서 그의 의심의 병이 날로 깊어가던 중에 미국에서 불교 포교 활동을 하고 있는 우리나라의 숭산 선사를 만나 마음의 평안을 얻었고 그것이 불교로 개종하는 계기가 되었다고 합니다.

그가 어릴 때부터 끊임없이 영성과 진리를 찾는 구도자였다는 것은 존경할 만합니다. 미국에 흔해 빠진 마약이나 섹스에도 미치지 않고 공부를 열심히 했고, 특히 인간의 본질적인 고통과 악의 문제를 안고 오랫동안 씨름한 것은 보기 드문 지성인이라 할 수 있습니다. 그러나 그가 감행한 '지적 자살(intellectual suicide)'은 매우 안타깝기만 합니다.

비록 그가 지적자살을 감행했다고 하지만 사실 현각은 '이성에서 도피'한 시대의 아들입니다. 그는 화석화된 기독교가 주는 대답은 비현실적일뿐만 아니라 비합리적인 것이라는 것을 깨달았던 지성인이었습니다. 사실 그는 세상에는 논리적으로 설명되지 않는 문제가 많다는 것을 제대로 알았던 구도자였습니다.

그러나 대답이라고 생각한 것이 '동양적 무심(無心)', 즉 '모르는 마음(don't know mind)'이라는 데 있습니다. 그가 어릴 때부터 한 시도 잊어본 적이 없는 생각, 즉 "어떻게든 신과 진리를 찾아서 꼭 알아야 한다"는 질문에 대한 대답을 찾기보다는 자기 자신의 그러한 아집 그 자체를 태워버리고 해소시키는 것이야말로 근본 문제 해결책이라고 본 것입니다.

그는 자신의 문제를 해결하기 보다는 문제 자체를 포기함으로서 해결의 비약을 시도했던 것입니다. 이것을 불가에서는 석가가 깨달은 "무아(無我, 자기를 버리다, anatman)의 각성"이라고 하거나, "열반 (涅槃, 번뇌를 꺼버리다, nirvana)"이라고 말 하는가 봅니다.

그가 그것을 '대각(大覺)'이라고 생각하는 데는 이유가 있는데, 그가 신과 진리를 자신의 존재 바깥에 있는 것이 아니라 자기 자신 안에 내 재 되어 있다는 것을 깨달았기 때문입니다. 즉 신이 자기 바깥에 따로 존재하는 것이 아니라 자기 스스로가 부처요 진리라는 깨달음입니다.

이념의 덫과 마법의 유혹

왜 이런 예상치 않는 개종이 종종 일어날까요? 한 마디로 말하기 곤 란하지만 이념의 덫에 걸렸거나 마법의 유혹에 빠졌기 때문입니다. 한 여론 조사에 의하면, 요즘 타종교에서 기독교로 개종하는 것보다 기독 교에서 타종교로 개종하는 사례가 점점 늘어나고 있다는 보고가 있습 니다. 여기에서는 다른 종교에서 기독교로 개종하는 것은 논외로 하 고, 기독교에서 불교나 천주교, 유교 혹은 무교로 개종하는 것은 심각 한 문제이기 때문에 여기에서는 네 가지 원인만 다루어 보겠습니다.

첫째, 개종은 이념의 덫에 걸린 것이라 생각합니다. 두 가지 덫이 위 험합니다. 요즘 많은 젊은이들이 시대의 흐름을 타고 종교 다원주의를 받아들이고 있는 것이 그 첫째입니다. 최고의 지성인이라는 표시 중에 하나가 "모든 종교에 구원이 있다"는 종교 다원주의 사상을 받아들이는 것입니다. 거기에서는 종교 간의 차이를 논할 이유를 부여하지 않고 있 습니다. 현각도 대부분의 현대 종교인들이 걸어가는 다원주의의 길을 택 한 것입니다. "나는 부처님을 믿지만 예수님도 존경한다"는 식입니다.

둘째, 현대에 와서 종교 생활이라는 것은 사실과 내용보다는 체험과 의미가 중요하다고 보기 때문입니다. 서양 철학과 신학의 결론이 비합리주의 혹은 키에르케고르가 말한 "신앙의 비약"인데 그것은 동양의 마음이나 직관을 강조하는 동양적 인식론과 큰 차이가 없습니다. 요즘 동서양이 상대주의적이고 의미론적이라는 것은 주지의 사실입니다. 현각의 경우에도 종교 간의 교리적 내용보다는 실존적 체험을 중시하는 현대 신학의 맥락에서 본다면 불교나 동양 종교를 받아들이는 것은 교리적으로나 철학적으로 큰 문제가 아니었을 것입니다.

셋째, 마법의 유혹에 빠졌기 때문입니다. 여기에도 두 가지 유혹이 있습니다. 기독교가 마법에 걸려 예수님이 버리신 율법주의와 형식주의에 빠져 그 매력을 상실한 것에 실망한 것입니다. 기독교의 매력은 하나님과 갖는 신앙적인 실체와 지성적인 교리 그리고 공동체의 교제에 있는데, 이런 매력들을 더 이상 볼 수 없기 때문입니다. 젊은이들은 교회 공동체가 세상과 다를 바 없이 제도적으로 변질되고 타락하고 있는 것에 식상하고 있습니다. 현각은 인생이 걸린 중요한 질문에 대해 교회가 주는 너무나 잘못된 대답에 실망했습니다.

넷째, 자기 자신이 마법에 걸려 진리를 판별하는 기준, 즉 '크라이테리아(criteria)'도 없이 비진리에 비상착륙(非常着陸)하기 때문입니다. 이것이 제일 큰 문제인데 요즘 많은 사람들이 열심히 구도를 하면서도 구도의 기준, 즉 진리를 판별하는 기준이 없다는 것입니다. 기준이 없으면 누구라도 기준도 없이, 가끔은 아무 것이나 닥치는 대로 받아들일 태세로, 구도의 길에 나선다면 비진리에 비상착륙 하게 되는 것은 당연합니다. 기준이 없기 때문에 불시착도 언제든지 가능하기 때문입니다.

여러분은 진리의 기준이 있습니까? 아무도 기준이 없는 사람은 없을 것입니다. 비록 잘못된 기준을 갖고 있다고 할지라도 말입니다. 요즘 청년들의 기준은 첫째도 재미, 둘째도 재미, 셋째도 재미라고 합니다. 그러나 진리를 찾는 정직한 구도자라면 누구나 '어떤 세계관과 종교가 참 진리인가'를 평가하는 기준을 반드시 가지고 있어야 하며 그 기준에 의해 새로운 진리를 판별해 보아야 합니다.

진리를 판별하는 기준

당신은 진리를 판별하는 기준이 있습니까? 서양에서는 여러 가지 기준이 제시되었습니다. 인간의 생각을 진리의 기준으로 보아야 한다는 '인간측도설(homo-mensura-theory)' 진리의 기준은 관념의 명증성(明證性) 혹은 지성의 법칙과의 '정합성이론(整合性理論, relevancy theory)' 등이 있습니다.

그중에서도 지난 세기 최고의 과학 철학자로 알려진 화이트헤드(Alfred North Whitehead)는 진리를 평가하는 '기준(criteria)'을 다음과 제시한 적이 있습니다. 구체적인 설명은 생략하고 큰 기준만 정리하면 다음과 같은 네 가지입니다.[79]

> 1) 이론에 내적 통일성이 있어야 한다(coherent).
> 2) 논리적이어야 한다(logical).

---

79) A. N. Whitehead, *Process and Reality*, New York : The Free Press, p.3.

3) 실제 생활에 적용이 가능해야 한다(applicable).

4) 타당성이 있어야 한다(adequate).

프랜시스 쉐퍼(Francis A. Schaeffer)는 화이트헤드와 유사하지만 진리의 기준을 다음과 같이 제시했습니다. "어떠한 이론이 진리가 되려면 그 이론의 내적인 정합성이 있어야 하고, 그 이론이 인간의 내, 외적인 경험과 부합해야 하며, 인간이 그 이론을 가지고 실제로 살 수 있어야 한다"는 것입니다.

예를 들어, 쉐퍼는 "화학반응에 주어진 대답은 시험관 속에서 관찰한 것과 일치되어야 하고, 인간과 그의 인간다움에 관한 대답은 인간의 폭넓은 관심과 그의 행동에 대한 관찰과 부합되어야 한다"고 주장했습니다. 그는 "어떤 신념이 진리라면 그것은 사실과 부합할 뿐만 아니라 논리와도 부합하기 때문에 누구나 이성으로 이해할 수 있는 점이 있다"는 것입니다.

그의 이론을 기초로 김종철은 '진리를 평가하는 기준'이라면 그것이 '세계관을 평가하는 기준'으로도 적합하게 사용될 수 있을 것이라며 다음과 같은 세 가지를 그 소극적 평가 기준으로 잘 설명했습니다. 좀 길지만 그대로 인용합니다.

첫째, 세계관 자체가 정합적인 구조이어야 한다. 하나의 세계관을 구성하는 신념들 사이에 내부적인 모순이 없어야 한다. 이러한 의미에서 자연주의나 회의주의 그리고 논리 실증주의는 내부적인 모순이 존재하는 이론 내지 세계관이라고 볼 수 있다.

논리 실증주의자들은 이 세상에서 의미 있는 명제란 종합명제(감각

경험에 의해 그 명제의 참, 거짓이 드러나는 명제)와 분석명제(명제를 구성하고 있는 단어의 의미를 통해서 명제의 참, 거짓이 드러나는 명제) 두 가지 뿐이라고 하여, 신학적, 형이상학적 명제들은 무의미한 것으로 치부하였다.

자신들이 의미 있는 명제의 기준으로 제시한 두 기준 역시 분석 명제도 종합 명제도 아니기 때문에 자기모순에 빠지게 되는 것이다. 그러나 이것은 바른 세계관의 필요조건은 될 수 있을지 몰라도 충분조건이 될 수는 없다. 따라서 이것과 함께 우리는 다른 기준들도 필요하다.

둘째, 그리고 외적, 내적인 실재와 세계관이 부합해야 한다. 쉐퍼는 로마서 1장 18-20절을 강해하면서, 우리가 진리를 억눌렀는데(18절), 하나는 자신의 내부를 통해 하나님께서 보여주신 진리(19절)이고 하나는 외부세계를 통해 보여주신 진리라고 한다. 따라서 바른 세계관이라면 우리가 경험하는 내적, 외적인 실재를 잘 설명할 수 있어야 한다.

'다른 사람에게 정신이 없다' 라든지 '실재라는 것은 모두 환상에 불과하다' 는 신념들은 외부 세계에 대한 우리의 경험과 부합되지 않는다. 또한 '인간은 선하게 태어났다', '인간은 단순히 아주 복잡한 기계 내지 물질일 뿐이다', '인간은 죽지 않는다' 라는 신념 또한 우리의 내적 실재와 부합하지 않는다.

루이스는 사람들이 다투는 모습을 잘 살펴보면 도덕적 상대주의가 우리의 내면의 실재와 얼마나 동떨어져 있는지 알 수 있다고 한다. 다투는 사람들은 이렇게 말한다. '내가 너에게 그렇게 하면 좋겠어?', '그건 내 자리야, 내가 먼저 왔잖아!' '오렌지 좀 줘, 저번에는 내가 줬잖아', '이것 좀 해! 약속했잖아.' 이런 말을 하는 사람들은 상대방도 알고 있으리라고 여겨지는 모종의 행동 기준에 호소하고 있다. 이러한 말을 들은 상대방도 '그딴 기준은 개한테나 줘'라고 말하는 법이 거의 없다. 대부분 자신의 행동은 그 기준에 반하는 것이 아니라고 하거나, 이 경우는 특별한 예외에 해당한다고 변명한다. 먼저 자리를 맡았더라도 이런 경우는 자신이 그 자리를 차지해야 한다거나, 지난번 약속했던 때와는 상황이 바뀌었다거나, 자신이 약속을 지키지 못할 피치 못할 사정이 있다고 하는 것을 보면, 다투는 양자 모두 함께 인정하는 모종의 법 내지는 공정한 게임을 위한 규칙, 도덕을 가지고 있다는 것을 알 수 있다.'[80]

셋째, 그 세계관을 가지고 살 수 있어야 한다. 자신이 믿고 있는 신념들에 기초해서 삶을 일관되게 살 수 있는지 아니면 다른 세계관으로부터 일정한 신념을 빌려 올 수밖에 없는지도 세계관을 평가하는 시금석이 될 수 있다. 쉐퍼는 이 점을 매우 강조하였다. 잘못된 세계관이 이끄는 논리적 결론을 가지고는 제대로 삶을 살아가기 힘들기 때문에 사람들은 실제 세계와 자신들의 세계관의 논리적 결론 사이 어딘가에 자리를 잡고 있다고 한다.

그는 사르트르와 까뮈가 자신들의 실존주의적 세계관대로 살지 못했다는 사실을 예로 들고 있다. '사르트르는 까뮈를 향해 자신(까뮈)의 입장에 반하여 여전히 희망을 포기하지 않고 의미 없는 세상에서 도덕을 찾으려 한다고 비난했지만, 그도 알제리 선언에 서명함으로써 역시 자신의 세계관에 일관되게 살지 못함을 보여주었다.'[81]

---

80) C. S. Lewis, *Mere Christianity*, 1960, p.17.
81) 김종철, 라브리 세계관 학교 교안 "세계관이란" 중에서.

그러면 당신은 세계관과 진리를 찾고 판별할 때 어떤 기준을 가지겠습니까? 그리고 당신이 믿고 있는 바는 이상의 기준에 들어맞습니까? 적어도 다음의 질문에 스스로 대답을 해 보는 것이 좋겠습니다.

(1) 나의 세계관은 그 자체가 정합적인 구조인가?
(2) 나의 세계관은 외적, 내적인 실재 부합하는가?
(3) 나는 그 세계관을 가지고 살 수 있는가?

나는 개인적으로 기독교 세계관이야말로 이상의 진리의 '기준'에 전적으로 부합하고도 남는 진리라고 믿습니다. 기독교는 진리의 합리성, 실재성 그리고 역사성에 대해 정합하며 부합하고 실천할 수 있는 진리이기 때문입니다. 그러면 세계관과 그 원리가 무엇일까요?

세계관이란 무엇인가?

"오줌 누고 손 씻는데도 철학이 있을까요?"

"글쎄요. 우리나라 남자들은 오줌을 누고 손을 안 씻는 것이 예의라고 생각하는데 여러분은 볼 일을 보고 손을 씻습니까 아니면 보기 전에 손을 씻습니까?"

"보고 난 후에 씻습니다."

"소문에 의하면, 유대인 남자들은 볼 일을 보기 전에 먼저 손을 씻는답니다. 그러면 한국 남자들과 유대 남자들 사이에 왜 이런 차이가 있을까요?"

"유대 남자들의 손이 언제나 더러운가 보죠."

"한 마디로 말하면 철학이 다르고 세계관이 다르고 진리가 다르기 때문에 그렇습니다. 대답이 간단하지 않습니다만 생각나는 대로 이야기 해 보겠습니다. 한국 남자들은 불교의 영향을 받아서 그런지 은연 중에 몸이 제일 더럽다고 생각하며 그 중에서도 성기나 오줌, 똥 등 생식기능을 제일 더럽다고 생각합니다."

"그러면 유대 남자들의 생각은 어떻습니까?"

"저는 유대인들을 많이 사귀어 보지 못했지만, 유대인들은 몸을 거룩하게 여기고 특히 할례(포경수술)를 받을 만큼 성기를 거룩하고 구별된 것으로 여기기 때문에 불결한 손을 먼저 씻고 그것을 만져야 한다고 믿는 답니다. 유대인들의 세계관에 있어서는 성기(性器)

가 성기(聖器)이기 때문입니다."

"앞으로는 우리나라 남자들도 유대 남자들보다 더 거룩해 보이려고
볼 일을 보기 전과 본 후에 반드시 손을 깨끗이 씻을 사람들이 많이
나오겠습니다. 그려."
"그건 무슨 세계관 때문이죠?"

"여자들에게 잘 보이려는 세계관입니다."
"씻든지 안 씻든지 그것은 자유입니다.[82] 그러나 세계관이 습관과
행동 그리고 매너를 다르게 만든다는 것은 사실입니다."

세계관은 안경과 같다

세계관은 마음의 안경과 같은 것입니다. 눈이 없는 사람이 없듯이,
지각이 있는 사람이라면 누구나 갖고 있는 세상을 보는 마음의 안경입
니다. 빨강색 안경을 끼면 세상이 빨갛게 보이고 파란색 안경을 끼면

---

82) 손 씻기도 마찬가지입니다. 한 번은 율법주의자들이 예수님에게 시비를 걸어왔습니
다. "당신의 제자들은 왜 조상들이 대대로 지켜온 전통을 깨뜨리고 있습니까? 그들
은 식사할 때 손을 씻지 않는군요"라고 예수님을 몰아세웠습니다(마태복음 15:1-20,
현대인의 성경). 예수님의 대답은 의외로 간단했습니다. "입으로 들어가는 것이 사
람을 더럽히는 것이 아니라 입에서 나오는 것이 사람을 더럽히느니라." 사람의 손에
묻어서 입에 들어가는 먼지나 때가 더러운 것이 아니라 사람의 입을 통해 마음속에
서 나오는 온갖 거짓말, 탐욕, 불의와 같은 것이 진짜 더럽다는 것입니다. 이 사건에
서 찾아볼 수 있는 교훈 중에 하나는 손을 씻고 밥을 먹든지 안 씻고 먹든지 그것은
그 사람의 '양심의 자유'라는 것입니다. 예수님은 사람들의 통상 관념을 뛰어넘어
어떤 것이 진짜 더러운 것인가를 밝힌 것뿐만 아니라, 그것이 죄가 안 된다면 씻든지
안 씻든지 그것은 '양심의 자유'라는 것입니다.

파랗게 보이듯이, 사람들은 각자 자기가 끼고 있는 마음의 안경 색깔에 따라 사물을 다르게 봅니다. 같은 설악산을 보고도 할아버지는 공해와 환경적인 시각으로 바라보지만 손자는 색깔과 낭만적인 관점에서 봅니다.

이처럼 세계관이란 배운 사람이든 못 배운 사람이든, 그리고 나이가 든 사람이든 나이가 어린 사람이든, 누구나 가지고 있는 세상을 보는 사고의 틀입니다. 또한 세계관이란 하나님을 믿든 안 믿든 혹은 종교를 가지고 있든 없든 사람이면 누구나 갖고 있는 마음의 안경입니다.

하물며 공산주의 국가 혹은 사회주의 국가에서도 "유산계급 세계관"이니 "무산계급 세계관"이란 말을 사용하는 것으로 보아 사람이 사는 데는 그곳이 어디이든 간에 세상을 보는 마음의 안경은 누구나 갖고 있는 것 같습니다.[83] 당신이 끼고 있는 마음의 안경은 어떤 색깔입니까? 혹시 빨간색이나 파란색이 아니에요?

세계관은 세상을 보는 관점이다

세계관은 세상을 보는 '관점' 혹은 '세상 보기'라고도 할 수 있습니다. 여기에 세상이라 함은 바깥세상뿐만 아니라 사람의 안도 포함하는 것이기 때문에 사물과 인간의 의미나 중요성에 대한 다양한 개인적 가치관을 총칭하는 말로 세계관이란 말을 사용합니다.

---

83) '세계관'이란 단어나 기독교세계관에 대한 공부를 더 원하시면 제임스 사이어(J. Sire), 『현대사상과 기독교』, (서울:IVP); 양승훈, 『기독교적 세계관』, (서울:CUP); 안점식, 『세계관을 분별하라』, (서울:조이선교회출판부); 다로 밀러(D. Miller), 『생각은 결과를 낳는다』, (서울:예수전도단); 프랜시스 쉐퍼, 『쉐퍼 전집』, (서울:생명의 말씀사); 한홍석, 『강택민 시대의 중국』, (서울: LG경제연구원) 등을 참고하시기 바랍니다.

잘 알려진 대로, 이 말은 독일의 철학자 칸트가 'Welt 세계'와 'An schauung 관점'이란 말을 합성하여 'Weltanschauung, 세계관'이란 말을 처음 사용했고, 그것을 영어로는 'world-view'라고 하고, 한자로는 '世界觀'이라고 합니다.

우리는 한자를 우리 말 발음대로 번역해서 사용하고 있습니다. 우리가 현재 쓰는 한자말 '世界觀'을 처음 사용한 사람들은 중국인들이 아니라 학술 용어를 많이 번역한 일본인들이라는 말이 있습니다만, 어느 나라 사람들이 번역했던 독일말을 그대로 번역한 것입니다.

요즘 학생들을 위해 쉽고 의미가 잘 통하는 마땅한 우리말을 찾고 있으나 '세상 보기', '생각의 틀', '틀 거리' 외에는 달리 찾지 못해서 통상적인 세계관이란 말을 그대로 쓰겠습니다. 그러나 필요에 따라 '세상 보기'나 '생각의 틀'도 가끔 사용하도록 하겠습니다.

세계관은 패러다임이다

세계관은 '패러다임(paradigm)' 혹은 '테두리'라고도 할 수 있습니다. 이 말은 원래 그리스어 '패러다이그마(paradeigma)'에서 온 말인데, 'para, 나란히'와 'deiknymi, 보여주다'라는 말의 합성어입니다. 나란히 보여주는 것, 혹은 병렬적으로 제시하는 것을 패러다임이라는 것입니다.

이 말을 토마스 쿤(Thomas Kuhn)이라는 과학철학자가 학생들이 언어나 과학을 공부할 때 쉽게 습득하는 것은 해당 개념의 정의가 아니라 그 개념의 용어들이 사용된 예제들을 풀면서 법칙과 원리를 찾아가는데서 착안한 것이며, '범례', '예제', '모범', '전형', '테두리'라는 말로 번역되는 말입니다.[84]

최근에는 '패러다임'이라는 말이 과학이나 수학에만 사용되지 않고 철학이나 경제 등 생활 전반에 광범위하게 사용되고 있습니다. 예를 들어, '패러다임 쉬프트(paradigm shift)'란 말은 '생각을 완전히 바꾼다'는 말로 통합니다. 이처럼 수학과 과학의 여러 자연 법칙들이나 원리를 총칭하기도 하며, 한 시대에 보편적으로 통용되는 사고방식이나 생각의 틀 혹은 전형적인 예를 이르는 말로 사용된다고 보면 되겠습니다.

---

84) Thomas Kuhn, 『과학혁명의 구조』, 김명자 역, (서울:두산동아), 1998.

세계관은 전제이다

세계관은 '전제'라고 말할 수도 있습니다. 우리는 가끔 "당신과 나는 전제가 달라서 더 이상 이야기를 못하겠다"고 말하는데, 여기에 사용하는 "전제(前提, presupposition)"라는 말은 일반적으로 '다음 단계의 판단으로 나아가기 전에 갖고 있는 선입관'이라 할 수 있습니다.

예를 들어, "거짓말 좀 하면 어때?"라는 전제를 가지고 있는 사람과 "거짓말 하는 것은 나쁘다"라는 전제를 가지고 있는 사람들이 대화 하기는 쉽지 않습니다. 전제가 다르기 때문입니다. 이처럼 사람에 따라 전제는 의식적으로 선택되는 경우도 있지만 그렇지 못한 경우가 대부분입니다. 그러나 분명한 것은 감기에 걸리지 않는 사람이 없듯이 전제가 없는 사람은 아무도 없다는 것입니다.

쉐퍼는 그것을 이렇게 설명했습니다.

> "대부분의 사람들은 그들의 전제를 가지고 있다. 그것은 마치 어린 아이가 홍역에 걸리듯이 주위의 가족과 사회로부터 자기도 모르는 사이에 가지게 된다."[85]

그러나 경험이 많고 지혜로운 사람들은 감기와 홍역을 미리 예방하듯이 전제를 조심스럽게 선택하기도 합니다. 즉 '세계관'이란 무의식적으로만 갖게 되는 것이 아니라 의식적으로 선택하기도 한다는 것입니다.

---

85) Francis A. Schaeffer, 『그러면 우리는 어떻게 살 것인가?』, (서울: 생명의 말씀사), pp.1-21.

쉐퍼는 "보다 지적인 사람들은 그들의 전제가 어떤 세계관인가를 주의 깊게 생각한 후에 선택해야 한다는 것을 안다"고 말했습니다. 대부분의 사람들은 무의식적으로 세계관을 가지게 되지만, 일부의 사람들은 자신이 선택하는 세계관이 어떤 성질의 것인지 그리고 그것이 어떤 결과를 낳을 것인지를 심사숙고한 후에 결정한다는 것입니다.

세계관은 철학이다

세계관은 '가치 체계' 혹은 '철학'이라고 할 수도 있습니다. 세계관을 인생의 모든 문제, 이를테면 존재론적인 질문, 도덕론적인 질문, 인식론적인 질문에 대한 대답을 탐색하는 작업으로 말한다면 그것은 카이퍼(Abraham Kuyper)가 말했듯이 세계관은 '가치 체계(value system)'이요 지혜를 사랑한다는 의미에서는 '철학(philosophy)'이라 할 수 있는 것입니다.

세계관을 철학이라고 한다면, 형이상학적 탁상공론(卓上空論)이나 혹세무민(惑世誣民)의 철학이라기보다는 철학하는 정신을 가지고 삶 전체에 대한 실제적이고 일상적인 대답을 찾고 거기에 의미를 부여하는 삶의 철학이라 할 수 있을 것입니다. 야스퍼스(Karl Jaspers)가 잘 지적했듯이, "우리가 철학에서 도피할 방법은 없다. 어떤 사람은 철학을 부인하면서도 스스로는 무의식적으로 철학을 실천하고 있다"는 말이 맞습니다.

양승훈은 세계관의 그런 특징을 잘 정리했습니다.

"세계관은 과학과 철학에 비해서는 논리적이지 못하며, 신념에 비해서는 의지적이지 못하고, 신앙에 비해서는 초월적인 면이 부족하지만, 철학, 상식, 신념, 신앙 등과 불가분의 관계가 있다."[86]

세계관은 신념 체계이다

세계관이란 여러 가지 신념들을 종합적으로 정리한 '신념 체계(bel
ief system)', '지적 구조(noetic structure)' 혹은 '규제 신념(control
system)' 이라고 할 수 있습니다.

플랜팅가(Alvin Plantinga)는 사람마다 가지고 있는 신념들의 종합
적인 구조를 '지적구조' 혹은 '인지구조' 라고 부르고, 그러한 지적구
조에 의식적으로 형성되었건 무의식적으로 형성되었건 혹은 기초적이
건 기초적이지 않던 간에 논리적으로 연관되어 있는 중요한 신념들의
종합적인 체계를 세계관이라고 했습니다. 플랜팅가의 논의를 김종철
이 잘 정리했습니다.[87]

지적구조(noetic structure)

의식적인 신념들	논리적으로 연관된 신념들	중요한 신념들	기초적인 신념들
무의식적인 신념들	논리적으로 무관한 신념들	사소한 신념들	비기초적인 신념들

"사람들이 가지고 있는 지적 구조는 몇 가지 특징을 가지고 있다.

(1) 지적 구조를 이루고 있는 우리의 신념들은 의식적으로 믿게 된 경
우도 있지만 무의식적으로 들어와 자리를 잡게 된 경우도 있다.

---

86) 양승훈, 『기독교적 세계관』, (서울:CUP), p.34.
87) 김종철, 라브리 세계관 학교 교안 "세계관이란" 중에서, 플랜팅가의 이론을 직접 참
고하려면, Kelly James Clark, 『이성에로의 복귀(Return to reason)』, (서울:여수룬),
pp. 186-195을 보시기 바랍니다.

(2) 우리가 믿는 신념들 사이는 완전히 무관계한 경우도 있을 것이고, 논리적인 연관성을 가진 신념들도 있을 것이며, 논리적인 연관이라기보다 심리적으로 관련된 신념들도 있을 것이다.[88]

(3) 어떤 신념들은 그 중요성이 커서 만일 그러한 신념을 포기하게 되면 그 지적 구조 속에 있는 나머지 신념들에도 막대한 영향력을 끼치는 신념이 있는가 하면, 어떠한 신념들은 그 중요성이 미미해서 더 이상 그 신념을 가지고 살지 않더라도 그 지적 구조 속에 있는 다른 신념들에게 미치는 영향은 거의 없는 경우도 있을 것이다.

(4) 우리의 지적 구조를 건물로 본다면, 건물의 가장 기초에 해당하는 기초적인 신념이 있을 것이고 그 기초를 딛고 서 있는 비기초적인 신념들도 있을 것이다. 이러한 기초적인 신념들은 자명하던가 감각적으로 분명하기 때문에 증거나 논증 내지는 다른 신념들에 기초하지 않고 받아들여진다는 점에서 공리(axioms)[89]라고 할 수 있을 것이다."

---

88) "'신이 존재한다'라는 신념과 '도덕은 절대적이다'라는 신념은 논리적인 관련이 있는 신념인데 비해, '햄버거는 버거킹이 맛있다'라는 신념과 '나는 1998년 6월13일 2시에 결혼했다'라는 신념은 무관계하다고 보아도 좋을 것이다. 또한 '우리 집에서 돈암동까지는 버스로 15분 걸린다'라는 신념과 '스파게티가 서울에서 제일 맛있는 집은 그라쏘이다'라는 신념 사이에는 개인적으로 심리적인 연관이 있다."

89) 공리란 본래의 특성이나 자명함에 의하여… 일반적으로 받아들일 만하다고 보이는 증명 불가능한 제1원리, 규칙, 준칙으로 "어떤 것도 동일한 시간과 동일한 지점에서 존재하면서 또한 존재하지 않을 수 없다"와 같은 것이 일종의 공리에 해당한다(「한국브리태니커」1999: 〈http://preview.britannica.co.kr/bol/topic.asp?article_id=b02g432a〉, cf. 물론 현대 상대성 이론이나 양자역학에서는 해석을 달리합니다.)

세계관의 개념 표지

의식적인 신념들	논리적으로 연관된 신념들	중요한 신념들	기초적인 신념들
무의식적인 신념들			비기초적인 신념들

그러나 플랜팅가는 지적 구조의 모든 신념의 종합이 세계관이라고 할 수는 없으며 다음과 같은 것을 세계관의 개념 표지로 삼을 수 있다고 합니다. 정리하면 다음과 같습니다.

> (1) 세계관은 사람이라면 누구나 가지고 있는 것입니다. (2) 세계관은 무의식적으로 뿐만 아니라 의식적으로도 형성되는 것입니다. (3) 세계관은 논리적으로 관련이 있는 신념들로 이루어져 있다는 것입니다. (4) 세계관은 사소한 신념들을 배제한 중요한 신념들로 이루어져 있는 것입니다. (5) 특히, 기초적인 신념이건 비기초적인 신념이건 모두 세계관을 구성하는 신념이지만, 반드시 중요한 신념

---

90) 여기에서 '중요한 신념' 이란, 그 신념이 없다면 다른 신념에 커다란 영향을 미치는 신념을 말하는 것인데, 거기에 대해 논의되고 있는 여러 의견들을 김종철이 잘 정리했습니다. "도이벨트는 성경의 체계를 따라 창조, 타락, 구속에 관한 신념을 중요 신념으로, 제람 바즈는 하나님, 창조, 타락, 구속, 종말(영광)에 관한 신념을 세계관을 구성하는 중요한 신념으로 보고 있다. 제임스 사이어는 신, 인식론, 형이상학, 인간학, 내세, 역사, 윤리학에 걸친 7가지의 질문에 대한 신념이 세계관의 내용이 되는 중요한 신념이라고 하고 있고, 월쉬와 미들톤은 '나는 누구인가?' '나는 어디에 있는가?' '무엇이 문제인가?' '그 치료책은 무엇인가?' 라는 질문에 대한 대답이 세계관을 구성하는 중요한 신념이라고 보고 있는데, 인간학, 형이상학, 인식론 그리고 윤리학을 다루면서 창조, 타락, 구속의 관점에서도 서술할 수 있다는 점에서 바람직한 접근 방법으로 생각된다." 김종철, 라브리 세계관 학교 교안, "세계관이란"에서.

이어야 한다는 것입니다.[90]

    김종철은 중요한 신념을 보다 다섯 가지를 들고 있습니다. (1) 신학적 신념 (2) 형이상학적 신념 (3) 인식론적 신념 (4) 윤리학적 신념 (5) 인간학적 신념 등이 그것입니다.

    나는 그것을 쉐퍼의 견해를 따라 중요 신념을 세 가지로 요약해 봤는데 존재론적 신념, 도덕론적 신념, 인식론적 신념이 그것이며, 이 책 중간에서 '세계관의 핵심 원리'라는 주제로 설명할 것입니다. 어떻게 설명하든 중요 신념들은 그것이 없으면 다른 모든 신념에 영향을 미치는 가장 핵심적인 신념들을 말합니다.

기독교 세계관이란 무엇인가?

"도대체 저의 문제가 어디에 있다고 생각합니까?"

"아직 이야기를 더 들어 봐야 알겠지만 실마리를 어디에서 풀어드려야 할지 고민하고 있습니다."

"이제 올해도 그럭저럭 다 갔지만, 2005년은 제 인생의 최악의 해였습니다. 연애도 잘 안 풀리고 직장 생활도 어렵고 교회도 가기 싫고 아주 죽을 지경이었습니다. 그러나 여기 와서 며칠을 먹고 자고 푹 쉬고 나니까 이제 마음이 좀 편안해 지는 것 같군요. 요즘 같으면 제가 결정할 문제도 없고 판단할 문제도 없으니까 아무런 문제가 없는 것 같은데 하산해도 좋겠습니까?"

"혹시 여기에 점치러 오셨다면 지금 하산하시기 바랍니다. 여기는 상담소도 아니고 휴양소도 아니고 더구나 점집은 아닙니다. 누구나 자기가 고민하고 문제를 정직하게 토론하고 그 해답을 찾아갈 수 있는 영적 피난처요 연구소입니다. 다행히 여기에 와서 마음이 좀 편안해지셨다니 한 가지 물어봐도 되겠습니까? 혹시 여자 친구나 회사에서 '판단력이 모자란다.' 든가 '판단력이 느리다' 든가 하는 말을 가끔 듣지 않았습니까?"

"가끔이 뭐예요? 저 자신도 그것 때문에 스트레스를 엄청 받고 있습니다. 제가 무슨 말을 하면 '틀렸다', '포인트를 놓쳤다', '핀트가 안 맞다' 는 말을 너무 많이 들어서 요즘은 말도 하기 싫어요. 사람들은 '빨리 결정하라' 고 하는데 저는 어느 것이 옳고 그른지 도무지 판단이 서지 않아서 시간만 죽이다가 결국 다른 사람들에게 떠밀려서 일을 처리하는 경우가 많거든요. 그랬더니 한동안 나보고 '과묵한 사람' 이라고 띄워 주더니 요즘은 '무능력한 사람' 으로 찍고 있어요."

"스트레스를 많이 받고 있다는 말이 무엇인지 이해합니다. 상처를 더 받기 전에 뭔가 조치를 취해야겠군요. 그런데 이런 문제로 얼마동안 고민했습니까?"

"아마 오래 됐을걸요. 고등학교 때부터 그런 소리를 들었으니까요. 그때는 제가 무슨 문제가 있는지 몰랐습니다. 그렇지만 요즘 같이 남에게 싫은 소리 안하고 바른 말을 안 해 주는 시대에 그런 개인적인 프라이버시 문제를 직접적으로 건드리는 이야기 해 주는 사람이 어디 있나요? 혹시 판단력이 모자란다면 제가 지식이 모자란다는 뜻입니까?"

"아닙니다. 지식이 모자라면 공부를 더 하면 되지만 판단력은 단순히 지식적인 문제가 아니라 인격적인 문제입니다. 어떤 사안이 닥쳤을 때 그것을 분석하고 결단하는 능력이 있어야 하는데 그렇게 하기 위해서는 지식, 논리, 의지, 영성 등이 다 필요합니다. 하나하나가 부분적으로는 참 좋은데 그런 것이 유기적으로 혹은 통합적으로 제대로 작동하지 않는 거죠. 아마 그 결과 중에 하나로 판단력의 결핍 증세가 나타나는 것이 아닌가 짐작을 할 뿐입니다."

"판단력이 결핍되었다면 그 이유가 무엇이라고 생각합니까?"

"몇 가지 이유를 들어 볼 테니까 해당사항이 있는지 말씀해 보세요. 첫째, 나는 엄마 아빠가 모든 것을 결정해 주는 분위기에서 살았다.

둘째, 나는 공부만 하다가, 그것도 암기 위주의 공부에 익숙하다가 대학에 들어갔고 대학에 들어가서는 입사 준비를 하다가, 어느 날 세상에 내던져졌다. 셋째, 세상에 나가면 때로는 명확한 판단력을, 때로는 순간 판단력을, 때로는 정책적인 판단력을 요구하는 문제들이 쏟아져 나오는데 거기에 대처할 수 있는 분별 능력과 비판 능력에 관심을 가져 본 적이 없다."

"다 해당되는 것 같은데요. 어떻게 하면 해결할 수 있을까요? 신학교에 가야 합니까 아니면 라브리에 살까요?"
"아닙니다. 너무 급하게 서둘지 마세요. 우선 내공을 기르도록 하세요. 청년들의 특권은 미숙한 것이 용납되고 훈련받을 수 있고 기회가 있다는 것 아닙니까? 지금부터라도 여러 가지 돌발 사안에 대해 종합적인 분석력과 정책적 사고를 할 줄 아는 훈련이 필요합니다. 제가 말하는 '내공'이라는 것은 그런 훈련이 제대로 효과를 낼수 있도록 우선 기독교적인 세계관을 확립하는 것이며, 그걸 위해시간을 좀 투자하는 것이 좋겠습니다. 그 후에 다음 단계를 이야기합시다."

"기독교 세계관이란 것이 성경공부 하는 겁니까?"
"꼭 그렇지 않습니다. 성경을 공부해도 기독교 세계관을 공부할 수있지요. 기독교 세계관의 기초가 성경이니까요. 그러나 성경을 기초로 여러 가지 사안들을 통합적으로 다루는 것을 기독교 세계관이라 합니다. 물론 '세계관'이란 단어 자체는 성경에서 아직 찾지 못했습니다만 성경에는 '세계관'이란 말이나 '전제', 혹은 '신념체

계'라는 말이 문자적으로 번역된 말은 없지만 '하나님의 뜻', '그리
스도의 마음', '십자가의 도', '성령의 생각', '진리의 말씀' 등 세
계관을 의미하는 말은 얼마든지 있습니다. 그러면 기독교 세계관
이 무엇인지 단순하게 좀 풀어볼까요?"

하나님의 마음을 품는 것이다

기독교 세계관은 하나님의 마음을 품는 것 혹은 기독교적 신념체계
를 말합니다. 바울 사도는 여기에서 '기독교 세계관'이라는 말 대신에
"마음에"란 단어를 사용했는데, 여기의 '마음'은 '사고방식', '생각',
'지성'을 말하는 것이며 넓은 의미에서 신념체계 혹은 세계관을 의미
한다고 할 수 있습니다.

"마음(투 누스, ταυ νους, mind)"이란 말은 '마음', '생각' '판단' 등
으로 "그리스도의 마음을 품으라"(빌립보서 2:5), "성령의 생각은 생명
과 평안이다"(로마서 8:5,6), "너희 마음의 허리를 동이고(prepare
your minds for action)"(베드로전서 1:13)란 말씀이 대표적입니다. 특
히 "그리스도의 마음"에 대해 샌더스(Oswald Sanders)는 "이 마음은
단순히 사고방식 그 이상을 의미한다. 그것은 그리스도의 모든 내적인
성향과 기질을 말하며 그리스도의 생각과 동기와 소원을 포함한다"[91]
고 주석을 했는데 일리가 있다고 생각합니다.

신약 전체에서는 수백 번 사용되고 있지만, 로마서에서만 '마음'이
란 말이 10번 이상 사용되고 있습니다. 바울 신학에 있어서 '마음'은
전인격적인 구원과 관련하여 매우 중요한 위치를 차지하고 있습니다.

---

91) Oswald Sanders, 『Consider Him(그를 생각하라)』, 김용희 역, (서울:성문출판문고), p.10.

그 이유는 본래 '마음'과 '생각'으로 타락한 인간이었기 때문에(로마서 1:21-32), 예수 그리스도의 십자가의 능력으로 영혼이 변화되고 성화의 과정에 있는 사람이라면(3:21-9:1), 몸을 산제사로 드리고 헌신하는 것은 당연하며, 또한 그런 사람은 '생각과 지성'까지도 하나님의 뜻을 따르는 것이 마땅하다는 것입니다(11:34-12:1,2).

물론 언어생활뿐만 아니라 정치관, 봉사관 등 생활 전체(12:3-15:33)가 변하려면 먼저 '마음' 즉 사고방식이 바뀌어야 한다는 것을 의미합니다. 로마서에서 마음의 그 중요성과 필요성에 관한 대표적인 구절만 예를 들면 다음과 같습니다.

> "육신을 좇는 자는 육신의 일을, '영을 좇는 자는 영의 일을 생각하나니(those who live in accordance with the Spirit have their minds set on what the Spirit desires)', 육신의 생각은 사망이요 '영의 생각(the mind controlled by the Spirit)'은 생명과 평안이니라 '육신의 생각(the sinful mind)'은 하나님과 원수가 되나니 이는 하나님의 법에 굴복치 아니할 뿐 아니라 할 수도 없음이니라"(8:5-7).
>
> "누가 '주의 마음(the mind of the Lord)'을 알았느뇨 누가 그의 모사가 되었느뇨"(11:34).
>
> "너희는 이 세대를 본받지 말고 오직 마음을 새롭게 함으로 변화를 받아 하나님의 선하시고 온전하시고 기뻐하시는 뜻이 무엇인지 분별하도록 하라"(12:2).

성경적 분별력이다

기독교 세계관은 하나님의 말씀에 기초한 성경적 분별력이라 할 수 있습니다. 로마서 12장 2절의 '분별 한다'는 말은 무엇이 좋은지 나쁜지 '시험 한다'는 말이 아닙니다. 이 말은 하나님의 뜻을 '알게 된다', '발견 한다', '찾는다'는 말인데, 영적 분별력 혹은 기독교적 통찰력을 말합니다. 그런 의미에서 바른 분별력과 영적 통찰력 혹은 영적 신념 체계를 기독교 세계관이라 할 수 있습니다. 아마 어떤 사람은 이 분별력을 기독교적 가치 체계 혹은 규제 신념 등으로 표현할 수 있으리라 생각합니다.

그렇다면 그런 분별력은 어떤 것을 말할까요? 바울은 그것을 "하나님의 뜻"이라 하였습니다. 기도나 꿈이나 환상, 사람들의 조언이나 환경 혹은 자연을 통해서도 하나님의 뜻을 알 수 있지만 가장 확실하게 알 수 있는 방법은 성경입니다. 성경은 진리의 기준에 부합하고 실제 생활에 적용이 가능하며 인격적인 진리입니다.

> "모든 성경은 하나님의 감동으로 된 것으로 교훈과 책망과 바르게 함과 의로 교육하기에 유익하니, 이는 하나님의 사람으로 온전케 하며 모든 선한 일을 행하기에 온전케 하려 함이니라"(디모데후서 3:16,17).

하나님의 뜻이 가지고 있는 주된 특징은 "선하시고 기뻐하시고 온전하신(good, pleasing(or acceptable) and perfect)" 것이라는 점입니다. 선하다는 것은 거짓이 없이 참되다는 것이며, 기뻐하신다는 것은 하나님이 좋아하실 정도로 모든 사람들에게 받아들여질 만한 것이라는 것이며, 온전하다는 것은 오류가 없이 완전하다는 의미입니다.

결국 "하나님의 뜻을 분별하라"라는 말씀은 성경에 근거한 분별력을 말합니다. 그런 의미에서 기독교 세계관이란 하나님의 말씀대로 사물을 보고 분별할 줄 아는 사고를 말합니다. 어떤 사람은 이런 사고방식이 인간적 사고방식이나 이성적 사고방식과는 대비된다는 의미에서 "계시 의존적 사색"[92]이라고 부르기도 합니다. "계시 의존적 사색"이란 말은 모든 생각과 사고의 축을 성경 계시에 두고 사색하는 사고방식을 말합니다.

시대정신을 꿰뚫어 보는 비판정신이다

기독교 세계관은 시대정신을 꿰뚫어 보는 비판정신이라 할 수 있습니다. 타락한 시대를 본받지 않고 하나님의 뜻을 분별하려고 하면 우리가 사는 시대를 잘 알아야 합니다. 로마서 12장 2절의 "이 세대"라는 말은 지리적인 의미의 '세상'이 아니라 시간적이고 가치관적인 '이 시대(this age)'를 말하는 것입니다.

문맥상으로는 하나님의 뜻과 대립되는 시대정신을 말하며, 성경적으로는 "올 세대(the age to come)" 즉 하나님의 나라와는 근본적으로 다른 무신론적이고 불신앙적인 사상이 특징을 이루는 시대입니다. 그런 의미에서 우리가 본받지 말아야 하는 "이 시대"는 하나님의 뜻과는 거리가 먼 세계관으로 사람들을 사단의 노예로 만듭니다.

"이 시대"는 사람을 궤술과 간사한 유혹에 빠지게 하여 믿음을 흔들

---

92) 박윤선, 『성경신학』, (서울:영음사), pp.11-19.

어 놓습니다(에베소서 4:14). 그리고 "이 시대"는 하나님의 뜻을 따르기보다는 하나님을 대적하고 기독교에 원수를 맺습니다 (고린도후서 10:5).

그러므로 "이 시대"는 각종 종교 사상뿐만 아니라 새로운 이단과 문화적 신비주의, 마르크스주의, 인본주의, 실존주의, 탈 현대주의, 노장사상, 몸 철학 등 온갖 괴담론들이 어제 떴다가 오늘 사라지고 있는 악한 시대 정신을 의미합니다. 오늘날 시대 정신의 특징이라는 것이 얼마나 변화무쌍한지, 바클레이(William Barclay)는 "주위환경에 따라 색깔을 바꾸는 카멜레온과 같다"고 잘 지적 한바가 있습니다.

만약 예수를 잘 믿는다고 하면서도 "이 시대"의 정신적 사조에 편승하여 살아가고 있다면 그 사람은 진정한 기독인이 아닙니다. 그것은 마치 유대인의 영혼에 바벨론식 두뇌를 갖고 사는 것과 같으며 예수님의 가슴에 공자나 석가의 머리를 달고 사는 것과 같은 이원론적인 삶입니다.

우리 시대의 유행하는 시대정신과는 다르게 생각하는 것 혹은 하나님을 대적하는 시대정신과 거꾸로 생각하며 사는 것, 그것이 기독교 세계관입니다. 플랜팅가 식으로 말한다면, 기독교 세계관이란 논리적으로 연관성이 있는 신념과 그렇지 못한 신념을 구분할 줄 알며, 중요한 신념과 사소한 신념을 구분할 줄 아는 종합적인 영적 비판력을 말합니다.

변화된 지식이다

기독교 세계관은 점진적으로 변화된 지식이라고 할 수 있습니다. 바울 사도는 기독교인은 하나님을 닮는 새로운 지성을 가지는 것이라고 말했습니다. "새 사람을 입었으니 이는 자기를 창조하신 자의 형상을 좇아 지식에까지 새롭게 하심을 받는 자니라"(골로새서 3:10). 로마서에서는 "오직 네 마음의 변화를 받아"라는 말에서 알 수 있는 것처럼 변화된 지성이 기독인의 세계관이라고 말합니다.

특히 여기의 "변화를 받아(메타모르푸스데, μεταμορφουσθε)"라는 말은 '성격과 행동을 근본적으로 바꾼다'는 의미의 말로서 "이 시대"의 성격과 행동 패턴을 버리고 예수님의 마음으로 근본적으로 뒤집어져야 한다는 것을 의미합니다. 세계관의 변화는 한 번으로 끝나는 것이 아니라 계속적이고 반복적인 뒤집기입니다. 만약 어떤 사람이 예수님을 믿는 순간에 가치관까지도 완전히 바뀌었다고 말한다면 그것은 거짓말이거나 엄청난 기적일 것입니다.

그래서 개혁신학자 머레이(J. Murry)는 말하기를, "성화(sactific-ation)는 인간의 의식의 중심, 즉 사고 속에서 일어나는 하나의 혁명적인 변화의 과정이다"[93]라고 지적했던 것입니다. 그런 의미에서 사고방식이 바뀌지 않는 성화는 있을 수 없습니다. 왜냐하면 예수를 믿고 '성도(聖徒)'가 된다는 것은 지난날의 죄를 회개하고 새로워진 정신으로 거룩한 생활을 하기로 작정한 사람들을 말하기 때문입니다.

본래 '회개(메타노이아 μετανοια)'라고 하는 말은 '바꾼다(메타 μετα)'와 '생각(누스 νους)'의 합성어로서 '생각을 바꾼다(to change one's mind)'는 말로부터 파생된 것입니다. '회개 한다'는 것은 잘못된 사고방식을 바꾸어서 하나님이 세상을 보는 관점과 가치관을 가진다는 것을 의미합니다.

---

93) J. Murrey, *Romans*, p.38-39.

다로 밀러(Darrow Miller)는 회개하는 것과 사고방식과의 관계에 대해 이렇게 설명했습니다.

> "회개한다는 것은, 문자적으로 우리가 하나님에 관하여 생각한바 실재의 본질, 인간의 본질과 그의 반역, 역사 속의 하나님의 목적 등에 대하여 자신의 생각을 바꾸는 것이다. 그것은 하나님이 사물들을 보는 방식대로 보기 시작하는 것이다. 또한 그것은 하나님의 관점이나 실재에 대한 그분의 정의, 그리고 우리의 상태에 대한 그분의 진단을 인정하는 것을 의미한다."[94]

저는 개인적으로 "여자들 천 명을 합해도 남자의 새끼발가락을 하나 겨우 만들 수 있을지 모른다"는 세상에서 태어났지만 어릴 때부터 예수 믿는 가정에서 자랐습니다. 그렇다면 예수님을 믿은 지 수십년이 되었으면 남성중심주의 혹은 남아선호사상이 얼마나 달라졌을까요?

사실 저도 남자인지라 기득권을 포기하고 싶지도 않지만 그것은 잘못된 생각이므로 버리고 새롭게 변화된 지식, 즉 "너희는 유대인이나 헬라인이나 종이나 자주자나 남자나 여자 없이 다 그리스도 예수 안에서 하나이니라"(갈라디아서 3:28)는 변화된 생각을 하며 사려고 애쓰고 있습니다. 그러나 지금도 문득문득 옛 생각이 나는 것은 사실입니다.

---

94) Darrow Miller, "온 지성을 다하여", 『신앙과 지성』, (서울:일지각).

삶의 지혜이다

기독교 세계관은 일상적인 삶의 지혜 혹은 현실적 진리라고 할 수도 있습니다. 제가 가장 부러운 사람들은 지혜로운 사람들입니다. 우리 주변에도 한 번도 세계관 공부를 한 적도 없고 학교 공부도 많이 하지 않았지만 아주 지혜로운 사람들을 많이 만날 수 있습니다. 특히 연세가 많으신 어른들 중에는 세계관 책을 수백 권 공부한 사람보다 몇 배나 지혜로운 분들이 많습니다.

예를 들어, 저는 평생을 멋있게 사신 장로님들을 압니다. 그분들은 돈벌고 쓰는 것이나 가정을 꾸리는 것이나 회사를 다스리는 것 등에 얼마나 지혜롭고 예술적이고 합법적으로 사셨든지 그런 분들은 기독교 세계관을 공부한 사람들보다 몇 배나 더 능력 있는 세계관, 즉 하나님의 지혜와 진리를 깨달은 분들입니다.

저의 어머님도 소학교밖에 나오지 못한 분이지만 절약과 부지런함이 몸에 배인 분이었습니다. 집에서나 교회에서나 관광지에서나 미국의 최고급 호텔에서도 물을 한 방울이라도 낭비하는 법이 없고 필요 없는 전등을 켜 두는 법이 없으셨습니다. 그런 분이 진짜 기독교 세계관대로 사는 분입니다.

20세기 복음주의 지도자 중에 한 사람이었던 프랜시스 쉐퍼도 누구와도 커뮤니케이션 할 수 있는 지혜를 가지고 있었습니다. 의사소통의 대가가 가진 철학이 무엇인지 아십니까? "말구유를 낮추어 양이 먹을 수 있도록 하면 모든 동물이 와서 먹을 수 있다."

"지혜의 왕"으로 불린 솔로몬은 이런 지혜를 갖는 것이 인간이 가질 수 있는 가장 귀한 보배라고 했습니다. "이는 지혜를 얻는 것이 은을 얻는 것보다 낫고 그 이익이 정금보다 나음이니라. 지혜는 진주보다

귀하니 너의 사모하는 모든 것으로 이에 비교할 수 없도다"(잠언 3:14,15). 바울 사도는 예수님이 바로 그 지혜라고 했습니다(고린도전서 1:24).

패커(James Packer)는 그것을 이렇게 정리했습니다. "지혜란 지고(至高), 지선(至善)의 목표 및 그 목표를 성취하는 분명한 수단을 볼 줄 아는 능력과 그것들을 선택하는 경향이다." 기독교는 지식 놀음이나 탁상공론이나 지적 유희가 아닙니다. 기독교는 모든 존재하는 것들과 인간이 부딪히는 매일매일의 삶의 문제에 대해 바른 대답과 설명을 주는 현실적인 진리입니다.

다음 장에서 깊이 다루기로 하고, 여기에서는 매우 단순하지만 기독교 세계관이 무엇인지 기본적인 개념 수준에서 살펴보았습니다. 그러면 한 번 정리를 해 보면서 다음과 같은 기독교 세계관의 성격이 자신에게 얼마나 형성되어 있다고 생각하는 자신을 한 번 돌아볼까요?

(1) 나는 하나님의 마음을 얼마나 품고 있는가?
(2) 나는 성경적 분별력이 얼마 형성되었는가?
(3) 나는 시대정신을 꿰뚫어 보는 비판정신이 있는가?
(4) 나는 변화된 지식이 얼마나 되는가?
(5) 나는 삶의 지혜가 풍성한가?

진리가 가슴에 사무치도록

그러면 당신은 좋은 진리와 세계관을 찾았습니까? 진리를 찾는 사람들은 많습니다. 그러나 대부분은 진리를 찾지도 못하고 참 자유에 이르는데도 실패합니다. 왜 그럴까요? 진리를 찾았으나 잘못된 진리를 찾았거나, 진리를 찾는 길을 잘못 들었기 때문입니다. 그러면 참 진리는 어디에 있으며 그런 진리를 어떻게 찾을 것인가? 당신이 정직한 구도자라면 예수님의 이 말씀을 들어 보시기 바랍니다. "진리를 알지니 진리가 너희를 자유케 하리라"(요한복음 8:32). 나는 이 말씀의 함축적 의미를 세 가지만 풀어보겠습니다.

자유가 없는 인간

첫째, 사람은 진리를 알기 전에는 진정한 자유를 누릴 수 없는 존재라는 것입니다. 현대인들은 "진리가 없어도 자유롭다"고 자신만만하게 외치지만 진리 없는 자유가 얼마나 참혹한가를 잘 압니다. 남이 모르는 처절한 외로움, 절망감, 죄책감 등은 진리가 없는 인생이 어둠 속에서 부르짖는 절규입니다.

철학에도 종교에도 답이 없는 것 같습니다. 철학자들은 미네르바의 부엉이처럼 마음껏 추상적 세계를 날아다니지만 자기 논리와 이데올로기에 얽매여 있습니다. 유명하다는 종교인들은 과거의 짐은 훌훌 벗어 던졌는지 모르지만 아직도 관습과 전통의 쇠사슬에 꽁꽁 얽매여 있습니다.

절규는 자유를 갈망하는 울부짖음입니다. 자유라는 것은 인간에게 그만큼 필수적인 것입니다. 없어서는 안 되는 필수품이라는 의미에서는 매일 먹어야 하는 밥만큼이나 소중한 것입니다. 그래서 도스토에프

스키는 그의 『카라마조프 형제』에서 "우리를 마음대로 일 시켜도 좋소. 그러나 우리에게 자유를 주시오"라고 호소한 적이 있습니다.

철학적, 정치적 부자유(不自由)는 논외로 한다고 하더라도, 적어도 모든 인간은 세상으로부터 자유롭지 못합니다. 인간은 세상 속에 살면서 세상에 매몰되어 시류대로 하루하루 살아가고 있습니다. 인간은 또한 온갖 율법으로부터의 자유도 없습니다. 인간은 누구도 올가미와 같은 법의 멍에서 자유롭지 못하며 법이 있는 한 불법과 형벌로부터 자유로울 수가 없습니다. 그리고 육체로부터의 자유도 없습니다. 아무도 육신의 정욕과 질병, 죽음으로부터 자유롭지 못합니다.

그래서 자유를 찾다가 종종 깊은 함정에 빠지기도 합니다. 어떤 사람은 자유를 찾아 세상을 정처 없이 유랑해 보기도 하고, 자유를 찾아 결혼을 안 하거나 늦게 해 보기도 하며, 자유를 찾아 세상을 멀리하고 염세적으로 살아보기도 합니다. 어떤 사람은 자유를 찾아 "될 대로 되라"며 세상의 법을 아랑곳하지 않고 살아보거나 제멋대로 신나게 초법적으로 살아봅니다. 어떤 사람은 자유를 찾아 엄동설한에 거죽 떼기 하나만 걸치고 움막 속에서 몸을 학대하며 금욕적으로 살아봅니다. 이런 것들이 모두 자유를 향한 다양한 몸부림들입니다.

오늘날 영성이 뛰어나다고 하는 사람들은 자유가 수도사적인 고행에 있다고 생각하고 모든 쾌락을 단절하고 자기 몸을 학대해 보기도 합니다. 그것은 마치 옛 영지주의자들처럼 "붙잡지도 말고 맛보지도 말고 만지지도 말라(Do not handle! Do not taste! Do not touch!)"는 모토를 외치며 사는 것과 같은 금욕주의입니다. 요즘 이런 자유를 향한 몸부림은 불교의 수행 방법이나 요가, 단학 등과 맞아 떨어져서 신비주의로 통하는 첩경으로 통하고 있습니다.

그러나 분명히 알아야 하는 것은 그런 방법으로는 죄를 어느 정도 억누를 수는 있을지 몰라도 죄를 이기지는 못하며, 오히려 자기숭배의 교만에 빠져 자학적이고 비인간적인 삶으로 떨어지기 쉽습니다(골로새서 2:16-22). 잘못된 자유, 가짜 자유를 찾고 있기 때문입니다.

진정한 자유는 진리에서 온다

둘째, 참된 자유는 '진리'에서 온다는 것입니다. 성경은 분명히 말하기를, 자유의 출처는 진리이며, 자유의 독특한 성격이 있다면 그것은 선물이라는 것입니다. 인간이 그토록 찾아 헤매는 자유는 수행이나 일탈이나 금욕에서 오는 것이 아니라 진리에서 오는 것이며, 그것은 공짜로 그저 주어지는 선물이지 노력이나 수행의 대가로 주어지는 것이 아니라는 것입니다.

어떤 사람들은 "진리가 너희를 자유케 하리라"는 말이 고대 그리스 철학자 에피크테투스(Epictetus, 스토아철학자)가 "제우스가 나를 자유케 했다"란 말을 인용했거나 변형한 것이 아닌가 추측하기도 하고, 예수님이 말씀하셨다고 치더라도 그가 말한 '진리'라는 것은 '관념적인 진리'를 의미한다고 하는데 그것은 지나친 상상입니다.[95]

여기의 "진리(알레데이아 $\alpha\nu\theta\epsilon\iota\alpha$, 베리타스 veritas)"는 문자적으로는 '믿을만함', '신뢰할 수 있는', '진실', '참된', '덮여 있지 않는 것', '드러나 있는 것' 등을 의미하며, 한자말은 '참된 이치' 혹은 '명증한 이치'라는 말입니다.

본문이 있는 요한복음에서는 두 가지로 해석할 수 있습니다.

---

95) Leon Morris, The *Gospel According to John(ICN)*, Eerdmans, p.456.

(1) 그리스인들이 그토록 찾고 찾던 "로고스(λογος말씀)"로서의 예수님입니다. 그분은 죄로부터 인간을 구원하신 은혜와 진리가 되신 분입니다("내가 곧 길이요 진리요 생명이니", 14:6). (2) 그분의 계시, 즉 예수님을 통해 나타내 보이신 모든 하나님의 말씀을 의미하기도 합니다("아버지의 말씀은 진리니이다", 17:17).

어느 것을 의미하던 이것이 진리입니다. 즉 예수님 자신이 참 진리이시며 그분의 계시 말씀이 참 진리입니다.[96] 참 진리는 관념적인데 머물지 않습니다. 참 진리는 상대적이지도 않습니다. 참 진리는 인격적이며 절대적입니다.

그러므로 참 자유를 얻는 길은 육체에서 벗어나는 것도 아니고, 진리와 권력을 해체하거나 진리를 일종의 게임으로 치부하는 일탈 행위도 결코 아닙니다. 참 자유의 출처는 오직 성경 계시의 핵심이시고 진리 그 자체이신 예수님입니다.

그리고 예수님이 주시는 그 자유는 투쟁의 산물이 아니라 그저 주시는 일방적인 선물이며, 일시적인 것이 아니라 영원한 것이며, 관념적인 것이 아니라 구원하는 능력입니다.[97] 이런 진리는 세상을 다 뒤져도 찾을 수 없는 진리입니다. 자유와 진리를 찾아 세상을 떠돌아다니는 수많은 구도자들이 발을 멈추어 서야 곳이 바로 예수라고 하는 이유가 여기에 있습니다.

---

96) The New International Dictionary of New Testament Theology, Vol.3, pp.874.

당신은 진리를 압니까?

셋째, 진리를 "안다"고 하는 것은 인격적으로 진리를 깨닫고 믿는 것을 말합니다. 여기의 "안다(그노세스데 γνωσεσθε)"는 것은 경험적이고 인격적으로 친밀하게 아는 지식을 말하는 것입니다. 예를 들어, 서로 사랑하는 처녀 총각이 아무리 서로를 잘 안다고 하더라도 결혼해서 성생활도 하고 자식을 키우면서 아는 것과는 다릅니다. 마찬가지로 여기에 "안다"는 것은 부부간에 서로를 전인격적으로 깊이 아는 그런 앎을 말합니다.

이런 앎은 그리스 철학에서 말하는 이성에 의한 궁극적 실체에 대한 관념적 발견 정도가 아닙니다. 그리고 이런 앎은 불교에서 말하는 무아의 경지 혹은 대각(大覺)이나 신유학에서 말하는 마음을 비우므로 깨닫는 것과도 다릅니다. 그리고 이런 앎은 느낌과 감정에 사로잡히거나 경험적으로만 깨닫는 것이 아닙니다.

이런 앎은 합리적으로 진리의 내용과 사실을 정확하게 이해할 뿐만 아니라 그 이해한 것을 바탕으로 인격적으로 믿고 감정적인 결단과 행동이 동반되는 앎을 의미합니다. 즉 진리를 안다는 것은 예수님의 계시의 말씀을 지성적으로 이해하고 그 분과 그 분의 말씀을 전 인격적으로 믿는 것입니다.

진리는 비몽사몽(非夢似夢)간에 깨달아지는 것이 아닙니다. 참 진리는 지적 자살을 요구하지 않습니다. 참 진리는 대부분 듣고 배우고 생각하고 하는 중에 깨달아지는 것입니다. 때로는 토론과 논쟁 중에 깨달아지기도 합니다. 혹은 직장이나 부엌에서 일상생활을 하는 중에도 진리는 깨달아집니다.

---

97) G. E. Ladd, *A Theology of the New Testament*, Eerdmans, pp. 266-269.

그러나 한 번 진리가 깨달아질 때는 마치 엉킨 실타래가 풀리듯이 꼬였던 모든 문제들이 술술 풀리는 전 인격적인 변화의 경험이 있습니다. 이런 앎은, 부처님이 열반 한 후에 도를 깨닫고 오도송(悟道頌)으로 불렀던 "마하박가"에서 "나는 모든 것을 이겼고 모든 것을 알았다"고 외친 것과 다릅니다. 이런 앎은 아르키메데스가 목욕탕에서 '부력'을 발견하고는 "휴레카(ευρηκα, 찾았다, 이거다)"라고 함성을 질렀던 것보다 더 감격적이고 가슴에 사무치는 변화입니다.

이런 앎은 옛날 다마스커스로 가는 길가에서 빛 가운데서 들려오는 "사울아 사울아 네가 어찌하여 나를 핍박하느냐?"라는 예수님의 말씀을 듣고 인생을 바꾼 바울과 예수님의 전인격적인 만남이며, 빌립보성의 루디아가 전도자 바울의 말을 듣고 "마음이 열려", 즉 세계관이 바뀌어 인생의 참 주인을 만난 참된 앎입니다.[98]

그런데 요즘 교회 안팎에서 진리를 아는 것보다 느끼는 것을 더 중시하는 실존주의적이고 포스트모던적인 경향이 날이 갈수록 더 심해지고 있는데 그 위험이 우려할 만한 지경에 이르고 있습니다. 누가 무슨 말을 하든 상관없이 "내가 느끼는 것이 곧 진리이다"라고 말하는 것이 그것입니다.

그러나 진리는 어느 날 우연히 깨닫게 되는 것이 아닙니다. 사실에 대한 믿음이 진리에 이르는 길입니다. 그러므로 진리가 무엇인지 찾고 두드리다가, 그것이 진리의 기준에 맞고 사실이라고 판단되면 믿고 받아들여야 됩니다. 단지 지식적으로나 감정적으로만 아니라 전 인격적으로 받아들여야 합니다. 참 진리는 단순한 지식이나 체험이 아니라 살아 있는 생명이고 인격이기 때문입니다.

---

98) 바울의 변화에 대해서는 사도행전 9:1-31; 22:3-21; 26:2-23을, 루디아의 변화에 대해서는 사도행전 16:14을 참고하시기 바랍니다.

프린키피아 : 천체 물리학자와의 대화

"'배낭 하나만 매고 여기까지 오신 이유가 전공과 성경을 연결하고
싶다고 그러셨죠?"
"그렇습니다. 그동안 미국에서 전공 공부만 했지 그것이 신앙과 무
슨 상관이 있는지 신경을 못 쓰고 살았는데 한 주 휴가를 얻어서 찾
아왔습니다."

"옛날에는 한국 학생들이 외국 유학을 많이 나갔으나 요즘은 한국
으로 역 유학을 오는 한인 2세들이 많다는 이야기가 들리는데 한국
의 학문 수준을 인정하는 것이 아니겠습니까? 유학을 마친 분들 중
에는 한국 사회에서 빨리 성공하기 위해서 귀국하는 사람들도 있는
것 같은데 귀국을 서두르신 이유를 물어봐도 실례가 아닌지요?"
"솔직히 저는 연봉이 좋은 일자리가 생겨서 귀국 했습니다. 사실 저
도 역 유학이 늘어나고 있다는 이야기를 들었는데 그럴만한 이유가
있다는 것을 이번에 귀국해서 알았습니다. 우리나라도 그동안 대
단한 발전을 했더라고요. 특히 BT, IT 분야는요."

어느 날 오후 까페에서…

"그래도 아직은 학문의존도가 높지 않아요?"
"갈수록 의존도가 낮아지기를 바라지요. 벌써 BT, IT 분야는 우리가
최고지요. 그러나 우리나라 대학생들이 학교에서 습득하는 대부분
의 지식은 외국의 학문 체계에서 빌려 오는 것들이 많기 때문에 해
외 의존도가 높다고 할 수 있지요. 특히 첨단과학 등의 기술 의존도

를 낮추는 데는 전력을 쏟고 있지만 그 밑받침을 이루는 기초 학문 의존도를 낮추는 데는 별 관심이 없어 보입니다. 특정분야에는 세계 최첨단 지식과 기술을 자랑하지만 전반적인 기초 학문은 아직 미흡합니다."

"기초 학문이 그렇게도 취약합니까?"
"너무 큰 문제라 한 마디로 말씀드리기 곤란하지만 생각보다 심각한 편입니다. 시험 성적이 좋아야 입학도 하고 입사도 되는 우리나라 교육 및 사회 체제 속에서 기본기를 충분히 다질 여유가 없었기 때문에 생긴 현상이라 생각합니다. 그리고 우선 돈벌고 취직하기에 좋은 기술만 개발하다 보니까 기초를 든든히 다질 시간이 없었지요. 기초만 다지다가는 밥 벌어 먹기가 힘드니까요. 저도 물리학을 공부하면서 기초 지식이 약한 것뿐만 아니라 지적 체계 자체가 제 신앙과 충돌 되는 것들이 많아 고생을 많이 했습니다. 제가 예수님을 믿는 사람으로서 가장 가슴 아팠던 것은, 제가 배운 지식 체계의 대부분은 비기독교인 학자들이나 그들이 발전시킨 지식으로부터 빌려 온 것들이라는 것입니다."

"지식뿐만 아니라 노래나 춤, 악기와 같은 무형 예술마저도 비기독교인들로부터 배우려면 우리가 원치 않는 것까지 배워야 할 때가 많지요. 박사님께서 비기독교인들로부터 학문 체계를 빌려 왔다는 것이 구체적으로 무엇을 의미하는지 궁금합니다."
"우리가 학교에서 배우는 학문 내용이나 용어뿐만 아니라 중심 철학이나 제도까지도 서양 시스템이고, 그 서양 시스템이라고 하는 것도 알고 보면 대부분이 비기독교적인 세계관에 의해 만들어진 것들이라는 것입니다. 미국의 한 대학 총장을 지낸 로버트 부스노우(Robert Wuthnow)가 지적한 말입니다. "현대 지성의 심오한 구조들은 대개가 비기독인이나 반 기독인의 활동으로 형성된 것이다. 특히 마르크스(Marx), 베버(Weber), 뒤르껨(Durkheim), 프로이트(Freud) 같은 19세기 이론가들은 현대 대학교의 지성적 전통을 수립해 놓았다. 좋든 싫든 그들의 유산은 기독인들이 자신들의 연구를 진보시키는 데 패러다임을 제공해 준다."[99] 그분의 지적에 의하면, 현대 지식의 대부분의 틀이 비 기독인이나 반 기독인의 활동으로 형성되었다는 것입니다. 기독교인들도 분별없이 그것들을 빌려다 쓴 것이 현실입니다."

"비기독교인들의 지적 구조라고 한다면 어떤 것들입니까?"
"변증법, 진화론, 막스주의, 상대주의, 분석철학 등의 장점은 한 분야를 종합적이고 비판적으로 깊이 팔 수 있다는 것입니다. 그러나 안타까운 것은 그런 지적 구조는 특정한 개인이나 역사 혹은 상황 중심적이기 때문에 절대적인 준거틀(reference point)이 될 수 없기 때문에 거기에서 도출되는 대답은 결국 상대적이라는 것입니다. 그것은 마치 어항 속의 금붕어처럼 세상을 자기 혹은 시대 중심으로 보게 하는 우를 범하게 합니다."

"어항 속의 금붕어 같은 자기중심적인 공부는 기독교인들도 마찬

---

99) Mark A. Noll, 『복음주의 지성의 스캔들』, (서울:엠마오), p.31.

가지이지요. 저도 여러 나라 KOSTA(해외한국유학생연합회)에 강의를 다니며 느낀 점은 대부분의 유학생들이 기독교적인 학문의 정체성과 통일성을 찾지 못한 채, 학위 취득이 바빠 자기 전공에만 매달려 있는 것을 많이 보았습니다. 지식 세계 전반의 문제나 지식이 사분오열 분열되어 있는 문제에 대해서는 고민할 여유가 거의 없는 것 같았습니다. 혹시 공부하면서 가장 힘들었던 것은 무엇이었는지 전공하신 전체 물리학 분야의 예를 하나 들어주시겠습니까?"

"그러지요. 얼마 전에 언론에서 대서특필한 'EF 에리다누스 상상도' 라는 것을 보셨습니까? 그게 제가 근무하던 연구소가 있던 리버사이드 캘리포니아대학교의 스티브 하웰 박사팀이 하와이 마우나케아에 있는 제미니와켁 2 망원경으로 연구한 결과입니다. 이번 프로젝트는 지구에서 에리다누스자리 방향으로 300광년 떨어진 쌍성계를 고해상도 적외선으로 관측해서 상상도를 그려서 공개하는 것이었습니다. 쌍성계에서 왼쪽에 있는 백색왜성은 수백만 년 동안 오른쪽에 있는 동반성으로부터 많은 물질을 빼앗았고, 반면에 오른쪽의 동반성은 너무나 많은 물질을 오랫동안 빼앗겼기 때문에 중심핵에서는 이제 더 이상 핵반응을 일으킬 수 없는 상태가 되었다는 것입니다. 이걸 연구하는 데는 천문 기술만 중요한 것이 아니라 유관학문과 과학철학, 특히 기초과학 지식이 매우 중요하다는 것을 절실하게 느꼈습니다. 저도 어느 정도의 기술은 있다고 자부하는데 데이터를 분석하고 이론을 구성하는 것이 가장 힘들었습니다."

"망원경으로 별을 관측하는데도 상당한 양의 기초과학이 전제되어야 하는군요. 저는 그 정도 작업에는 대학에서 물리학을 공부한 사람이라면 누구나 빠삭하게 알고 있을 수학과 과학의 법칙들 정도면 될 것이라 생각했는데 제가 오해했군요."

"맞습니다. 문제는 과학철학입니다. 기초 지식만 있어도 망원경을 조작하고 자료를 분석하고 실험을 진행하는 데에는 아무런 지장이 없습니다. 배운 대로만 하면 결론을 이끌어내는 것도 기계적인 조작 과정일 뿐이고, 상상도는 사람이 없어도 데이터를 집어넣으면 컴퓨터가 그려 주니까요. 문제는 철학입니다. 이때 철학은 과학철학을 말하는데, 데이터를 기초로 "이론"을 만들어내야 하기 때문입니다. 백색 왜성이 동반성으로부터 물질을 빼앗아가는 현상은 이미 수십 년 전에 알려진 것입니다. 만약 우리가 상상도를 작성하는 것이 이번 프로젝트의 전부라면 우리는 좋은 카메라를 하나 만들어낸 것 이상은 아닙니다. 그러나 공개할 수 없는 것이 하나 있는데, 이번 프로젝트를 통해 얻은 데이터를 기초로 아직 공개할 수 없는 거시 우주 물리학 이론 작업이 시작되었다는 것 정도만 말씀드리겠습니다."

뉴턴의 '프린키피아'

"저는 전문적인 물리학 이론은 들어도 모릅니다. 그러나 하나만 물어 봐도 됩니까? 별을 연구하는 데는 어떤 기초과학이 필요하며 그것이 어떻게 발전되었는지 말씀해 줄 수 있습니까?"

"간단하게 말씀드리면 수학, 철학, 고전 물리학, 기하학, 역학 이런 것들이 필요합니다. 그런 것이 없이는 과학이 불가능하니까요. 뉴턴이 천문가는 아니었지만 그가 정리한 고전 물리학, 그 중에 "만유인력"과 같은 자연 법칙을 '프린키피아(*PRINCIPIA*)' 즉 '원리'라고 말했다는 것이 중요합니다. 뉴턴 역학은 나중에 아인슈타인에 의해 뒤집어지기도 했지만, 그가 물리학을 자연 세계의 합법칙적 원리 혹은 철학이라고 말했고 그것을 수학적 기호로 표현하기 시작했다는 것입니다. 물론 서양에서 물리학을 '자연 철학'이라고 부른 것은 아리스토텔레스 때부터입니다. 자연 현상을 '법칙'이라는 개념으로 설명하기 시작한 사람은 영국의 대법관을 지낸 프란시스 베이컨입니다. 1620년에 베이컨이 쓴 『The New Organon』이라는 책에 현대 과학의 모든 기본원리가 담겨 있습니다. 기하학과 대수학을 하나로 합쳐서 물질세계를 수학적 기호로 표시할 수 있도록 한 것은 1630년대 데카르트의 업적입니다. 데카르트는 1644년에 『The Principles of Philosophy』라는 책을 발표했는데, 여기서 그가 말하는 철학은 자연철학이며 그것은 과학을 말합니다. 뉴턴은 이러한 자연 철학을 '진리의 바다(the great ocean of truth)'라고 말하기도 했습니다. 물론 진리라는 것은 뉴턴 전에 없었던 것은 아니지만요"

"그러면 '진리의 바다' 속에서 건져 올린 '프린키피아', 즉 원리'라는 말이 혹시 과학철학자 토마스 쿤(Thomas Kuhn)이 말한 '패러다임'이란 말과 같은 것 아닙니까? 그는 사람들이 예제 풀이나 과학 실험을 통해서 발견하는 법칙과 원리를 일컬어 '패러다임(paradigm)'이라고 했다면서요? 우리나라에는 그것을 '범례', '예제', '모범', '전형', '테두리'라고 번역하는데 한자말이 어려워서 그냥 '패러다임'이라고 많이들 사용합니다. 저는 '테두리'란 말이 마음에 듭니다. 그런데 뉴턴의 '프린키피아'가 뭐죠?"
"프린키피아를 잘 모르시는 것을 보니까 고등학교 때 '물상'이라는 과목을 제대로 안 배우셨군요. 한두 가지 뉴턴에 대한 잘못된 신화부터 제거하는 작업이 우선입니다. 뉴턴이 어느 날 사과가 떨어지는 것을 보고 순간적으로 만유인력을 발견했다거나 혹은 뉴턴이 사과에 머리를 한 대 맞았다는 얘기는 전부 전설입니다. 아마 뉴턴이 살아생전에 세계적인 유명인사가 되자 농담처럼 한 얘기가 와전된 것이라 생각합니다. 아마 지금부터 약 340년 전, 1666년 어머니의 정원에서 '사과가 땅에 떨어지는 보고 지구에 인력이 있을 것이라고 생각과 그것이 '만유인력'[100] 이라는 법칙을 정리하는데 통찰력을 준 것은 사실일 것입니다. 그리고 뉴턴은 만유인력을 발견하고 바로 발표한 것이 아니라 20년 후에 한 것을 두고 말이 많은데, 여기에서 우리가 한 가지 기억해야 할 것이 있습니다. 17세기의 과학자들은 종종 종교적 정치적 상황을 보아 가며 자신의 이론을 발표하지 않고 10년이고 20년이고 기다리는 일이 흔했거든요. 데카르트도 정치적 이유 때문에 18년을 기다렸다가 고백했지요. 참을성이 없어서 무작정 발표했다가 신나게 얻어터진 인물이 바로 그 유명한 갈릴레이입니다. 코페르니쿠스가 지동설을 발표한 것이 1543년이지만, 1616년까지는 바티칸이 지동설을 금지하지 않기 때문에 유럽의 많은 과학자들이 지동설을 접할 기회가 있었지요. 뒤늦게 갈릴레이가 설치고 다니다가 괘씸죄에 걸려서 지동설을 주장하는 다른 과학자들까지 걸려 넘어진 겁니다. 그런 면에서 뉴턴은 때를 잘 기다린 사람입니다."

---

100) 만유인력이란 것은 질량을 가진 물체들 사이에는 서로 당기는 힘이 존재하는데, 그 힘의 크기는 두 물체 사이의 거리의 제곱에 반비례하고 두 물체의 질량의 곱에 비례한다는 법칙이다.

"그러면 뉴턴이 20년이나 기다려 발표한 것이 '프린키피아' 입니까?"

"그렇습니다. 만유인력을 발견한 지 20년 후, 뉴턴은 1687년 『자연철학의 수학적 원리(Philosophiae Naturalis Principia Mathematica)』라는 저서를 발표했는데, 흔히 우리가 '뉴턴역학' 이라는 기본 아이디어를 여기서 소개했습니다. 그 책에서 뉴턴은 이런 말을 했습니다. "나는 이 책을 철학의 수학적 원리들로서 제시한다. 왜냐하면, 철학의 임무 전체가 이런 운동의 현상들로부터 자연의 힘들을 탐구하고, 그 힘들로부터 다시 현상들을 보여주는 것이라고 생각하기 때문이다." 뉴턴의 가장 큰 업적은 역학의 3가지 법칙과 이전의 여러 발견들을 종합해서 하나의 수학적 체계로 정리한 것이지요. 뉴턴의 직위를 그대로 물려받은 스티븐 호킹이 쓴 『호두껍질 속의 우주』를 보면, '뉴턴이 처음으로 시간과 공간에 대한 수학적 모형을 제시했다' 는 것입니다. 뉴턴은 그 책에서 수백 년 후에 인공위성, 우주선, 우주정거장 등 오늘날 과학자들이 스페이스 프로그램을 개발 할 수 있는 행성운동의 기본 원리를 최초로 암시했다고 할 수 있습니다. 그 후에 아인슈타인 등 20세기 물리학자들이 그것을 가능하게 했지만 말입니다."

"그것 참 놀랍군요. 저도 세계관의 지적 구조와 원리를 찾는 사람으로서, 뉴턴이 세상의 자연 법칙이나 과학 이론이나 물리학 구조를 '프린키피아' 즉 '원리(principia)' 라고 말했다는 것에 대해 매우 궁금해지는군요. 만약 사과 한 알이 나무에서 떨어지는데도 행성의 운동이나 인공위성과 관련된 그렇게도 중요한 원리가 숨어있다면,

온 우주와 세상에는 얼마나 많은 원리가 숨어 있겠습니까? 요즘 영어권에서 쓰는 '프린시플(principle)'이라고 하는 말은 라틴어 프린시피움(principium)'에서 유래한 것으로 알고 있는데, '사물의 기본 법칙', 사물의 본질적인 규칙'혹은 '행동의 기본적인 규범'을 뜻한다고 합니다. 누가 번역했는지 '프린키피아'를 한자말로 '원리(原理)'라고 번역하는 것은 잘 했군요. '원리'란 말은 '근원이 되는 진리'를 말하는데 쉽게 말하면, 세상이 돌아가는 법이 원리라는 말이 아닙니까?'

"한자말 '원리'의 뜻은 결국 영어의 'principle'이나 라틴어 '프린키피아(principia)'와 비슷한 의미이군요."

"그러면 혹시 뉴턴이 다른 사람으로부터 아이디어를 빌려오거나, 특히 비기독교인들로부터 배운 지식은 없을까요? 제가 알기로 과학은 여러 사람들의 지식이 축적된 결과라고 알고 있는데 뉴턴은 예외입니까? 만유인력이라는 원리도 뉴턴 혼자만의 독창적인 발견이었는지 궁금하군요. 혹시 박사님은 누구의 영향력이 커서 물리학자가 되었습니까?"

"다른 사람의 어깨를 딛고 서지 않고 대성할 수 있는 사람이 누가 있겠습니까? 저는 수천 년에 걸쳐 꾸준히 발전되어 온 과학 지식이 뉴턴에 이르러 뉴턴 물리학으로 정리 되었다고 생각합니다. 뉴턴은 코페르니쿠스에서 시작되어 케플러와 갈릴레오를 거쳤던 천문학의 혁명적 발전에 1단계 종결을 낸 사람입니다. 한편 갈릴레오 이후 데카르트와 호이흔스 등을 통해 형성된 근대역학의 성공을 결정판으로 보여준 셈이었습니다. 저도 예외는 아닙니다. 저는 경주 첨성대에 갔다가 천문학자가 되기로 결심했습니다. 첨성대는 『삼국유사(三國遺事)』에 신라 선덕여왕(善德女王, 632~647) 때 건립된 것으로 기록되어 있는데, 학자들에 의하면 불교 세계관이 농후한 문화유산이라고 합니다만 저는 거기에서 제 소명을 깨달았습니다. 제가 첨성대에서 하나님의 비전을 발견했다는 것이 뭐가 잘못되었습니까?"

하드웨어와 소프트웨어의 만남

"아니요. 사실은 첨성대가 불교 세계관에서 나온 과학적 결과물이라고 해서 배울 것이 없는 것은 아니지요. 세상에는 불교보다 더 위험한 것이 많습니다. 혹시 박사님도 유학 중에 비기독교적인 인본주의 학문에 세례를 받은 적이 없습니까? 미국 지식 사회가 1920년대에 불어 닥친 철학적 자유주의 열풍 이후로 인본주의에 깊이 물들어 있지 않습니까? 아시는지 모르겠습니다만, 미국의 교회사학자 마크 놀(Mark A. Noll)이라는 사람이 그 점에 대해 "미국의 근본주의자들도 자신들의 박식한 문화 세계로부터 소외되는 것 자체를 미덕으로 여겼다"[101]고 지적한 바가 있습니다. 그것은 반 문화주의(anti-culturalism)나 반 지성주의(anti-intellectualism)를 지적한 것입니다. 심하게 말하면 일종의 지적 자살이나 문화적 도피라고 해도 되지요. 신앙을 핑계로 학문을 스스로 포기한 것입니다. 그 결과로 지적인 주도권을 인본주의자들에게 다 빼앗긴 것이 아닙니까?"

"아주 아픈 곳을 찌르시는군요. 그건 17세기 서양 기독교인들이 실수한 것을 우리가 반복하는 것이군요. 제 고민도 거기에 있습니다."

"그건 우리 모두가 고민해야 할 문제입니다. 기독철학자 강영안도 그 점에 대해 지적한 말이 있습니다. '해방 후 많은 그리스도인들이 미국 유학을 하고 현대학문을 배웠으면서도 기독교적 학문을 시도하지 못한 것은 이미 미국 대학의 세속화와 신앙과 학문의 이원화

---

101) Mark A. Noll, 『복음주의 지성의 스캔들』, (서울:엠마오), p. 308.

가 그 배경에 있지 않았나 생각한다.' [102] 혼자만의 문제가 아니니까 한국교회의 부채를 다 짊어진 것처럼 너무 자책하지 마십시오."

"감사합니다. 그런데 속칭 국내파들은 어떻습니까? 최소한 이 점에 있어서는 자유롭지 않을까요?"

"그렇지요. 외국에 대한 학문적 부채감은 없지요. 이번에 배아줄기 세포 연구로 노벨상까지 거론되는 황우석 교수를 보십시오. 수혜 자가 아니라 시혜자의 입장에서 외국에 오히려 부채감을 안기고 있 지요. 그러나 그분은 다른 부채가 있습니다. 동양 사상 혹은 전래 종교에 대한 빚입니다. "좋은 것이 좋다"는 한국적 사고를 극복하 지 못한 채, "불치병을 고칠 수 있다면 배아줄기세포면 어떠냐?"라 고 한다면, 서양적 실용주의를 받아들이게 되면 상대적인 가치관 혹은 혼합적인 지식에 빠지는 것은 당연하다고 생각합니다. 물론 박사님도 한국에서 학부를 마치고 유학을 가셨다면 한국적인 마인 드를 어떻게 극복할지 고민을 많이 해 보셨으리라 생각합니다만, 특히 국내파는 한국에서 지배적인 사상이었던 도교, 불교, 유교, 무 속 등의 동양 종교 사상의 세례를 받지 않은 사람이 아무도 없다는 것입니다. 유학파는 외국에서 인본주의의 세례를 받고 국내파는 한국에서 인본주의 세례를 받았다는 점에서 마찬가지입니다. 그건 그렇고, 혹시 이런 인본주의와 학문과 지식 간의 분열을 조장한 분 석주의(analyticism, 분석철학의 경향을 따르는 현대 학문의 방법론)

---

102) 강영안, "조지 마스덴(G. Marsden)의 기독교적 학문연구@현대 학문세계", 《기독 교학문연구소》, 2000년 5,6월호, pp. 2-3.

나 동서양 사상이 혼재된 혼합주의를 극복할 수 있는 좋은 대안이라도 갖고 돌아오셨습니까?"

"아니요. 아직 구체적인 대안은 아무 것도 없습니다. KOSTA 강의 중에 누구신가 월터스토프(Nicholas Wolterstorff)가 한 말이라는 것을 전해 주신 분이 계시는데, 그 분이 지적한 말을 가슴에 새기고 있습니다. '우리가 뭔가를 알고자 하면 인식, 반성, 사고, 지각 등이 가능한 하드웨어 용량을 확인해야 하지만 믿음과 추론과 헌신의 전 범위를 포함한 학교 밖에서 형성된 정신적인 소프트웨어도 확인하는 작업을 해야 한다.' 제가 기여할 수 있는 것이 있다면, 그 분의 말처럼, 좋은 하드웨어가 좋은 소프트웨어를 만날 수 있도록 돕고 확인하는 작업을 제가 하고 싶습니다."

Integrate-disciplinary studies

"좋은 하드웨어와 좋은 소프트웨어의 만남과 확인이라. 거 아주 재미있는 일이 될 것 같은데요. 혹시 현대 학문이 깊이 빠져 있는 지식의 분열에 대한 한국 학계의 통합 움직임에 대해 좀 듣고 오셨습니까?"

"아니요 전혀 아는바가 없는데요. 단지 유학 중에 외국 교수들이 하는 작업을 한국에서 적용해 보고 싶은 생각은 있습니다. 이를 테면, 학제간 연구(inter-disciplinary studies) 혹은 다학문 연구(multi-disciplinary studies)라는 것이 있습니다. 그러나 그 시도는 좋았으나 소수를 제외하고는 자기 전공만 전체에 조금 보태거나 지적 유희를 하는데 그쳤습니다."

"한국에서는 최근에 일부 교수들에 의해 '학문의 경계를 허물어 버리고 일관된 이론의 실로 모든 학문을 꿰매자는 범학문적(trans-disciplinary studies)접근을 해 보자'[103] 는 제안이 나오고 있는데 그 결과가 기대가 됩니다."

"그것 아주 기쁜 소식이군요. 금시초문입니다. 한국에 그런 학자들이 있다는 것이 반갑군요. 물론 윌슨이 10여 전에 『Consilience』에서 제시한 방법론이지만요. 윌슨은 지식의 대통합이라는 어마어마한 작업에 도전한 생물학자인데 미국 학계에 잘 알려진 최고 지성인입니다. 그런데 아직 아무도 그의 제안에 귀를 기울이지 않는 것 같던데요?"

"저도 그 책을 읽고 있는 중인데, '실' 이 문제인 것 같습니다. 윌슨의 경우에 모든 학문을 꿰매겠다는 실, 즉 그 일관된 이론이라는 것이 생물학이나 진화론인 것 같습니다. 한때 진보적 지식인들 중에는 마르크스주의가 실이었고요. 그런 것은 이미 오류 가능한 이론들이잖습니까? 그렇기 때문에 만약 기독교인들이 '정확 무오(正確無誤)' 하고 '최종 권위(the final authority)' 라고 하는 성경의 실로 모든 지식을 꿰매어보려는 통합 연구(integrate-disciplinary studies)를 시도한다면 인류 역사상 가장 획기적인 지적 성과물을 얻을 수 있는 날이 곧 올 것이라 생각합니다. 그러나 만약 우리가 통합하는 노력을 더 늦춘다면 거짓 이념과 지식에 더 오랫동안 종속되어야 하겠

---

103) Edward O. Wilson, 『통섭(*Consilience*)』, 최재천, 장대익 역, (서울:사이언스북스), p.21.

지요. 좋은 자리를 여러 곳에서 제안을 받았을 텐데 일부러 귀국하신 박사님에게 그러한 학문의 대통합 작업을 부탁드려도 될까요?"

"아니요. 그건 누구도 혼자서는 할 수 없는 작업입니다. 방금 학위를 받고 돌아온 애송이 학자에게는 너무 버거운 비전이라고 생각하지 않으세요? 저희 연구실 동료들이 분석 학문에 질려서 다른 분야에 기웃거리거나 학문 간의 상호교통의 길을 찾고 있다는 것을 알고는 있습니다만, 그렇게 이야기 하시니까 부담스럽군요. 소망하시는 대로 기독교가 통합의 가교를 놓을 수 있다면 얼마나 좋겠습니까? '대통합(super-unification)' 이론을 찾는 것은 현대 물리학의 가장 큰 과제입니다. 호킹을 비롯하여 수많은 학자들이 중력의 법칙, 상대성 법칙, 양자역학, 전자기 법칙 등 다양한 물리법칙들을 단 하나의 법칙으로 압축하는 일에 심열을 기울이고 있습니다. 현재의 이론은 빅뱅 당시 단 하나뿐이던 물리법칙이 수 억분의 1초 후 우주의 크기가 어느 정도 커지자 여러 가지로 분열되었다는 것입니다. 사실 '대통합' 이론은 물리학자들에게는 아직 꿈에 불과하지요. 저명한 천문학자였던 칼 세이건의 소설 『콘택트』는, 영화 "콘택트"가 아니라, 주인공 과학자가 외계인들의 도움으로 비로소 그 실마리를 찾아가는 것으로 막을 내립니다. 외계인의 도움이라는 설정은 초월적 도움 혹은 신적 계시의 필요성을 의미하는데, 사실 저는 개인적으로 인간의 능력을 초월하는 하나님의 도움이 없이는 불가능하다고 생각합니다. 이미 앞서서 이런 작업을 시작한 분들이 한국에도 많이 계시는 것으로 알고 있는데, 저도 미흡하지만 뉴턴처럼 '프린키피아'를 하나 내어 놓을 수 있으면 더 이상 소망이 없겠습니다."

"그건 그렇고 오늘 밤에 마당에 누워서 별자리 특강을 좀 해 주시
지 않겠습니까?"

"그럼요. 여기는 망원경이 필요 없겠지요?"

제 5장

지식의 대통합이 가능한가?

기독교 세계관의 원리 탐구

"나는 '프린키피아, PRINCIPIA'를 자연 철학의 수학적 원리들로서 제시한다. 왜냐하면, 철학의 임무 전체가 이런 운동의 현상들로부터 자연의 힘들을 탐구하고, 그 힘들로부터 다시 현상들을 보여주는 것이라고 생각하기 때문이다."

Isaac Newton

학문의 원리

학문의 원리

여러분은 자기 컴퓨터에 만족하십니까? 아무리 좋은 하드웨어를 갖춘 분이라고 하더라도 좋은 소프트웨어를 갖추기 전에는 아무 쓸모가 없습니다. 마찬가지로 좋은 하드웨어와 좋은 소프트웨어가 만날 때 좋은 컴퓨터가 만들어지듯이 좋은 세계관은 좋은 학문과 좋은 신학이 만나서 만드는 원리요 법칙입니다. 이제부터 제가 이야기 하려고 하는 것은 바빙크(Herman Bavinck)의 『신학 원리』에서 힌트를 얻어서 제안하는 것이며, 단지 저의 시론에 불과한 것이라는 것을 미리 밝혀둡니다.[104]

---

104) 저를 이 원리를 네덜란드가 낳은 개혁주의 신학자 헤르만 바빙크로부터 빌려왔는데, 그는 본래 '신학의 원리' 라는 명제로 이것을 설명한 바가 있습니다. 참고, Herman Bavinck, 『신학의 원리』, 차영배 역, (서울:총신대출판사), pp.92, 93, 386.

핵심부터 말하면, 기독교 세계관은 학문의 원리와 신학의 원리를 통합하는 것인데, '기본 원리'와 '핵심 원리'로 구성되어 있습니다. '기본 원리'는 모든 원리의 가장 기초가 되는 '근본 원리'와 외부적으로 나타나 있는 '외적 원리' 그리고 내부적으로 보이지 않는 '내적 원리'로 나누어 생각해 볼 수 있으며, '핵심 원리'는 존재론적 원리, 도덕론적 원리, 인식론적 원리 등으로 나누어 생각할 수 있습니다.

기독교 세계관의 기본 원리

	학문 원리	신학 원리
내적 원리		
외적 원리		
근본 원리		

학문의 원리

세상의 어떤 사람도 학문의 원리를 떠나서는 공부도 할 수 없고 인생을 살 수가 없습니다. 그러므로 생각이 있는 모든 사람들은 학문의 원리에 충실해야 하고 그것을 연구 발전시키기 위해 노력해야 합니다. 학문의 기본원리는 종교(宗敎), 인간(人間), 만물(萬物)입니다. 학계에서는 흔히 이것을 신(神), 인(人), 물(物)이라고 하는 것입니다. 이 세 가지 원리는 사물을 관찰하고 연구하고 판단할 때 작용하는 가장 기본적인 원리를 말합니다. 하나씩 간단한 설명을 붙여보겠습니다.

참 종교의 세 가지 기준

첫째, '종교'란 모든 인간들의 마음속에 있는 '신지식(sensus divinitatis)' 혹은 '종교의 씨앗'이 발아하여 생긴 영적 문화입니다. 이태하는 그것을 이렇게 정리했습니다. "종교란 인간의 삶의 방향성을 결정해 주는 세계관에 대한 믿음과 그로부터 도출되는 의식과 행위의 총화이다."[105]

비록 자기 자신은 신의 존재를 믿지 않거나 혹은 불가지론자라고 하더라도 종교는 모든 사람의 학문과 가치관 그리고 일상생활에 지대한 영향을 미치고 있기 때문에 피할 수 없는 본질이기 때문에 이것을 학문의 근본 원리와 근거로 삼는 것입니다. 종교의 본질은 신(神)을 경외하고 경배하는 의식이라고 할 수 있습니다.

그러나 역사적으로, 불교는 그 본질을 '훈련'에 두고 고행주의와 염세주의로 흐르거나, 유교는 그 본질을 '윤리'에만 두고 도덕주의 혹은 윤리주의에 빠지기도 했으며, 서양 기독교는 그 본질을 '지식'에만 두고 영지주의적이고 철학적인 경향을 띄기도 했고 '감정'에만 두고 경건주의나 신비주의에 흐르기도 했습니다.

그 결과 때로는 종교가 인간성을 회복시키기보다 인간과 사회를 더 철저하게 파괴하는 것으로 나타나기도 했습니다. 그래서 어느 것이 참 종교이며 바른 진리를 가르치는지를 구분할 필요가 있는데, 그 기준을 크게 세 가지로 생각해 볼 수 있는데 종교의 핵심과 구원의 방법 그리고 진리의 타당성입니다.

중요한 것은 종교의 핵심입니다. 불교는 인간이 그 존재에서 해탈하여 열반에 이르는 것을 종교의 핵심으로 삼았고, 유교는 매우 고차원적인 도덕성을 개발하는 것을 종교의 핵심으로 삼고 있습니다. 그러나 기독교의 핵심은 '복음'이라는 단어 속에서 발견됩니다. 빔 리트께

---

105) 이태하, 『종교적 믿음에 대한 몇 가지 철학적 반성』, (서울:책세상), p.19.

르크(Wim Rietkerk)는 그것을 다음과 같이 설명했습니다.

> "기독교는 한 가지 메시지(Message) - 좋은 소식, 복음, 그리고 그리
> 스어로 '이방겔리온' - 위에 세워져 있다. 기독교는 '좋은 견해
> (good views)'가 아니라 '좋은 소식(good news)'이다. 저는 이 점을
> 명백히 하고 싶다. 이것이 문제의 핵심이다. 복음은 현재 나의 삶이
> 전적으로 의지하고 있는 시공의 역사(歷史)속에서 이룬 승리에 관
> 한 좋은 소식이다."[106]

이 핵심으로부터 구원의 방법에 관한 완전히 다른 가르침이 나옵니
다. 불교도들은 팔정도(八正道)를 지켜 속세의 모든 욕망을 불태우고
열반에 이르라고 합니다. 유교는 도덕적인 윤리를 갈고 닦고 공부하므
로 자아완성에 이르러 군자가 되라고 말합니다. 물론 유대교는 온갖
계율과 율법의 사다리를 타고 신에게 올라갈 수 있다고 가르쳤고, 회
교도는 엄격한 종교적인 의무 준수가 그들을 알라 앞에 나아가게 한다
고 말했습니다.

그러나 기독교는 타종교가 말하는 사다리의 방향을 완전히 바꿉니
다. "하나님이 세상을 이처럼 사랑하사 독생자를 주셨으니"(요한복음
3:16)라는 말씀처럼, 구원의 방법은 하나님의 사랑과 은혜입니다. 기독
교는 인간에게 참혹한 수행이나 윤리 혹은 짜릿한 감정을 요구하지 않
습니다. 오히려 하나님께서 예수님을 통해 이루어 놓으신 구원을 믿으

---

106) Wim Rietkerk, 『기독교는 과연 종교인가?』, 성인경 편, 『기독신앙의 실체와 매력을
찾아서』, (서울:일지각), pp.43-60.

면 된다는 것이 종교의 방법입니다.

그리고 진리의 기준에 타당한지 살펴보아야 합니다. 앞에서도 살펴보았듯이, "어떠한 이론이 진리가 되려면 그 이론의 내적인 정합성이 있어야 하고, 그 이론이 인간의 내, 외적인 경험과 부합해야 하며, 인간이 그 이론을 가지고 실제로 살 수 있어야 한다"는 쉐퍼의 말을 기억할 필요가 있습니다.

그렇게 볼 때 불교와 유교 그리고 유대교나 회교도 그 밖의 세상의 모든 이론과 종교는 진리의 기준에 부분적으로는 타당하지만 전적으로는 타당하지 못합니다. 그러나 기독교는 엄마나 아내가 짜준 털장갑, 즉 우리 손에 딱 맞을 뿐만 아니라 사랑이 느껴지고 따뜻하기까지 한 털장갑과 같이, 구원의 문제뿐만 아니라 우주와 역사, 철학, 문화, 교육 등 모든 문제에 대해 진리의 기준에 타당합니다.

이성과 경험의 한계

둘째, 인간의 이성과 경험은 학문의 내적 원리입니다. 인간의 이성과 경험은 진리를 깨닫는 주된 방편인데, 인간의 지성사와 종교사라는 것은 이성이 지나치게 강조되었을 때는 이성주의와 합리주의에 기울었다가 경험이 지나치게 강조되었을 때는 감성주의와 신비주의에 기울곤 했습니다.

그러기에 동서양의 역사는 '이성과 경험'이라는 인식론적 방법론 사이의 갈등의 이야기라 할 만큼 복잡하고 말도 많습니다. 이성과 경험이 자기 위치를 지킬 때는 좋았지만 자기 위치를 벗어날 때는 그만큼 엄청난 갈등을 유발했기 때문입니다. 특히 이성을 완전하고 자율적인 자리에 세우느냐 아니면 독립적이고 타율적인 자리에 세우느냐 하는 것은 매우 중요한 것입니다.

이성의 능력은 대단합니다. 현대 과학과 문화는 이성의 산물이라 할 만큼 그 능력이 크기 때문입니다. 그러나 이성이 제 아무리 능력이 크다고 하더라도 완전하고 자율적인 것은 아닙니다. 이성은 모든 것을 다 알지 못할 만큼 제한적이고(limitation) 특히 죄로 말미암아 타락했습니다. (corruption)역사가 증명하듯이, 이러한 이성의 능력과 위치를 오해하는 데서 얼마나 많은 문제들이 발생했는지 모릅니다.

이성의 힘에 대해서는 서양에서는 플라톤으로부터 자극받았다고 해도 과언이 아닙니다. 성경도 바울 사도의 말을 통해 그의 논리적 사유의 유용성에 대해 언급하기도 합니다. "이는 사람으로 신(하나님)을 혹 더듬어 찾아 발견케 하려 하심이라"(사도행전 17:27)는 말은 원래 플라톤의 말이라고 하는데, 이성의 추론만으로도 영원과 진리 그리고 신에 대해 알 수 있다고 믿는 사상입니다.

물론 이 말의 출처에 대해서는 두 가지 설이 있습니다. 첫째, 플라톤의 『파이돈(Phaidon)』에 나오는 '신을 더듬어 찾는다'는 말에서 인용했다는 설과 둘째, 호머(Homer)의 시에서 눈먼 사이클롭스 펠리페무스(Cyclops Polyphemus)가 자기의 동굴 입구를 찾을 때 '손으로 더듬는 모습을 묘사한 것'이라는 설입니다. 아마 바울은 두 사람의 이야기를 다 알았을 것이라고 추측되는데, 그는 여기에서 이성과 논리를 잘 사용하면 하나님을 어느 정도 알 수 있다는 것을 인정하지만 그렇다고 그것만으로 충분하다고 말하는 것은 아닙니다.

여기에서는 바울의 로마서(1:18-32)에 근거하여 '타락한 이성의 기능'에 대해 몇 가지를 좀 더 정리해 보겠습니다. 인간의 이성은 이미 알고 있는 것을 모르는 척 하기를 좋아하는 비합리적이고 사기적인 점이 특징입니다. 인간의 가장 큰 문제는 무지(無知)가 아닙니다. 물론 모르는 것이 독이 될 때가 있습니다. 그러나 아는 것을 아는 대로 살지 않거나 아는 것을 모르는 척 하는 것이 문제입니다. "진리를 막는다"(18절)는 말은 만물을 통해 깨닫게 된 하나님에 대한 신지식(神知識)을 모르는 척 하고 막아 버린다는 말입니다.

"막는다"는 말은 '어떤 의도를 가지고 억제하다, 제지하다, 억압하다'란 말로 번역될 수 있는 말입니다. 그리고 "불의로 막는다"는 말은 '부당하게', '불법적으로', '비합리적으로'라는 말인데 '고의적으로 부당하게 진리를 거부하는 행위'가 내포된 말입니다.

인간의 이성은 우상을 만들어내고 천박한 것을 좋아하는 허무적이고 자기 모순적인 특징을 가지고 있습니다. 인간에게 있는 생각하는 능력은 합리적이고 이성적인 하나님의 영광이 인간에게 나타난 것입니다. 그런데도 자신의 사고 작용을 무용지물로 혹은 천박하게 만들므로 자기보다 못한 것들을 신과 우상으로 섬기게 되었습니다.

사람의 "생각이 허망해졌다" 혹은 "지혜가 우준 하게 되었다"(21, 22절)는 것은 "이성이 본래의 인간 자신보다 더 열등한 인간으로 전락했다는 것"[107]을 의미합니다. 인간은 본래 '하나님의 형상자(God's image bearer)'이나 고의적으로 자기 자신을 하나의 고등한 동물이나 컴퓨터와 같은 기계 혹은 성적 장치에 불과한 것으로 천박하게 전락시키거나 자신보다 못한 것들을 우상으로 섬기는 자기모순을 가지고 있습니다.

인간의 이성은 끊임없이 부도덕하고 비도덕적인 삶을 추구합니다.

---

107) Francis Schaeffer, 『프랜시스 쉐퍼의 로마서 강해』, (서울:생명의 말씀사), 제1장 강해.

오늘날 우리 사회에 만연한 온갖 패륜과 부도덕은 민주화가 안 되었거나 교육이 모자라서 발생하는 것이 아닙니다. 생각이 잘못 돌아가기 때문입니다. 인간의 비도덕적인 삶은 크게 세 가지로 나누어지는데, 성적인 부도덕과 심리적인 부도덕과 사회적인 부도덕이 그것입니다 (24-32절).

이런 비도덕적인 상황이 발생하게 된 근본 원인이 바로 "마음에 하나님 두기를 싫어하매"(28절), 즉 하나님과의 관계가 소원해졌기 때문이라는 것입니다. 이성은 윤리를 보장하지는 않습니다. "비록 인간이 지성을 소유하고 있다고 할지라도 그것은 결코 인간의 도덕적 삶을 보증하는 것은 아니다"[108] 라는 것을 가르쳐 줍니다.

세상과 자연의 오염

셋째, '만물'은 '세상과 자연'을 의미하며 모든 우주 만물과 그 사회적 현상을 말합니다. 이것을 우리는 학문의 외적인 원리 혹은 학문의 대상이라고 말하는 것인데, 오늘날 학교에서 세상을 주로 연구하는 인문과학과 자연을 주로 연구 하는 자연과학을 말합니다. 어느 과학을 연구하던 거기에는 우열이나 차이가 없으나 가급적이면 두 과학의 연관성을 놓치지 말아야 합니다.

	학문 원리	신학 원리
외적원리 :	**만물**(세상, 자연)	
내적원리 :	**인간**(경험, 이성)	
근본원리 :	**종교**(경배, 영성)	

'세상'은 학문의 가장 흥미로운 대상인 동시에 매우 복잡한 영역입니다. 사회학, 경제학, 정치학, 역사학 등 세상은 날이 갈수록 흥미 있는 연구 대상이 되고 있습니다. 동시에 이해관계가 충돌되는 영역에 대해서는 긴장도 고조되고 있습니다.

국제관계학 혹은 외교학은 갈수록 재미있는 영역입니다. 국내적으로는 진보와 보수 간의 갈등, 정치인들의 권력 쟁탈전, 미군철수문제, 북한핵문제 등이 복잡하게 얽혀 있어서 남북통일의 기회를 좀처럼 잡지 못하고 있습니다. 국제적으로는 미국과 유럽연합, 중국이 전쟁에 버금가는 경제 전쟁을 부추기고 있고 한국은 그 틈바구니에서 생존이 위협받고 있습니다.

이 와중에 어떤 사람은 운명론적이고 순환론적인 역사관을 주장하고 어떤 사람은 민족주의, 국가주의, 국수주의, 현실주의 역사관에 사로잡히기도 합니다. 어떤 사람은 역사의식조차도 없습니다. 기독 청년들도 마찬가지입니다. 제가 일하는 라브리(L'Abri)에도 예수 믿는 청년들이 와서 하는 말인즉, "역사의식이요? 그게 뭔데요? 재미있게 살면 되는 것 아니에요?" 하며 애써 책임은 망각하고 현실만 즐기려고 합니다.

'자연'은 학문의 가장 오래된 연구 대상인 동시에 그만큼 논란도 많으며 인본주의자들의 독무대가 되었습니다. '인본주의 신조'에 의하면 "우주는 스스로 존재하며 창조된 것이 아니다. 인간은 단지 자연의 일부이며 산물일 뿐이다. 우주의 본질은 근대과학에 의해 초자연성이나 인간 가치의 무한 보증을 수용하지 못하는 것으로 묘사하고 있다"[109]고 선언했습니다.

---

108) M. Lloyd-Jones, *The plight of man & The power of God*, p. 37.
109) Humanist Manifesto Ⅰ, 1933.

자연 이외에는 어떤 것도 존재하지 않는다고 믿는 자연주의(naturalism)는 아래와 같은 기독교적 자연관을 전면 부인하기 때문에 특별한 주의가 요구됩니다. (1) 자연은 하나님의 피조물이다. (2) 하나님은 지금도 자연을 섭리하고 계신다. (3) 인간은 자연을 관리할 책임이 있다. 그 결과 오늘날 대부분의 교육받은 사람들은 자연과 이성에 기초한 과학만을 신뢰합니다.

과학주의자들은 이렇게 말합니다. "과학이야말로 지식을 판별할 뿐만 아니라 인간 문제를 해결할 수 있는 최고의 방법이다. 세상의 지식은 관찰과 경험 그리고 합리적 분석에 의해 유래한다."[110] 20세기에는 이데올로기에 무릎을 꿇었던 사람들이 21세기에는 과학에 무릎을 꿇고 있습니다. 요즘의 유전 과학은 하나님의 영역을 과학이 대신할 수 있는 것처럼 생각하기까지 합니다.

최근에는 반과학주의가 일어나서 범신론 혹은 정령숭배 사상을 과학에 끌어들이기 시작하여 자연의 소중함을 지나치게 강조하여 자연이 '인격성'을 가지고 있는 것처럼 말하기도 하고, 땅을 인격화하여 '신의 몸'으로 섬기자든가, 땅과 인간을 신(神)과 동일시하는 '범 만물주의'에 빠지고 있습니다.

동서양의 일부 기독인들이 "다스리고 정복하라"는 기독교의 문화 명령을 잘못 사용하여 자연을 무자비하게 착취하거나 자연을 하등하게 취급한 것도 결코 정당화될 수 없습니다. 그것은 모두 자연에 대한 포괄적인 이해가 결여되었기 때문에 파생된 오해입니다. 기독교는 자연을 동경이나 숭배 혹은 착취의 대상이 아니라 심미적인 감상이나 과

---

110) Humanist Manifesto III, 2003.

학적 연구의 대상 혹은 계시의 방편으로 봅니다. 땅을 중심으로 간단히 정리해 보겠습니다.

(1) *땅은 하나님이 창조하신 것입니다.* 땅은 본래 하나님의 신성과 능력이 아낌없이 발휘된 창조적 예술가의 캔버스였으며(로마서 1:20), 하나님의 신성한 노동의 현장이었으며(창세기 2:2), 최종적인 구원의 모델인 에덴동산이라는 낙원도 있었습니다(에스겔 28:11, 요한계시록 21,22장). 포이스레스(V. S. Poythress)는 "신학적 의미에서 땅은 하나님의 하늘 거소의 통치를 본뜬 것이었고 동시에 하나님께서 말세에 온 땅을 어떻게 하실 것인가를 예정해 주시는 것이었다"라고 말한 바가 있습니다.

(2) *지금의 땅은 정상이 아닙니다.* 역사의 한 시점부터 땅에 "가시와 엉겅퀴"가 나오는 등 땅이 저주를 받게 되었습니다. 본래의 땅에 생태학적인 대변화가 생긴 것입니다. 근본 원인은 인간의 죄였습니다(창세기 3:17-19). 땅의 오염은 하나님의 창조 실수로 인한 생태학적인 결함이 드러난 것이 아닙니다.

원인은 인간의 범죄에 있습니다. 인간들이 사는 사회와 세상에도 분열과 소외가 일어났습니다. 인간의 영적, 사회적, 도덕적, 지적, 환경적 관계가 다 파괴되었습니다. 땅은 규칙적인 안식이 필요할 만큼 착취와 오용을 당하게 되었습니다. 이스라엘에 부탁한 안식년법과 희년법은 탄식하고 있는 땅에 대한 하나님의 제도적인 사랑의 표현이었으나 제대로 시행되지 못했습니다(출애굽기 23:11, 레위기 25장).

(3) 땅은 역사의 종말에 완전히 변형되고 새로워질 것입니다(로마서 8:19-23). 땅은 변형될 것입니다. '변형된다(reform)'는 말은 현재의 지구가 불타 없어진다는 것이 아니라 재림하실 예수님의 능력으로 완전히 새롭게 개조된다는 말입니다.[111] 이 땅 위에서 벌어지는 모든 역사와 현상이 학문의 외적 원리입니다.

일반적인 학문만으로도 지식의 체계를 견고하게 세우는 것이 어느 정도 가능합니다. 그러나 그것은 불확실하고 불완전한 지식입니다. 반쪽 진리에 불과하기 때문입니다. 그것은 마치 소프트웨어가 빠진 하드웨어처럼 돌이나 쇠 조각에 불과한 것입니다. 하나님이 없는 지식은 생명력이 없는 단순한 지식의 편린에 불과하기 때문입니다.

---

111) 한국이 낳은 교의신학자 박형용 박사는 그의 『내세론』에서 그것을 '만유갱신설(萬有更新設)'이라고 말했습니다. "① 창조는 완성을 예상한다. ② 구속은 중생을 예상한다. ③ 부활은 회복을 예상한다. ④ (신新, '새 하늘과 새 땅'이라고 할 때의 '새')은 창조가 아니라 재창조이다. ⑤ 베드로후서 3장 6절의 용해('풀어지며')는 절멸이 아니라 변형이다. ⑥ 마지막 날에 변화될 세계는 전 물질적 우주가 아니라 제한된 범위의 변화이다." 즉 현재의 땅과 미래에 변형될 땅 사이에는 연속성도 있고 불연속성도 있다는 뜻입니다.

신학의 원리

좋은 하드웨어는 좋은 소프트웨어를 만날 때 그 성능이 제대로 발휘되듯이, 탁월한 학문일수록 '진리의 빛 아래'에 비춰질 때 그 능력이 제대로 기능합니다. 여기에 '진리의 빛'이라고 하는 것은 '신학의 원리(神學의 原理)'를 말하는 것인데 이 진리의 빛 아래에서 학문의 원리를 통합하는 것을 기독교 세계관의 원리 혹은 성경적 통합법이라고 부르고 싶습니다.

거기에는 세 가지 기본 원리가 있는데 삼위일체 하나님이라고 하는 근본 원리, 하나님의 말씀인 성경이라는 외적 원리와 성령의 내적 원리가 그것입니다. 이 원리들은 본질적이고 절대적인 기준을 가지고 있기 때문에 지식간의 갈등과 대립을 방지할 수 있을 뿐 아니라 유일하고 정확하고 통일적인 지식을 가능하게 합니다.[112]

	학문 원리	신학 원리
외적원리:	**만물** (세상, 자연) ＊	**성경**
내적원리:	**인간** (경험, 이성) ＊	**성령**
근본원리:	**종교** (경배, 영성) ＊	**예수**

---

112) 이 원리를 네덜란드가 낳은 개혁주의 신학자 헤르만 바빙크로부터 빌려왔는데, 그는 본래 '신학의 원리'라는 명제로 이것을 설명한 바가 있습니다. 참고, Herman Bavinck, 『신학의 원리』, 차영배 역, (서울:총신대출판사), pp.92, 93, 386.

하나님과 그분을 믿는 신앙은 기독교 세계관의 근본 원리입니다. 우리나라의 전래 신들은 『해님과 달님』이란 동화에서 보는 것처럼, 인간에게 우호적이기보다는 위협적이고, 하도 변덕이 심하여 인격적인 감화력이 전혀 없습니다. 당연히 신앙도 신을 잘 구슬리고 달래는 식의 기복적인 성격을 가질 수밖에 없습니다.

고대 총장을 지낸 홍일식은 이렇게 분석한 적이 있습니다.

"신(호랑이)의 이미지가 인간과 우호적인 유대감을 느끼지 않고, 인간에게 있어서는 어디까지나 두렵고 괴로움을 안겨 주는 존재로 부각되어 있다. 신의 권위가 자비와 고매한 품성을 통해 유지되는 것이 아니라 물리적이고 현실적인 위협을 통해 유지된다. 이처럼 한국의 속신에게는 선과 신의가 없다. 신이 인간의 생활을 돕고 선도한다는 의식이 희박하다."

변덕이 심한 호랑이와 다른 하나님

그러나 유대 기독교의 하나님은 다릅니다. 하나님은 모든 피조물의 본질적 근원이며 신학과 기독교 세계관의 근본적인 원리입니다. 하나님은 창조자이시며 섭리자이시며 구원자이십니다. 그분은 자기 바깥에 인간과 자연을 창조하신 초월적인 분이지만 피조물과 교제를 나누고 의사소통을 하는 분이십니다. 그분은 지금도 살아 계시며 역사를 주관하시고 인생의 모든 문제에 대해 유일한 대답이십니다.

하나님 아버지는 독생자 예수 그리스도를 이 땅에 보내셔서 우리의 죄를 대신 지고 십자가에서 죽은 지 3일 만에 부활하여 우리에게 구원의 길을 열어주신 분입니다. 바울 사도는 그런 하나님에 대해 이렇게 고백한 적이 있습니다. "깊도다 하나님의 지혜와 지식의 부요함이여 그의 판단은 측량치 못할 것이며 그의 길은 찾지 못할 것이로다 누가 주의 마음을 알았느뇨 누가 그의 모사가 되었느뇨 누가 주께 먼저 드려서 갚으심을 받겠느뇨 이는 만물이 주에게서 나오고 주로 말미암고 주에게로 돌아감이라 영광이 그에게 세세에 있으리로다 아멘 (로마서 11:33-36).

그러나 그분에게 '하나님 어머니'라는 개념은 쓸 수 없습니다. 오늘날 페미니즘 신학에서 주장하는 것처럼, '여성 하나님'이나 '하나님 아버지' 대신에 '하나님 어머니' 개념은 성경적이 아니라고 봅니다. 왜냐하면 엄연한 삼위일체의 형식을 페미니즘이나 우리 시대의 언어적 감각에 맞게 마음대로 바꿀 수 없기 때문입니다. 그리고 하나님에 대한 남성적 용어가 하나님이 성(性)을 가진 존재하고 의미하지는 않기 때문입니다. 개인적으로 이 문제에 대해서 '라브리의 선언문'의 입장을 지지합니다.[113]

---

113) 라브리 선언문(The L'Abri Statements), 1997. "기독교는 계시의 종교다. 우리는 창조와 말씀에 나타난 하나님의 자기 계시를 통해 하나님의 성품과 속성을 알 수 있다. 성경에는 남성적·여성적 은유, 직유, 그리고 이미지 등을 포함한 하나님에 대한 비유적 언어가 매우 다양하고 풍부한데, 이것들은 우리가 하나님을 진정으로 알고 바르게 예배할 수 있도록 도와준다. 동시에, 하나님은 자신을 한 하나님 안에 세 인격 즉, 영원하신 성부, 성자 그리고 성령으로 계시하셨고, "아바, 아버지"라고 부르라고 하셨다. 우리는 이러한 삼위일체의 형식을, 페미니즘이나 기타 다른 우리 시대의 언어적 감각에 맞게 마음대로 바꿀 수 없다. 성경은 또한 하나님에 대한 남성적 용어가, 하나님이 성을 가지신 존재임을 의미하는 것이 아니라는 사실을 분명히 한다. 하나님은 인간의 성을 만드셨고, 그것을 초월하신다. 모세는 하나님의 형상을 "남자나 여자"의 모습으로 만들지 말라고 경고했으며(신명기 4:16), 남자와 여자 모두가 하나님의 형상으로 창조되었기 때문에, 남자가 여자보다 하나님을 더 정확하게 닮았거나 반영하는 것은 아니며 그 반대의 경우도 마찬가지다. 성경의 언어는 성경의 하나님이 인격적인 존재이시며, 우리의 아버지라고 가르치고 있다."

그리고 옛날 어거스틴 시대에 보편자와 특수자에 대한 논쟁을 잠재운 것처럼 '삼위일체(三位一體) 하나님'을 다시 과시하는 것이 필요합니다. 왜냐하면 21세기에는 더 이상 보편자와 특수자 논쟁은 없지만 여전히 다양성 속에서 통일성을 찾고 있기 때문입니다. 국제라브리의 총재인 리트께르크(Wim Rietkerk)는 "삼위일체 교리는 케케묵은 도그마가 아니라, 현대 문화가 직면하고 있는 포스트모더니즘에 대한 가장 적절한 대답 중에 하나이다"라고 말한 바가 있습니다.

보편자와 특수자 그리고 통일성과 다양성

그의 말대로 삼위일체는 새 천년의 핵심적인 문제로 등장하는 온갖 상이한 이념의 문제, 문화 전쟁의 갈등, 남녀 간의 성 문제, 이익집단 간의 이해관계 등의 문제에 대해 가장 근원적이고 본질적인 대답이 될 것이 분명합니다. 지금 우리 사회에서는 독립성, 독창성, 유별성이 강조되는 만큼 통일성, 일치성, 공동체성이 같은 비중으로 취급되지 못하고 있기 때문입니다.

유대, 기독교의 삼위일체 하나님은 그 본질상 삼위(三位, the three persons)께서 말로 형언할 수 없는 고차원적인 질서 속에서 개성과 다양성과 자유를 가지고 있으면서도, 그것이 하나로 일치되고 통일되며 조화된다는 사실입니다. 즉 완벽한 다양성과 완벽한 통일성이 만난 인격, 바로 그것이 '삼위일체' 하나님이십니다. 에베소서 1장은 삼위일체론의 정수라 할 수 있는데, (1) 하나님 아버지의 경륜 (2) 성령 하나님의 인침 (3) 예수 그리스도의 능력에 대한 서술로 유명합니다.

하나님은 인간의 자유와 책임을 존중하는 분입니다. 하나님은 주권자이시지만 인간의 자유와 책임을 전적으로 존중하십니다. 그러기에 저는 종교개혁자 칼빈을 따라 하나님의 전적인 주권과 섭리를 인정하면서 동시에 인간의 자유와 책임을 전적으로 주장하는 것(100% 하나님의 주권과 섭리, 100% 인간의 자유와 책임)이 바른 태도라고 생각하고, 그런 정신을 계승하고 있는 개혁주의 문서에서 지혜를 얻고 있습니다.[114]

그러므로 유대 기독교의 하나님과 그분을 인격적으로 믿는 것이야말로 기독교 세계관의 근본 원리입니다. 하나님은 우리가 그분을 믿든

---

114) ① 선택을 설교하는 것은 개혁주의이다. 그러나 청중들로 하여금 인간의 책임을 무시하는 것을 허용하거나 부인하게 하는 것은 개혁주의가 아니다. ② 구원의 전 과정, 즉 시작과 중간과 끝이 하나님께 속한다고 말하는 것은 개혁주의이다. 그러나 만일 죄인이 구원받지 못했다면 그것은 하나님의 잘못이라고 생각하는 것은 개혁주의가 아니다. ③ '회개하라. 회개하라'라는 명령이 복음을 듣는 모든 사람의 양심에 호소한다는 것은 개혁주의이다. 그러나 오직 하나님만이 회심의 책임자라는 것은 개혁주의가 아니다. ④ 만일 하나님께서 사람의 마음속에 은총의 활동을 시작하지 않으시면 그 활동은 절대 시작되지 않는다고 가르치는 것은 개혁주의이다. 그러나 개종에 있어서 하나님께서 죄인들을 마치 돌이나 지팡이처럼 다루신다고 생각하도록 가르치는 것은 개혁주의가 아니다." 나머지는 각주에서 참고하시기 바랍니다. ⑤ 알미니안들이 하나님의 영광을 제대로 다루지 못했다고 지적함은 개혁주의이다. 그러나 개혁주의에서 인간의 통찰력 이상으로 주장하는 것이 있음을 인식하지 못함은 개혁주의가 아니다. ⑥ 우리는 하나님에 대해서 잘 알므로 하나님은 통치자이시며 어떤 방법으로든지 인간에게 의지하지 않으신다고 말할 수 있다. 그리고 우리는 인간에 대하여 잘 알기에 인간은 날마다 직면하는 문제에 대해서 책임감을 가지고 결정해야 한다고 말해야 한다. 그러나 우리는 하나님과 인간에 대해 다 알지 못하므로 이 두 가지 지식들을 잘 조화시킬 수 없다는 것을 인정해야 한다. ⑦ 어떤 사람(선교사)도 여호수아가 이스라엘 백성에게 '오늘날 너희가 섬길 자를 너희가 택하라'고 말한 것을 용감하게 말하기를 주저하거나 주저할 필요가 없다. 당신이 사람들에게 자신들이 결정을 내리도록 촉구해도 개혁주의의 범위를 벗어나는 것이 아니다. 그것은 하나님이 그의 말씀 속에서 하신 것을 당신도 하는 것이다. 그리고 그것이 당신(선교사)의 가장 높은 이상이다."[미국 CRC, *Christian Reformed Church*, 교단의 목사 코르네(J. C. de Korne)가 스코틀랜드 장로교 잡지 《깃발》(*The Banner*)에 기고한 글에서 요약, 1934. 10.18].

지 안 믿든지 과거나 현재나 미래나 언제나 존재하시고, 인간의 모든 문제의 해답이시며 죄로부터 구원해주실 수 있는 분이기 때문입니다.

그리고 그분을 믿는다면 우리가 필요가 있을 때만 믿는 것이 아니라 삶 속에서 그분의 능력과 인격을 매 순간순간(moment by mom ent) 의지하고 사랑하는 것이야말로 바른 신앙입니다(로마서 3:21-8:39). 그러기에 인류 역사라는 것은 바로 이 하나님에 대한 신앙과 불신앙의 종교사이며, 기독교 세계관이라고 하는 것은 한 마디로 하나님과 신앙 중심의 신본주의(神本主義) 세계관을 말합니다.

참고로 요한복음에서 '지식과 믿음'의 문제가 중요한 테마로 등장하는데, 믿음이 지식에 선행하듯이 보이는 구절이 있는가 하면(요한복음 6:69), 때로는 지식이 믿음에 선행하듯이 말하는 구절도 보입니다 (16:30; 18:8) 프랜시스 쉐퍼는 "지식이 신앙에 선행한다"고 보았는데, 지식이 없는 신앙은 '신앙(faith)'이 아니라 '비약(leap)'이라고 생각했기 때문입니다.

그리고 요즘 역사적 사실 여부에 대한 검정 없이도 일단 믿음과 감정을 가지기만 하면 신앙인이요 종교인이라는 신앙 만능론이 많은데 반해, 요한은 신앙과 감정은 역사적 예수라는 엄연한 사실에 근거한다는 것을 분명히 밝히고 있습니다.

우리의 믿음은 역사적 예수와 그분의 말씀, 즉 성경에 근거하는 것이지 우리들 자신의 느낌이나 감정에 근거하는 것이 아니라는 것입니다. 바른 신앙이란 역사적 사실이라는 지식과 말씀에서 믿음이 나오고 굳건한 믿음에서 감정이 따라야 합니다.

기독교 세계관의 내, 외적 원리

수잔 : "성경을 지루하게 읽는 비결이 무엇일까요?"

목사 : "아니, 성경을 재미있게 읽는 비결을 말해도 신통찮은데 무슨 불경스러운 말입니까?"

수잔 : 지루하게 읽는 비결을 알면 재미있게 읽게 되니까 너무 걱정하지 마세요."

목사 : "그러면 성경을 고루하게 읽는 비결이라고 해 주세요."

수잔 : "참 고루한 목사님이시군요."

목사 : "감히 성직자를 놀리다니?"

성경을 지루하게 읽는 비결

수잔은 쉐퍼부부의 딸로서 가정에서나 교회에서 성경을 지루하게 읽기 때문에 아이들이 성경을 읽기 싫어한다는 것을 알고 다음과 같이 성경을 따분하게 읽는 비결을 모았습니다.

(1) 라디오나 당신이 제일 좋아하는 TV쇼 프로그램을 틀어 놓은 채 성경을 읽어라. 아니면 바깥에 나가서 놀고 싶은 화창한 아침이나 오후에 읽어라.

(2) 이해하기 힘든 옛날 말로 번역된 성경을 읽어라.

(3) 눈을 감은 채 성경을 펼쳐서 손으로 아무데나 짚어라. 그 구절이 "오늘의 말씀" 이라고 생각하라.

(4) 빨리 읽어 치우라. "자기아들을아끼지아니하시고우리모든사람을위하여내어주신이가어찌그아들과함께모든것을우리에게은사로주시지아니하시겠느뇨?" (로마서 8:32).

(5) 생각도 토론도 없이 성경을 덮어버리라. 오늘 읽을 몫은 다 읽었다고 생각하고 이제 (1)번에 있는 것들 중에 하고 싶은 것을 해라.[115]

---

115) Susan Schaeffer Macaulay, 『라브리의 교육철학』, 박경옥 역, p.91.

외적 원리 : 성경과 자연

성경과 자연은 기독교 세계관의 외적인 원리입니다. 인간은 누구나 자기 한계 때문에 끊임없이 초월적 계시를 추구했습니다. 역사상 가장 인기 있는 계시는 꿈이나 점이었으며, 하늘이나 땅에서 일어나는 자연 계시 그 자체였습니다. 그러나 성경 계시의 빛이 없으면 자연 계시는 어두움 아래 놓여 있습니다. 자연 계시는 완전하지 못하기 때문입니다.

성경 계시에 대해서는 한 마디로 "하나님의 말씀이다"라는 것으로 충분하지만, 내가 정리한 바 있는 "프란시스 쉐퍼의 성경관"의 요약을 소개하는 것으로 대신하겠습니다.

> (1) 성경은 참 진리입니다. 성경이 진리라고 할 때 그것은 인간의 본질, 그의 죄성, 구원의 필요성 그리고 심판의 현실과 같이 단지 종교적인 영역에만 국한되는 것이 아니라 우주와 역사, 인간 등의 모든 존재 양식에 대한 사실이라는 것입니다.
> 쉐퍼는 이런 사실을 '있는 그대로의 사실(brutal facts)'이라 불렀으며, 그것은 역사적이고 시공간적인 사실을 의미합니다. 그리고 이러한 성경적 진리를 강조하여 "참 진리(true truth)"라고 불렀습니다. 이 말은 맹목적인 신비주의나 암시적인 언어와는 근본적으로 다른 '존재하는 사실에 부합하는 실제적인 진리'를 의미합니다.
>
> (2) 성경은 명제적 진리입니다. 지난 세기 동안 어떤 신학자들은 성경이 신적인 계시(啓示)이기 때문에 인간의 경험적인 문제, 즉 우주와 역사에 대해서는 언급하지 않는다고 주장했습니다. 반면에

어떤 과학자들은 성경이 종교적이기 때문에 역사와 과학에 대해 거의 혹은 아무 교훈도 주지 않는다고 말했습니다.

쉐퍼는 이 두 부류는 서로 다른 개념의 틀과 언어 체계를 갖고 있음에도 불구하고 철학적으로나 신학적으로 동일한 문제라고 보았습니다. 이 문제에 대한 쉐퍼의 대답은 간단합니다. 성경은 과학에 대한 '세부적인 진리'를 다 말해 주지는 않지만 가장 기본적이고 원리적인 진리, 즉 명제적인 진리(propositional truth)를 말해 준다는 것입니다.

(3) 성경은 절대적 진리입니다. 쉐퍼가 성경의 무오성(無誤性)을 소리 높이 외친 데는 이유가 있었습니다. 복음주의 교회의 위기는 성경관에 있었기 때문입니다. 당시에는 복음주의 내에 파고 들어온 실존주의적인 해석 방법론으로 인해서 성경에 '오류가 없는' 이란 말이 무의미해졌습니다.

그래서 쉐퍼는 "성경의 '무오'라는 말에 덧붙여야 할 말이 있다. 즉 성경은 가치, 의미 체계, 종교적 사실들에 대해 말할 때에도 오류가 없을 뿐만 아니라 역사와 우주에 대해서 말할 때에도 오류가 없다고 말해야 한다"고 외쳤던 것입니다. 그는 이러한 복잡한 표현보다도 오히려 성경이 절대적 진리(absolute truth)라는 말을 즐겨 사용했습니다.

(4) 성경은 현실적 진리입니다. 성경은 탁상공론이 아니라 가정이나 교회 혹은 사회에서 인간의 실제의 삶에서 변화를 일으키는 말씀입니다. 쉐퍼는 죄를 예로 들어 설명합니다. 죄(罪)를 죄로 취급

하는 것이 현실이라는 것입니다. 왜냐하면 성경은 죄를 심각하게 다루지 결코 축소하지 않으며, 죄를 심리적인 실수라고 말하지 않으며, 인간은 죄인이며 하나님은 거룩하다고 말합니다.

죄의 문제를 갖고는 누구도 하나님 앞에 그대로 설 수 없기 때문에 인간에게는 구원이 필요합니다. 이것이 성경이 말하는 인간이 직면한 현실입니다. 쉐퍼는 성경을 절반 정도의 현실적인 진리가 아니라 전적으로 현실적인 진리(realistic truth)로 믿었습니다.

(5) 성경은 인식 가능한 진리입니다. 지난 세기에는 성경으로부터 합리적 이성을 분리시키려는 시도가 꾸준히 있었습니다. 성경은 단지 기독교의 체험적 진술일 뿐이며 존재하는 것에 대한 합리적 진술도 아니고 인식 가능한 진리도 아니라는 도전이었습니다. 이 도전은 자유주의와 신정통주의에서 찾아왔습니다. 그 대표적인 무대는 창세기와 복음서였고 공격의 초점은 성경 본문에 대한 고등 비평이었습니다. 바로 거기에서 성경은 인식할 수 없는 인간 경험의 한 해석이라고 이해된 것입니다.

그 결과는 신앙의 신비성을 확보하는 대신에 합리성을 양보하는 것으로 나타났습니다. 결국 성경은 감동 받을 수는 있어도 인식될 수는 없는 책으로 전락하고 말았습니다. 그러나 쉐퍼는 성경이 종교적 진리일 뿐만 아니라 이 세계와 역사에 관해서도 검정과 인식이 가능한 진리(knowable truth)를 제공한다고 믿었습니다.[116]

---

116) 성인경 편, 『프랜시스 쉐퍼 읽기』, (서울:예영커뮤니케이션), pp.39-48.

내적 원리 : 성령, 이성, 감정

성령과 이성, 감정은 기독교 세계관의 내적인 원리입니다. 불교에서 말하는 훈련이나, 유교에서 말하는 수양이나, 철학에서 말하는 사색은 진리를 깨닫는 하나의 방법이 될 수 있을지는 몰라도 능력은 아닙니다. 그것들은 성령의 조명이 있기 전에는 어두움 아래에 있습니다. 왜냐하면 모든 진리를 깨닫게 하는 힘의 원천이 바로 성령이고, 특별히 세계관과 관련하여서, 그 분은 진리와 지혜와 지식과 생각의 원천이시기 때문입니다. 성령은 진리의 영이십니다.

"진리의 성령이 오시면 그가 너희를 모든 진리 가운데로 인도하시리니 그가 자의로 말하지 않고 오직 듣는 것을 말하시며 장래 일을 너희에게 알리시리라 그는 내 영광을 나타내리니 내 것을 가지고 너희에게 알리겠음이니라 무릇 아버지께 있는 것은 다 내 것이라 그러므로 내가 말하기를 그가 내 것을 가지고 너희에게 알리리라 하였노라"(요한복음 16:13-15).

성령이 없이는 참 진리도 기독교 세계관도 깨달을 수 없습니다. 성령은 지식과 생각의 영이십니다.

"육신을 좇는 자는 육신의 일을, 영을 좇는 자는 영의 일을 생각하나니, 육신의 생각은 사망이요 영의 생각은 생명과 평안이니라 육신의 생각은 하나님과 원수가 되나니 이는 하나님의 법에 굴복치 아니할 뿐 아니라 할 수도 없음이라"(로마서 8:5-7).

성령은 생명의 영이십니다. 성령은 새 사람을 만듭니다. 진리를 알고 진리 안에서 자유를 얻고 새 사람이 되는 것은 모두 성령의 능력으로 가능한 것입니다. 리델보스는 그의 『바울신학』에서 그것을 다음과 같이 요약한 바가 있습니다.

> "그리스도와 함께 죽는다는 것은 옛사람이 그와 함께 십자가에 못박힌다는 것을 의미한다. 옛 사람을 벗어 버리고 새 사람을 입는다는 것은 옛 사람의 존재 양식에 이별을 고하는 세례와 연관되며, 동시에 그리스도의 몸된 교회의 새로운 존재에 연합되는 것을 말한다(에베소서 2:15). 즉 중생은 그리스도의 몸에 성례전적으로 연합됨으로서 세례로 새롭게 됨을 의미하는데, 성령에 의해 유효하게 된 새 생명을 말한다."

성령은 은사의 영이십니다. 각종 '은사(카리스마 χαρισμα)'는 성령이 주시는 선물입니다. 가르치는 은사, 지혜의 은사, 봉사하는 은사, 병을 고치는 은사, 상담하는 은사 등 모든 카리스마는 동일한 가치가 있는 성령의 선물입니다(고린도전서 12:4-11). 은사간에는 아무런 차등이나 우월도 없습니다. 그러므로 모든 은사는 사랑으로 합당하게 사용되어야 합니다. 지식과 지혜의 은사도 마찬가지입니다.

여기의 "합당하게 행하라(아키오스 페리파테사이 αξιωςπεριπατησαι)"는 말은 '균형있게 처신하라'는 말인데, '무게가 똑같은 물건을 저울의 양쪽에 올려놓을 때에 어느 한 쪽으로도 기울어지지 않고 완전한 균형을 이루는 상태'를 의미합니다. 제 아무리 좋은 은사라 하더라도 우월감에 빠져 지나치게 사용하면 이웃에게 덕이 되지 않습니다.

성령은 공동체를 세우시는 영이십니다. 성령은 각 사람만 아니라 공동체를 온전하게 하십니다. 성령은 우리가 가진 은사를 통해 다른 사람을 온전케 하고 공동체를 세우라고 말합니다(에베소서 4:12,13). 여기의 "온전케"라는 말은 '합하여 한 몸이 된다'는 말인데, 로이드 존스(M. Lloyd-Jones)는 "이 말은 본래 의학적인 용어로서 뼈가 위골된 것을 바르게 맞춘다"는 말이라고 합니다.

다시 말하면, 성령이 주신 은사의 목적은 서로 부족하고 모자라는 부분을 맞추어 온전한 사람이 되도록 하는 것입니다. 이것은 성령이 오시는 이유가 우리의 만족을 위해서가 아니라 은사를 통해 다른 사람들이 성숙해지고 풍성해지도록 하는 데 그 목적이 있기 때문입니다.[117]

그러므로 기독교 세계관을 세우는 작업은 하나님이 주시는 능력과 지혜로 하는 것이며 결코 우리의 잔꾀로 하는 것이 아닙니다. 기독교 세계관은 우리의 적극적인 연구와 실험이 없이 기도만 한다고 저절로 세워지는 것도 아닙니다. 우리가 기독교 세계관의 원리를 이 시대의 좌표로 제시할 수 있는 것은 이처럼 진리를 탐구하는 자세가 객관적이면서도 인격적인 탐구 원리 위에 기초하고 있기 때문입니다.

---

117) 성령은 사람들에게 새 힘을 공급하는 분이시기도 합니다. 디모데는 성령으로부터 좋은 은사들을 많이 받았고 이미 불이 붙어 있었습니다. 그의 문제는 바람이 없어서 불이 활활 타지 못하고 시들시들해지고 있었다는 것입니다. 육체적으로나 영적으로 너무 피곤해서 받은 은사가 제대로 사용되지 못하고 있었던 것입니다. 그래서 바울은 "다시 불일 듯 하게 하라"(디모데후서 1:6)고 했는데, 그 말은 '은사의 불이 계속 타도록 바람을 부쳐라($\alpha\nu\alpha\zeta\omega\pi\nu\rho\epsilon\iota\nu$ τo $\chi\alpha\rho\iota\sigma\mu\alpha$)'는 말입니다. 성령은 이처럼 삶의 모든 영역에 기독교 세계관을 세우기 위해서 각 사람에게 새 힘을 북돋아 주십니다. 지식의 은사를 받은 사람은 더 공부를 열심히 하고, 가르치는 은사를 받은 사람은 사람들을 더 잘 가르치고, 봉사하는 사람은 더 잘 할 수 있도록 성령으로부터 끊임없이 새 힘을 받아야 합니다.

핵심 원리

"인간 역사에서 가장 오래되고 인기 있는 화두가 무엇일까요?"

"뭐니 뭐니 해도 'Money' 입니다."
"톨킨의 『반지의 제왕』도 안 봤니? 권력과 파워의 문제입니다. 톱뉴스는 언제나 정치잖아?"
"그러나 돈벌고 힘이 있으면 뭘 생각하나? 단연코 남자와 여자 문제입니다."
"모두 틀렸습니다. 그런 것들을 옛날 말이고 요즘은 주식과 여의도, 섹스라고 말합니다."
"그래?"

아침부터 저녁까지, 집에서나 바깥에서나, 깨어 있을 때나 잘 때나, 가끔은 꿈속에서까지도 사람들을 사로잡고 있는 것이 있습니다. 그것이 가장 오래되고 인기 있는 화두입니다. 그것은 아침, 점심, 저녁 밥상의 단골 메뉴이고 그 맛에 밥을 먹는 사람들이 있습니다. 이를테면 경제, 정치, 쾌락이란 이 세 가지 사고의 틀 안에서 우리의 대화와 사고가 뱅뱅 돈다는 것입니다.

그러나 기독교인은 달라야 합니다. 우리의 화두는 거기에서 뛰어 넘어야 합니다. 그래서 기독교 세계관의 핵심 원리는 그보다 훨씬 포괄적이면서도 더 현실적인데, 그것을 체계화시킨 사람들은 역사상 어거스틴, 루터, 칼빈 등이 있으며 근세에는 화란의 기독교 법철학자 도이벨트(Herman Doyweerd)가 "창조, 타락, 구속"을 핵심 원리로 제시한 것으로 유명합니다.

　그러나 저는 프랜시스 쉐퍼의 견해를 참고하여, 핵심 원리를 존재론적 원리, 도덕론적 원리, 인식론적 원리로 나누어 설명하도록 해 보겠습니다.

존재론적 원리

과연 존재와 그 기원에 대해 질문하는 것은 과연 정신병적 환각일까요? 러셀은 『나는 왜 기독교인이 아닌가』라는 책에서 "태초의 문제를 생각하는 것은 논리의 부정직성에 기인한 철학의 소아병에 지나지 않는다. 도대체 이 세계가 탄생의 원인을 가져야만 한다고 생각할 아무 이유가 없으며 모든 사물이 완전한 태초를 가져야만 한다는 생각 자체가 우리 상상력의 빈곤에서 오는 정신병에 불과하다"고 말한 것으로 유명합니다.

그러나 인간이 태초에 관심을 갖는 것은 정신병적 환각에 빠져 있기 때문이 아니라 오히려 자신의 기원과 출발을 알고자 하는 인격적인 의무감 때문입니다. 모든 인류는 우주 기원론까지는 아니라도 민족 기원론 정도는 다 가지고 있습니다. 우리 같으면 단군신화가 그것입니다.

존재의 기원에 대해서 크게 세 가지 가능한 대답을 생각해 볼 수 있습니다. 첫째는 전적인 '무(無)' 라는 기원이고, 쉐퍼는 그것을 '전적인 무(Nothing Nothing beginning)' 이라고 말했다. 둘째는 '비인격적 기원(impersonal beginning)' 이고, 셋째는 '인격적 기원(personal beginning)' 입니다. 전적인 무는 이론적으로는 토론이 가능하지만 실제로는 불가능한 것이며, 비인격적 기원은 무신론자들이나 범신론자들의 기원론입니다.

우상과 하나님

우리나라에 천주교가 처음 소개되었을 때, 최수운과 같은 이는 동양의 범신론적 세계관에 사로잡혀 있었기 때문에 기독교의 하나님을 인간과 자연과는 너무나 동떨어진 초월적인 존재로만 오해하고, 거기에서는 인간의 주체성이 완전히 부정된다고 본 나머지 인내천(人乃天), 즉 '사람이 한울이다' 는 인본주의적인 주장을 하게 되었다고 합니다.[118] 그것은 해탈한 인간은 누구나 부처가 된다는 불교의 범신론적 신관과 크게 다르지 않은 것입니다.

　어느 사회의 건강 상태를 결정하는 가장 핵심 요인은 그들이 믿는 신의 존재와 성품에 달려 있는 경우가 많은데, 알고 보면 우리 시대의 모든 문제는 바로 절대적인 존재의 부재에 있습니다. 프랜시스 쉐퍼는 그 점을 고대 그리스 사회와 관련하여 잘 지적한 사람 중 하나입니다.

　　"플라톤은 절대적인 것이 존재하지 않으면 만물 중 어떤 것도 의미를 부여받을 수 없다는 사실을 이해하고 있었다. 그러나 그의 신들이 의미 부여를 할 수 있는 절대적 존재가 되기에는 부족한 작은 존재였다는 사실이 그에게 문제가 되었다. 플라톤은 절대적인 존재의 필요를 자각했지만 그의 신들은 참고점이 되기에도, 절대적인 것과 그의 이상이 자리 잡기에도 부족한 작은 존재였기에 그 필요는 채워지지 않았다. 그리스 문학에서 운명의 여신들은 가끔 신들의 배후에서 그들을 통제하는 듯이 보인다. 그러나 때로는 신들이 운명의 여신들을 통제하는 듯이 보인다. 왜 이런 혼란이 있는가? 그것은 그리스 사람들의 유한한 신들이 충분히 큰 존재가 아니어서 절대성의 문제에 대해서는 그들의 사상이 완전히 무능하기 때문이

---

118) 최민홍, 『한철학- 한민족의 정신적 뿌리』, (서울:성문사), p.300.
119) Francis A. Schaeffer, 『거기 계시며 말씀하시는 하나님』, 제1장: 형이상학적 필요성 중에서, 조성훈 개인 번역본에서 재인용.

다. 그래서 인격적이면서도 무한하신 하나님이 요구되는 것이다. 이것이 첫번째 충족 조건이다."[119]

그래서 성경은 인격적인 하나님과 그분의 창조에서 출발합니다. "태초에 하나님이 천지를 창조하시니라"(창세기 1:1). 이 말씀에서 볼 수 있는 것처럼, 창조에서 다루는 세 가지 기본적인 영역은 자연, 인간, 그리고 영들의 세계인데, 성경은 이런 것들이 인격적이고 전능한 창조주 하나님에 의해 계획적으로 만들어진 것이며, 우연히 발생했다거나 미개한 데서 진화되었다고 말하지 않습니다.

오히려 무한하시고 인격적인 하나님께서 그분의 솜씨와 성품 그리고 능력으로 자신의 존재 바깥에 독립적으로 인간과 자연과 영들을 창조하셨다고 말합니다. 그래서 바울 사도는 "창세로부터 그의 보이지 아니하는 것들 곧 그의 영원하신 능력과 신성이 그 만드신 만물에 분명히 보여 알게 되나니 그러므로 저희가 핑계치 못할지니라"(로마서 1:20)고 말했던 것입니다. 물론 피조물 중에 으뜸은 인간이며 특별한 존재입니다.

인간, 그 하나님의 형상

인간이 특별한 존재라고 하는 이유는 인격적인 존재이기 때문입니다. 인간은 본래부터 인격자이지, 비인격자에서 인격자로 진화한 존재가 아닙니다. 인간은 하나님의 형상을 닮아서 만들어진 존재이기 때문에 본래부터 영혼, 지성, 감정, 의지, 창의력 등을 가진 존재입니다.

바로 이 근거 위에서 모든 인간은 초자연적인 하나님과 접촉하면서도 자연 세계 속에 살 수 있으며, 경험론적으로 진리를 체험하면서도 관념론적으로 진리를 인식할 수 있습니다. 비록 인간이 범죄하고 타락하였으나 그것 때문에 비인격적인 존재가 된 것은 아닙니다. 인간은 범죄로 인해 인격에 큰 손상을 입었으나 여전히 인간이며 동물이나 기계가 된 것은 아니기 때문입니다.

그러나 인간은 유한하고 의존적인 존재입니다. 전능하시고 무한하신 하나님과는 다른 점 중에 하나가 바로 이 유한성과 의존성입니다. 즉 인간은 하나님의 형상을 지닌 위대한 존재이지만 여전히 피조물입니다. 여기서 꼭 짚고 넘어가야 하는 것은, '유한(limitation)'하다는 그 자체가 인간에게 '문제(problem)'가 되지는 않는다는 사실입니다.

인간은 하나님에게 의존되어 있고, 시공을 초월할 수도 없고, 벽 뒤에서 무슨 일이 일어나고 있는지도 모르며, 모든 것을 다 알지도 못하고, 하고 싶은 것을 다 할 수도 없습니다. 그러나 그것 때문에 인간이 사는 데 문제가 생기는 것은 아닙니다. 진짜 문제는 존재론적인 것이 아니라 도덕적인 죄입니다. 키가 작고 못생기고 머리가 좋지 않더라도 그것이 문제라고 생각해서는 안 되는 이유가 여기에 있습니다.

자연

하나님은 창조하실 때부터 자연만물에 일정한 질서 혹은 합법칙성을 심어 놓으셨습니다. 만물 속의 합법칙성에 대해 전북대 정진균 교수는 "인류가 발견한 여러 가지 수학과 과학에 대한 지식 중에, 미분방정식과 같은 지식은 전자 운동과 행성의 회전 운동을 묘사하는 것인데, 이것은 하나님의 창조섭리의 일부를 밝힌 것이다"고 설명한 적이 있습니다.

홈즈(Arthur Holmes)는 보다 구체적으로 "창조는 세 가지 과학이

가능하드록 했다"고 말한 바가 있습니다.

> "하나님은 실험과학(experimental science)을 할 수 있는 '시간, 공간,
> 재료' 등의 과학의 조건을 준비하셨다. 그리고 이론과학(theoretical
> science)을 할 수 있는 질서와 인간 이성(理性)을 준비하셨고, 그리
> 고 응용과학(applied science)이 가능하도록 "만물을 정복하고 다스
> 리라"고 하는 문화명령을 주셨다."

자연은 진화론적 인본주의자들이 믿는 것처럼 인과율만이 존재하는 폐쇄체계(closed system)로 닫혀 있는 것이 아니라, 근대 과학자들이 믿었던 것처럼 하나님이 개입하시면 언제든지 열리는 개방체계(open system), 즉 하나님의 초자연적이고 신비적인 법칙이 작동되는, 열려 있는 세계로 창조되었습니다. 예를 들어 태양은 매일 아침에 떠서 저녁에 지는 것이라고 하지만, 구약 성경에 나오는 여호수아라는 장군이 기도했을 때는 중천에 떠서 반나절을 머물기도 하는 것입니다.

이처럼 역사 속에 일어나는 수많은 초자연적인 이적과 기사들, 이를테면 천지창조, 홍해가 갈라짐, 죽은 자가 살아남, 각종 치유 등이 가능한 이유는 세상이 개방체계로 만들어졌기 때문입니다. 그런 의미에서 우리가 사는 우주는 자연법칙뿐만 아니라 초자연법칙도 공존하는 열린 세계입니다. 가까운 사람이 병이 걸렸을 때 병 낫기를 기도할 수 있는 것은 인간과 우주가 하나님의 초자연적인 개입이 가능한 열린 세상이라고 믿기 때문입니다.

한때 유행했던 자연주의(Naturalism), 이신론(Deism)은 지금도 많은 사람들의 세계관을 점령하고 있는데, 인과율의 폐쇄체계 안에서 진

화나 진보를 믿으나 하나님의 섭리를 위한 공간은 전혀 남겨주지 않습니다. 그러나 초자연주의(Supernaturalism)는 개방체계 안에 이적과 기사에 열려 있으며, 자연법칙의 인과율마저도 하나님의 섭리와 운행 아래 있다는 것을 인정합니다.

그리고 기독교의 자연관은 '인간은 인간이고, 하나님은 하나님이며, 자연은 그 둘에 종속되어 있다' 고 봅니다. 결코 동양인들처럼 자연을 숭배의 대상으로 보거나 서양인들처럼 착취의 대상으로 보는 것이 아니라 관리와 발전 그리고 감상의 대상으로 보는 것입니다.

그러므로 인간은 자연을 정복할 권위를 가지고 있으면서도 동시에 같은 피조물인 자연을 일정한 예의와 존중함으로 대해야 할 의무도 수반하고 있습니다. 그런 의미에서 "유대 기독교는 세상을 마법에서 풀어버렸다"는 화이트(Lynn White)의 말은 옳은 지적입니다.

여기의 "마법에서 풀어버렸다"는 말은 자연을 숭배나 착취의 대상이 아니라 심미적인 감상이나 과학적 연구의 대상으로 이해했다는 것입니다. 이것은 서양과 동양철학의 생명 사상과도 배치되는 획기적인 세계관입니다. 즉 자연과 인간은 무관한 존재가 아니라 상호 연관성이 있는 존재이며 인간은 자연을 다스리고 존중하며 살도록 하셨다는 사실입니다.

그러나 화이트는 거기에 멈추지 못하고 더 나아가 자연을 실재하는 피조물로 받아들여야 한다는 그 이상을 추구하고 말았습니다. 그는 자연을 실재하는 그대로 바라보는 눈을 열어주기는 했으나, 앗시시의 성 프랜시스와 같은 종교적 환상이나 자연에 대한 지나친 낭만적 관점을 지향하기까지 했습니다. 그것은 20세기에 '자연이 곧 영이다' 고 하는 뉴에이지(New Age)나 범신론적 신비주의를 정당화한 것으로 큰 실수였습니다.

요즘 동양학에서 물(物) 자체를 신(神)으로 생각하거나 만물에 기(氣)가 있다고 하는 정령(精靈) 사상도 자연을 신격화하는 자연주의의 맥락입니다.

사실은 여기에 대해서도 많은 부언이 필요하지만, 지면 관계상 하나님이 창조하신 것 중에는 영들의 세계도 있고 '하나님의 나라'라고 하는 사후 세계도 있다는 것만 언급하겠습니다. 우리가 볼 수 없는 천사들의 초자연적인 세계가 있으며 천사가 타락한 마귀의 세계도 있고 '낙원'이라고 하는 천국과 영원한 하나님의 나라도 있습니다.

도덕론적 원리

"인간의 진짜 문제가 무엇일까요?"

"경제적인 문제입니다. 빈부격차 때문에 사회적인 갈등의 골이 깊어지고 있습니다."
"환경적인 문제입니다. 해수면 온도가 1도 오르면 바다 생물과 태풍 그리고 육지기온에 심각한 영향을 미칩니다. 기온이 높아가는 것은 공해 때문인데 이것을 극복하지 못하면 인류에게 곧 종말이 올 것입니다."
"인간의 진짜 문제는 도덕적인 문제입니다. 병들고 늙고 죽고 하는 악과 죄의 문제입니다. 경제적인 문제나 환경적인 문제도 중요하지만 비본질적인 문제입니다. 그러나 도덕적인 문제는 본질적인 문제입니다."

악의 문제

악의 문제에 대해서는 동서양뿐만 아니라 사람마다 견해가 천차만별입니다 서양의 어떤 사람들은 악이란 인간의 관념이나 환상이라고 말합니다. 즉 악은 실체가 아니라 인간들의 생각일 뿐 실제로 존재하는 것이 아니라는 관념론(觀念論)입니다.

어떤 사람들은 이 세상 처음부터 선과 악이라는 두 개의 대립된 세력이 계속 싸우고 있으므로 병과 고난과 불의와 죽음이 끊일 날이 없다는 이원론(二元論)입니다. 어떤 사람들은 악을 역사 발전의 필연적 단계라고 말하기도 하고, 인간의 왜곡된 환경과 교육 방식, 유전 인자 등의 결과라는 결정론(決定論)입니다.

동양에도 악에 대해 여러 가지 견해가 있는데, 불교에서는 이 세상 자체가 고통의 바다(苦海)라고 하여 모든 것이 다 악이라고 보았으며, 노자는 무위(無爲)의 상대 개념인 유위(有爲), 즉 인간의 의도적이고 인위적인 모든 것을 "원인적 악(causal evil)"이라고 말했으며, 공자는 인간의 본성은 본래 선하지만 사물과 접촉하면서 악이 생긴다고 보았는데, 악이 실제로 존재한다기보다는 선으로부터 왜곡된 것이 악이라고 보았습니다.[120]

악의 문제에 대한 기독교계의 잘못된 신정론(神正論), 즉 악의 존재가 하나님의 섭리라고 주장하는 이론들도 많습니다. 신정론은 악을 영적인 것으로 미화하기도 하고 혹은 악은 실재가 아니라거나 혹은 선의 결핍이라고 말하기도 합니다. 또는 악은 하나님의 무능이 원인이라고 말하기도 하고, 모든 것을 하나님의 뜻으로 돌리는 태도도 있습니다. 잘못된 환경 속에서 당하는 불합리한 고통일지라도 그것을 하나님의 뜻으로 알고 감사하라는 것입니다.[121]

---

120) 구자만, '고통,질병에 대한 신학적 해석' (논문), 대한신학교, pp. 9-14.
121) 구자만, 위의 논문, pp.20-24. 구자만은 이 논문에서 신정론을 다음과 같이 12 가지로 잘 분석했는데 그 내용은 다음과 같습니다. ① 자연법칙(natural law) 신정론 ② 자유의지(free will) 신정론 ③ 영혼형성(soul-making) 신정론 ④ 한층 더 위대한 선(greater-good)의 신정론 ⑤ 악은 선과 필연적인 대조를 이룬다 ⑥ 악은 좋은 결과들을 낳는 법(law)의 필연적인 부산물이다 ⑦ 악은 악인(the wicked)을 벌하기 위해 필연적이다 ⑧ 악은 다른 사람들에게 필연적인 본보기가 된다 ⑨ 악은 사악한 자에 대한 경고로서 필연적이다 ⑩ 악은 궁극적인 조화를 위해 필연적이다 ⑪ 악은 체계(system)의 필연적인 간섭이다 ⑫ 악은 성격형성에 필연적이다.

기독교 세계관의 핵심 원리

존재론적 원리 : 존재와 기원, 우상과 하나님,

인간, 자연과 만물

도덕론적 원리 : 악의 문제, 범죄론, 타락의 결과, 구원론

인식론적 원리 :

범죄론

악의 문제에 대한 성경적인 기독교의 대답은 범죄론(犯罪論)이며, 세 가지로 정리됩니다.

(1) 기독교는 악의 실체와 그 잔인성을 인정합니다. 병과 불의 그리고 죽음은 환상이 아니라 실체요 고통스러운 것입니다. 이것은 예수님이 나사로의 병과 죽음 앞에서 통분하셨던 것으로 알 수 있습니다(요한복음 11:33).

여기의 '통분'이라는 말은 본래 '짐을 진 채 싸움터로 끌려가는 군마(軍馬)의 화'를 묘사하는 강렬한 감정을 말합니다. 예수님은 친구의 죽음 앞에서 싸움터로 끌려가는 말처럼 슬퍼하셨고 노하셨습니다. 악의 쓴 열매를 보셨기 때문입니다. 그는 어떤 경우에도 선, 악의 개념과 그 실체를 흐리지 않으셨습니다. 악은 악이며 선은 선입니다(창세기 3:1-24; 로마서 6:23).

(2) 기독교는 현재의 세상과 인간은 정상이 아니라고 말합니다. 성경은 우리가 살고 있는 이 세상이 어떻게 아름다운 세상에서 비정상으로 변질되었는가를 창세기 첫 세 장에서 잘 가르쳐 줍니다. "하나님이 보시기에 좋았던" 선(善)한 세상이 역사의 한 시공간에 악(惡)으로 변

하게 되어, 지금 우리가 경험하는 온갖 불의, 고난, 질병, 노쇠, 죽음과 같은 악이 그때부터 시작된 것이라는 것을 가르쳐 줍니다. 이것은 악이란 세상 처음부터 있었다는 이원론과는 전혀 다른 것입니다.

(3) 기독교는 악이란 인간 스스로가 만든 문제라고 말합니다. 이 세상에 악이 가득하게 된 것은 하나님이 이 세상을 잘못 만들었거나 불완전하게 만들었기 때문이 아닙니다. 역사의 한 시점에서 인간 스스로가 자율적으로 그리고 고의적으로 하나님을 거역하고 반역하여 타락함으로 파생된 문제입니다.

고통과 악은 인간의 조상 아담이 그의 자유를 잘못 사용함으로 초래한 결과입니다. 그것은 누구의 강요나 억압에 의해 마지못해 선택한 것이 아니고, 환경이나 교육 방식, 유전 인자 등의 환경적 요인도 아닙니다. 인간 스스로가 하나님의 사랑보다 사단의 지배를 원했기 때문에 생긴 쓴 열매들입니다.

타락의 결과

타락의 결과는 엄청납니다. 모든 관계가 분리되고 온갖 상처와 병이 생기게 되었습니다. 우리는 이것을 통틀어 '악의 문제'라 부르며 이 악의 문제는 여러 가지 분리 현상을 초래했습니다.

(1) 신앙적으로는 하나님을 섬기지 않고 우상을 섬기고 각종 종교를 만들었습니다. (2) 지식적으로는 사고 판단의 오류와 불합리를 가져왔고 거짓된 각종 철학과 사상을 발전시키게 되었습니다. (3) 심리적으로는 스스로를 속이고 불안해하는 마음의 상처와 한이 맺힌 인생을 살게 되었습니다. (4) 사회적으로는 이웃 사람들을 사랑하고 책임지지 못하고, 원수처럼 지내며 각종 불의를 행하게 되었습니다. (5) 환경적으로

는 온갖 질병에 시달리다가 결국 죽음에 이르게 되었고 지구는 오염에 빠지게 되었습니다.

그러므로 오늘날의 악도 인간의 자의적인 선택, 즉 자기가 잘못해서 생기는 것이 대부분이지만 가끔 타의적인 피해를 입는 수도 있고, 주변 환경이 악에 오염되어 있기 때문에 손해를 입는 경우도 있으며, 원인을 알 수 없는 고통을 맛볼 수도 있습니다. 하지만 소망은 있습니다. 하나님은 악의 창조자가 아니시지만 악을 선으로 바꾸시는 분이라는 것입니다. 대리석이 망치에 맞아 깎여야 멋진 작품이 되듯이, 하나님은 가끔 악을 통해 인간들의 인격을 가다듬고 성숙시킨다는 사실입니다.

루이스(C. S. Lewis)는 그 점에 대해, "하나님은 우리가 기쁠 때는 속삭이시고, 기분이 안 좋을 때는 양심에 조용히 말씀하시지만, 고통 중에 있을 때는 고함을 치신다. 고통은 귀먹은 세상을 깨우기 위한 하나님의 메가폰이다"라고 잘 표현한 바가 있습니다.

구원론

악에 대해 이 세상에는 여러 가지 구원론이 있습니다. 예를 들면, 교육을 통한 계몽론, 도덕을 통한 개선론, 제도를 통한 혁명론, 종교를 통한 개과론 등이 그것입니다. 그 중에서도 20세기에는 체제 혁명론이 가장 레디칼한 구원론으로 등장했다가 실패하고 역사의 뒤안길로 사라지고 말았습니다.

막스(Karl Marx)의 말입니다. "우리는 고쳐질 만한 체제 속에 살고 있지 않다. 체제는 핵심에서부터 부패되어 있기 때문에 전적으로 혁신되어야 하고 완전히 전복되어야 한다." 그는 문제의 핵심을 보았으나 해결책을 잘못 찾았습니다.

기독교가 제시하는 문제의 해결, 즉 구원은 하나님의 아들이신 예수 그리스도께서 이 세상에 오셔서 타락으로 인해 초래된 모든 결과를 치유하시고 회복하시는 것입니다.

그것은 마치 컴퓨터에 침입한 바이러스를 잡기 위해서 내장 프로그램이 아닌 외부에서 공급된 'V3 백신'을 사용해야 하는 것과 같은데, 내장 프로그램은 그 자체에 결함이 있기 때문에 어느 정도는 효과를 볼 수 있어도 완전히 복구시킬 수가 없다는 것입니다. 교육론, 도덕론, 구조론, 종교론, 혁명론도 이와 같은 것으로 효과가 전혀 없는 것은 아니지만 인간의 근본적인 문제를 해결하기에는 부족합니다.

바울 사도는 로마서에서 예수님을 통한 구원의 완전성을 다음과 같이 세 가지 측면에서 논증했습니다.

(1) **칭의**(justification)는 과거의 '죄의 형벌'로부터의 구원을 말합니다(3:21-4:25). 사실 그것은 타락으로 초래된 모든 파괴된 관계를 회복하시는 것을 의미합니다. 예수님은 신앙적으로 하나님을 만날 수 있게 하셨고, 지식적으로는 바른 생각을 하게 하셨고, 심리적으로는 마음의 질서를 회복시켜 주셨고, 사회적으로는 법과 도덕을 세우셨고, 환경적으로는 땅과 자연의 회복 가능성을 열어주셨습니다.

(2) **성화**(sanctification)는 현재의 '죄의 능력'으로부터의 구원을 말합니다(5:1-8:17). 성화는 칭의의 결과로서 순간적으로 하나님과 평화를 가지며(5:1), 지속적으로 하나님의 은혜에 서게 되며(5:2), 궁극적으로는 하나님의 영광에 들어가게 됩니다(5:2).[122]

(3) **영화**(glorification)는 미래의 '죄의 현실'로부터의 구원을 말합

니다(8:18-25, 8:26-39). 여기서 죄의 현실은 영원한 하나님의 나라에는 죄 자체가 없다는 것, 죄의 결과로 인한 죽음이 없다는 것, 불의와 불법이 없다는 것, 만물이 회복되고 인간 육체가 부활한다는 것, 땅과 만물이 회생된다는 것 등이 포함됩니다. 구원의 과거, 현재, 미래를 표로 나타내면 다음과 같습니다.

과거 / 칭의	현재 / 성화	미래 / 영화
죄의 형벌로부터의 구원 (penalty of sins)	죄의 능력으로부터 구원 (power of sins)	죄의 현실로부터 구원 (presence of sins)

그러므로 죄의 문제는 예수님의 십자가의 능력과 복음의 진리를 믿을 때에만 해결됩니다. 그 결과 (1) 하나님을 악마로 만들지 않고도 현재의 악한 세상과 인간의 비정상적인 상황을 설명할 수 있습니다. (2) 인간의 악에 대한 궁극적이고 영원하고 완전한 해결의 소망이 비로소 열립니다. (3) 온갖 불의와 고난과 죽음과 병과 투쟁할 수 있는 사상적인 근거를 가질 수 있습니다.

---

122) 바울 사도는 둘째 아담 예수 그리스도를 첫째 아담과 비교한 적이 있는데(로마서 5:17-19), 그것을 도표로 나타내면 다음과 같습니다.

	첫째 아담	둘째 아담
행동의 동기	자신을 높였다	자신을 희생했다
행동의 영향	정죄와 죽음을 가져왔다	칭의와 생명을 가져왔다
행동의 성격	하나님의 말씀에 불순종했다	하나님의 말씀에 순종했다

인식론적 원리

"우리가 가장 쌀쌀맞게 대하는 것이 무엇인지 압니까?"
이런 질문에 학생들은 누구나 한 마디씩 합니다.

"바로 저 조수연입니다. 희준이는 저를 쳐다보지도 않아요."
"바로 저 김인식입니다. 수연이는 손도 못 잡게 해요."
"바로 저 혜선입니다. 인식이는 말도 안 붙여요."

"여러분이 아닙니다. 사람의 생각입니다. 즉 그 어떤 것보다 '인식'
에 대해 가장 쌀쌀맞게 굽니다. 생각하기를 싫어하기 때문입니다."
"우리도 생각하는데 왜 그러세요? 인식이도 머리가 있다구요."

"김인식(金仁植) 씨, 미안합니다만 왕따 당해 본 적이 있습니까?"
"아주 많죠. 희준이와 수연이가 저를 왕따 시켜요. 지들끼리만 놀
고 안 끼워 주잖아요."

"김인식 씨는 생각이 깊으신가 보죠? 수연이와 희준이와 혜선이가
부러워하는 것을 보니까요. 그러나 생각이 깊지 못한 사람이라도
인식을 피할 수 없습니다. 아무리 가슴이 뜨거운 감성적인 사람이
라고 하더라도 혹은 아무리 말보다 몸이 먼저 나가는 행동파라고
하더라도, 인간이라면 누구나 생각하지 않고는 살 수는 없기 때문
에 인식을 피할 수가 없습니다. 고의적으로 쌀쌀맞게 안 피하기만
하면 말입니다."

"선생님, 수연이가 저를 자꾸 피해요."

주관과 객관

"역사상 대표적인 인식 원리 중에는 주관과 객관의 문제 혹은 감정
과 논리, 감각과 사유, 인식과 독단 등 여러 가지 용어로 불려진 것이
있는데, 학문은 이 두 관계를 어떻게 정립하느냐에 따라 많이 달라집
니다. 특히 그 관계가 어떻게 정립되느냐에 따라 학문의 성격도 달라
집니다.

간단히 말하면, 주관을 앞세운 사람들은 보다 경험적이었고 객관을
앞세운 사람들은 보다 관념적이었습니다. 우리는 그것을 경험론과 관
념론이라고 부르는데, 실재의 어느 한 쪽만을 본 것이므로 많은 비판
이 따랐습니다. 바로 이 문제를 해결하고자 등장한 것이 실재론(實在
論, realism)입니다.

실재론은 객관과 주관의 차이를 구별하지만 서로간의 불가분리의
관계를 인정합니다. 재독 철학자 송두율은 실재론을 크게 단순한 실재
론과 새로운 실재론으로 나누어 "우리의 경험과 객관적 세계의 진리가
서로 상응한다고 본 '단순한' 실재론도 있고, 우리 인식이 사물과 관계
를 맺으면서 이를 조작할 수 있는 실천적 측면을 강조하는 새로운 실
재론도 있다."고 지적한 바가 있습니다.

기독교 선교학자 폴 히버트(Paul Hiebert)는 실재론을 세 가지로 나
누어서 설명했는데, (1)"실재하는 방식 그대로 인식한다"는 무비판적
실재론 (2)"말이나 개념을 통해 카테고리화 해서 인식한다"는 상황적
실재론 (3)"진리를 인식하되 완전하게 알 수는 없다"는 비판적 실재론
이 그것입니다. 기독교적 입장에서 히버트는 세 번째를 지지합니다.[123]

비판적 실재론은 인식의 제한성과 불완전성을 인정하는 것입니다.

바로 여기서 우리는 객관적이고 절대적인 기준으로서의 하나님과 성경의 필요성을 이야기하는 것입니다. 유대 기독교의 침묵하지 않는 하나님과 그 분의 계시라는 것은 인식의 한계와 불완전성을 극복해 줄 수 있는 완벽한 장치입니다.

인식의 근거

쉐퍼는 그것을 이렇게 설명했습니다.

> "하나님이 우주를 지으시고, 인간을 그 속에서 살게 하시고, 인간이 알아야 하는 것에 대해 성경(명제적 계시)을 통해 말씀하셨기에, 기독교에는 인식론의 문제가 없다. 그 결과, 기독교인은 외부세계를 볼 때 인식의 주체와 객체간의 관계가 어떤지를 안다. 그는 또한 다른 사람들을 볼 때, 그 사람이 하나님의 형상대로 지음 받은 존재라는 것을 안다. 그리고 기독교인은 실재와 환상을 구별할 수 있으므로 저 별들 너머까지 상상의 나래를 펼 수 있다."[124]

하나님이 존재하시고 그 분이 침묵하시지 않으신다면 모든 인식론적인 질문에는 대답이 있습니다. 왜냐하면 하나님 자신이 대답이시기 때문입니다. 하나님은 대답을 주시기도 하지만 하나님 자신이 곧 대답

---

123) Paul Hiebert, 『인식론의 변화의 선교학적 의미(*Missiological Implications of Epistemological Shifts*)』, Trinity Press. 김종철의 '실재론 연구노트'에서 재인용.

124) Franc:s A. Schaeffer, 『기본적인 철학적인 질문에 대한 대답』(라브리 소책자), (서울:예영커뮤니케이션).

이십니다. 또한 하나님이 존재하신다면 그분이 침묵하지 않고 말씀하시기 때문에 그 말씀 속에 대답이 있습니다.

기독교 세계관의 핵심 원리

존재론적 원리 : 존재와 기원, 우상과 하나님,
인간, 자연과 만물
도덕론적 원리 : 악의 문제, 범죄론, 타락의 결과, 구원론
인식론적 원리 : 주관과 객관, 인식의 근거,
기독교 인식론의 결과와 효과

다시 말해서 하나님의 실존과 말씀이 모든 질문에 대한 궁극적이고 정직한 대답이 된다는 것입니다. 하나님이 없거나 그분이 침묵하셨다면, 푸코처럼 "대답은 없다"고 말해야 하는 것이 옳습니다. 저는 이것을 생각할 때마다 구약 성경 『욥기』의 하이라이트라 할 수 있는 '지식논쟁' 장면에서 하나님이 욥과 그의 친구들과 나눈 토론을 연상하곤 합니다.

"무식한 말로 내 뜻을 흐리게 하는 자가 누구냐 이제 너는 남자답게 일어나 내가 묻는 말에 대답하라… 네가 지금까지 한 번이라도 아침이 되라고 명령하여 동이 트게 한 적이 있느냐… 너는 빛과 어두움의 범위가 얼마나 되는지 알고 있으며, 그 근원까지 가는 길을 아느냐… 네가 아직도 전능한 자와 다투겠느냐 나 하나님을 책망하는 너는 이제 대답하라"(욥기 38:1-40:2, 현대인의 성경). 하나님의 이 질문은 인간이 자기 한계를 잘 알도록 촉구하신 것입니다.

우리는 종종 평생에 쌓은 경험과 이성의 능력을 뽐내고 자랑하지만 알고 보면 그것은 우물 안의 개구리 같고 어항 속의 금붕어 같은 경우

가 많습니다. 조금 더 알고 모르는 차이가 있기는 해도 제한적이기는 도토리 키 재기라는 말입니다. 그래서 겸손하게 욥과 같은 태도를 가지는 것이 필요합니다.

"주께서는 못하시는 일이 없으시다는 것을, 이제 저는 알았습니다. 주님의 계획은 어김없이 이루어진다는 것도, 저는 깨달았습니다. 잘 알지도 못하면서, 감히 주님의 뜻을 흐려 놓으려 한 자가 바로 저입니다. 깨닫지도 못하면서, 함부로 말을 하였습니다. 제가 알기에는 너무나 신기한 일들이었습니다. 주께서 말씀하셨습니다. 들어라. 내가 말하겠다. 내가 물을 터이니, 내게 대답하여라 하셨습니다. 주님이 어떤 분이시라는 것을, 지금까지는 제가 귀로만 들었습니다. 그러나 이제는 제가 제 눈으로 주님을 뵙습니다. 그러므로 저는 제 주장을 거두어들이고, 티끌과 잿더미 위에 앉아서 회개합니다."(표준새번역 성경 욥기 42:2-6) 하나님의 실존과 그 말씀은 인식의 한계와 불완전성을 극복해 줄 수 있는 완벽한 장치라고 하는 말은 바로 이런 의미입니다.

기독교 인식론의 결과와 효과

쉐퍼는 기독교적 인식론이 서로 연관되는 다음의 세 가지 결과 및 효과를 가져 온다고 보았습니다.

(1) 우리가 외부 세계를 바라볼 때 (2) 다른 사람들이 우리를 바라보고 우리가 다른 사람들을 바라볼 때 (3) 우리가 우리 자신의 내면세계를 바라볼 때 바른 인식을 가질 수 있다는 것입니다. 그것은 오직 하나님을 정점으로 하는 통일성 아래에서 비로소 그 세 가지 영역 모두에 대해서 의미와 실재와 매력을 소유할 수 있습니다. 하나씩 생각해 보겠습니다.

첫째, 우리가 외부 세계를 볼 때, 절대적 기준이 있으면 총체적이고 통일적으로 볼 수 있다는 것입니다. 인간의 유한한 지식으로는 우리 바깥의 외부 세계에서 벌어지고 있는 모든 현상과 사실에 대해 총체적이고 통일적인 지식을 가질 수 없습니다. 이성과 경험은 완전하지 못하기 때문입니다.

베이징대학교의 탕이지에(湯一介)는 중국이 문화적으로 낙후한 이유를 규명하기 위해 중국문화와 서양문화를 비교 분석하고 한 가지 결론에 도달한 사람으로 유명합니다. 그의 결론은 이런 것이었습니다.

> "중국인들은 절대적 신과 같은 타력에 의존하는 것이 아니라 자기 자신의 자각능력에 의존해 이상적 경지에 도달하려고 한다. 이에 반해 서양인들은 기독교의 신처럼 외재적인 초월적 힘에 의존해서 이상적 경지에 도달하려고 한다. 그러나 중국인들이 자각 능력에 만 의존할 경우 객관적 판단 기준이 형성되기 어려우며, 중국에서 정치와 법률이 제대로 발달하지 못한 이유가 이와 무관하지 않다."

절대적 기초의 상실과 체험적 감성에 의존함은 중국인들만의 문제가 아니라 사실은 한국인들의 문제이며 21세기 인류의 문제입니다. 그러나 무한하시고 완전하신 하나님과 그 분의 계시의 빛 아래에서는 지식의 총체성과 통일성이 가능하며 논리적인 일관성도 가질 수 있습니다. 그래서 시편 기자는 하나님의 계시를 이렇게 노래했습니다.

> "내가 보니 모든 완전한 것이 다 끝이 있어도 주의 계명은 심히 넓으니이다 내가 주의 법을 어찌 그리 사랑하는지요 내가 그것을 종

일 묵상하나이다 주의 계명이 항상 나와 함께 하므로 그것이 나로 원수보다 지혜롭게 하나이다 내가 주의 증거를 묵상하므로 나의 명철함이 나의 모든 스승보다 승하며, 주의 법도를 지키므로 나의 명철함이 노인보다 승하니이다 내가 주의 말씀을 지키려고 발을 금하여 모든 악한 길로 가지 아니하였사오며, 주께서 나를 가르치셨으므로 내가 주의 규례에서 떠나지 아니하였나이다 주의 말씀의 맛이 내게 어찌 그리 단지요 내 입에 꿀보다 더하니이다 주의 법도로 인하여 내가 명철케 되었으므로 모든 거짓 행위를 미워하나이다 주의 말씀은 내 발에 등이요 내 길에 빛이니이다"(119:96-105).

둘째, 다른 사람들이 우리를 바라보고 우리가 다른 사람들을 바라볼 때, 기독교 인식론에 기초하면 모든 인간을 하나님의 형상자로 인식할 수 있다는 것입니다. 우리는 인간을 볼 때, 인간으로 보아야지 동물이나 기계나 성행위의 대상 혹은 사이보그로 보는 경우가 많습니다. 바른 인식론적 기초가 없으면 인간을 인간 이하 혹은 인간 이상으로 보게 되기 때문입니다.

동성애자를 예로 들어보겠습니다. 일전에 한 탤런트가 커밍 아웃을 했을 때 일부 국민들은 이성을 잃은 행동을 보이기도 했는데 그것은 잘못입니다. 동성애자는 비인간도 괴물도 아닙니다. 그도 인간입니다. 기독교가 동성애를 죄라고 하는 이유 중에 하나는 창조질서를 깨는 비정상적인 행위이기 때문입니다. 동성애는 남자와 여자라는 하나님의 형상을 가진 인간성과 성적 정체성을 파괴하기 때문입니다.

모든 남자와 여자는 각각 나름대로의 육체적 차이와 성적 매력을 갖고 있습니다. 남자는 남자다운 성적 욕망과 매력이 있고 여자는 여자다운 성적 정열과 매력이 있습니다. 그러기에 남녀의 이성애적 사랑은 이러한 하나님의 창조 질서의 고차원적인 아름다움을 표현하는 인간의 존재론적인 자기 과시인 것입니다.

그러나 동성애는 바로 그와 같은 창조 질서의 남녀의 성적 차이와 매력, 그리고 그 고상하고 거룩한 기준을 의도적으로 파괴합니다. 바울 사도는 그것을 일컬어 "역리(逆理)", 즉 남녀의 성을 순리적이지 않고 비정상적으로 사용하는 것이라고 말했습니다(로마서 1:26,27).

그리고 동성애는 남녀의 인간성과 정체성만 파괴하는 것이 아니라 인간 공동체, 즉 인간 사회의 보편적 가치인 일부일처 결혼제도와 자녀 출산, 가족 제도의 파괴를 가져옵니다. 또한 독신자들과 성적 장애자들의 아름다운 가치관, 즉 인간에게 섹스는 필수가 아니라는 고상한 생각까지 파괴하고 맙니다. 따라서 동성애는 죄입니다. 하지만 동성애자들의 인권을 존중해야 하며 그들을 미워하거나 멸시해서는 절대 안 된다는 사실입니다. 그들도 하나님의 형상자이기 때문입니다. 그러기에 그들에 대한 값싼 동정심보다는 그들을 하나님의 형상자로 존귀하게 대우하되 죄된 행동을 버리도록 사랑으로 도와야 합니다.

셋째, 우리가 우리 자신의 내면 세계를 바라볼 때 바른 인식을 가질 수 있다는 것입니다. 쉐퍼는 이런 이야기를 한 적이 있습니다.

> "젊은이들이 지구 건너편에서 라브리에 찾아와서 '저는 내가 누구인지 알아내기 위해 여기 왔습니다'라고 말하는 것을 발견한다. 이것은 우리가 흔히 '심리학'에서 설명되는 단순한 심리학적 문제가 아니다. 이것은 근본에 있어 인식론의 문제이다. 자율적이 되려는

인간의 시도로 인해 인간은 실재(reality)를 잃어버렸다. 만약 실재와 환상의 구분을 보장해 주는 것이 아무 것도 없다면 인간은 별들 저 건너편으로 그의 상상력이 솟구쳐 오를 때 아무 것도 확신하지 못하게 된다."

쉐퍼는 계속해서 이런 말을 했습니다.

"그러나 기독교적 인식론의 바탕 위에서 이러한 혼돈은 사라져 버리고 소외는 치유된다. 이것이 인식의 문제의 핵심이며 이 문제는 우리가 존재하시며 침묵하지 않으시는 무한하고 인격적이신 삼위일체 하나님을 정점으로 삼아 우리의 지식이 그 정점 아래서 조화를 이루지 않는 한 해결되지 않는다. 우리의 지식이 그렇게 될 때, 오직 우리의 지식이 그렇게 될 때에만 인식론의 영역에 아무런 문제도 존재하지 않게 된다."

"패러다임이 변하면 세계가 변한다"는 토마스 쿤의 말처럼 어떤 세계관의 원리를 가졌는가에 따라 사람들은 세계를 다르게 보고 다르게 살아가게 됩니다. 기독교 세계관은 모든 문제에 대해 정확한 해답을 줄 수 있으며 그 때문에 개인과 우리 사회에 무너지지 않는 절대적인 기초를 제공해 줄 수 있습니다.

제 6장

기독교 세계관의 적용과 실천

공부 원칙과 방법도 중요하다

"칼빈은 학문이 선택된 엘리트 지성들의 전유물이어서는 안 된다고 굳게 믿었기에, 보편 교육에 대한 확고한 생각을 가지고 있었다. 1559년에 그는 종합교육제도을 마련하였다. 그의 노력의 결과로 제네바 학술원이 성장하였는데, 이곳은 학생들에게 교양과목과 같은 인문학을 가르침으로써 교회 사역과 세상에서의 지도자적인 위치를 준비하도록 설립된 학원이었다. 특히 칼빈은 학생들의 능력에 맞도록 과목을 책정하고 학생들 사이에 편차가 있어야 한다고 주장했고, 세속 지식을 기독교적으로 요리해서 가르치지 말고 교양과목으로 제대로 가르치고 난 후에 비판하는 방법을 가르쳐야 한다고 주장했다."

Vicki Barrs

미신의 중독에서 벗어나라

미신은 이성을 마비시킨다

바른 지식과 진리 그리고 기독교 세계관을 가지는데 가장 방해가 되는 것은 인본주의적인 사상이 아니라 여러 가지 세계관적 미신 혹은 미신의 중독입니다. 입시미신, 이사미신, 결혼미신, 선거미신, 사업미신 등 생활 전반에 미신이 없는 곳이 없습니다. 미신 중독이고 미신 천국입니다. 본래 미신(迷信, superstition)이란 것은 사람들로 하여금 일시적인 심리안정과 이성적 마비증세를 일으키고 막연한 기대와 신비주의에 빠지게 합니다.

마찬가지로 구원에 이르는 지식에 이르지 못하고 방황하거나, 진리를 찾지 못하고 비진리에 비상착륙하거나, 기독교 세계관 확립에 실패하는 원인 중에 하나는 바로 이런 미신에 중독되기 때문입니다. 만약 세계관적 미신에 중독되면, 신앙 성장이 없는 것은 물론이고 인생의 중요한 문제를 끌어안고 고민하고 생각해야 하는 청년들이 어처구니

없게도 지적 자살을 시도하거나, 자기도취와 만족에 빠지거나, 혹은 막연히 불건전한 신비주의를 흠모하게 됩니다.

화이트헤드(A. N. Whitehead)는 논리에 대한 지나친 믿음, 모든 문제에 대답이 있을 것이라는 확신 등 "철학에 대한 아홉 가지 신화를 주의하라"고 말한 바가 있는데, 저는 여기에서 세계관에 대한 '다섯 가지 미신'을 조심하라고 부탁하고 싶습니다. 이 다섯 가지 미신은 기독교 세계관의 가장 무서운 적입니다.

다섯 가지 미신

제일 무서운 미신은 객관주의입니다. 이 미신에 빠진 사람들은 "성경과 학문의 권위는 동등하다." 혹은 "신앙적인 문제에 대해서는 성경이 진리라고 믿지만 신앙 이외의 다른 모든 문제는 해당 학문과 지식이 최종 권위를 가진다"고 말합니다. 성경이나 학문은 둘 다 특정분야에 대한 고유한 권위를 가진 동등한 정보(情報)라고 생각하기 때문입니다.

이런 사람들은, 강연안에 의하면, "인식적인 영역에는 인격적인 요소를 개입시킬 수 없다며 오직 경험이나 이성을 통해 확증 가능한 지식만이 학문적 지식의 지위를 누릴 수 있다."는 입장을 가지는 사람들입니다. 마스덴은 이런 입장을 두고 "객관주의(客觀主義, objectivism)"라고 불렀습니다.[125]

객관주의는 이원론적 신자들을 양산합니다. 옥한흠 목사도 이원론

---

125) 강영안, "조지 마스덴(G. Marsden)의 기독교적 학문연구@현대 학문세계", 《기독교학문연구소》, 2000년 5, 6월호, pp. 2-3.

적 사고가 한국의 젊은이들의 직업 선택에 장애가 되는 주범이라고 지적한 적이 있습니다. "한국교회 목사들이 똑똑한 젊은이들만 보면 세상에 나가 예수의 제자로 바른 구실을 하라고 가르치는 것이 아니라 신학교에 가라고 한다. '한 번뿐인 인생, 주의 일 하면서 살아야지. 어떻게 세상 일 하면서 보낼 수가 있느냐?' 라고 말한다. 성경 속에 어디에 이러한 이원론을 뒷받침 해 주는 근거가 있단 말인가?"

이원론(dualism)은 이 세상을 물질계와 정신계로 나누고, 물질계에는 자연, 육체, 감각, 이성이 속하며 이것들은 가변적이고 불완전하며 가상적 그림자로 규정합니다. 그리고 정신계에는 영혼, 철학, 예술이 속하며 이것들은 영원하고 완전한 실재적인 이데아(Idea)라고 생각했습니다.

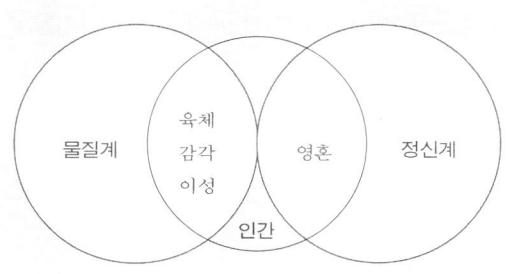

이원론의 최대 문제는 물질을 정신에 비해 열등한 것으로 여기는 데 있습니다. 이원론은 인간성을 무시하고 불건전한 신비주의를 조장합니다. 플라톤은 소크라테스가 정신계에 속하는 "내면의 세계 소리를 들려주는 악마의 소곤거림"을 자주 들었다고 하며, 그 내면의 소리를 이성보다 더 높은 권위로 인정했다고 전합니다. 플라톤에 영향을 받은 플로티누스(Plotinus)는 '초월적 명상'을, 디오니시우스(Dionysius)는 '전적 무지의 길'을, 로스키(Lossky)와 워치만 니(Watchman Nee)는 '신인합일' 등을 주장했습니다.[126]

누가 세계관은 삶에 아무런 영향을 미치지 못한다고 말했습니까? 그것은 새빨간 거짓말입니다. 루이스(C. S. Lewis)는 "이원론이야말로 기독교 다음으로 용감하고 그럴듯한 신조이다"라고 말한 적이 있습니다. 문제는 세계 교회가 객관주의라는 미신에 빠져서 이원론을 확산시키고 있다는 사실입니다.

마법에 걸린 기독교

제일 조심해야 할 미신은 성경주의입니다. 이 미신에 유혹된 사람들은 "오직 우리에게는 성경만이 필요하다" 혹은 "예수를 믿은 후에는 성경만 필요하며 세속적인 지식은 전혀 필요 없다"고 말하거나 가끔은 "세상의 모든 지식을 배설물로 여기기로 했다"고 말합니다. 이것은 성경의 중요성을 강조하는 것이 지나쳐서 성경 외에는 아무 지식도 필요 없다고 말하며, 신앙에서 인식적 요소를 배제해 버리는 것입니다.

마스덴은 이것을 "신앙주의"라 불렀는데, 저는 성경주의(聖經主義,

---

126) Ranald Macaulay & Jerram Barrs, 『인간 하나님의 형상』, (서울:IVP), pp.45-47. 플라톤은 정신계와 접촉하는 '신성한 광기'의 네 가지 노하우까지 제시하기도 했는데, 그 네 가지는 모두 평범한 인간성을 무시하고 신비주의의 문을 여는 것들이었습니다. 그 네 가지는 예언(Prophecy), 치유의 광기(Healing madness), 예술적 영감(Artistic inspiration), 신성한 사랑(Divine Love)이라고 밝히고, "그 네 가지 방법이 한결같이 강조하는 것은 평범한 인간적인 체험의 무용성이다. 정신의 세계가 현현될 때 인간적인 것은 평가 절하되고, 마음은 거처할 곳을 잃으며, 창조력은 무용지물이 되고, 세속적인 것은 망각된다"고 지적했습니다.

Biblicism)라고 부르고 싶습니다. 성경주의는 성경을 우상시하여 세상의 지식을 우습게 여기는 반 지성주의(Anti-intellectualism)에 빠지게 합니다. 결국 성경주의는 지적 주도권을 비기독교인들에게 넘겨주고 경건주의에 빠지게 합니다. 서양교회를 초토화한 헤겔의 변증법, 다윈의 진화론, 막스의 공산주의 등은 기독교의 지적 공백기에 등장한 이데올로기들입니다.

성경주의 혹은 반지성주의가 불러들인 것 중에 하나는 과학주의입니다. 본래 과학은 하나님의 선물입니다. 과학철학자 화이트헤드(A. N. Whitehead)와 핵물리학자 오펜하이머(R. Oppenheimer)는 "기독교는 하나님의 합리성을 말하였기 때문에 근대 과학의 어머니가 되었다"고 말했습니다. 노벨 화학상을 받은 프리고진(Ilya Prigogine)은 "근대과학자들은 자연법칙을 지고한 입법자가 만든 것이라고 믿었다"고 말했습니다.[127]

유대 기독교의 세계관은 자연을 숭배나 착취, 동경의 대상이 아니라 심미적인 감상이나 과학적 연구의 대상으로 보도록 했습니다. "기독교 자연관은 이 세상을 마법에서 풀어버렸다"고 비기독교인 환경학자 화이트(L. White)의 말을 요즘은 거꾸로 사용해야 될 위기에 처해

---

127) 유럽에서 일어난 15-17세기 근대 과학의 혁명, 즉 우유로 버터를 만들고 쇠로 쟁기를 만든 것, 말에 안장을 씌우고 삼포제 농업이 개발된 것, 뉴턴이 나무에서 사과가 떨어지는 것을 보고 만유인력을 발명하고 사과와 같은 물질로 행성이 형성됐을 것이라고는 생각한 것은 모두 우주의 디자이너가 있고 그 디자이너는 합리적인 사고를 가졌기 때문에 모든 만물을 합리적으로 만들었을 것이라는 생각 때문입니다. 물론 뉴턴 전에도 코페르니쿠스의 "지구는 태양에 잉태 된다", 갈릴레이의 "지구는 돈다", 케플러의 "행성은 타원으로 돈다", 갈릴레오의 "떨어지는 시간은 질량에 관계없다" 등 무수히 많은 발견이 있었습니다.

있습니다. 제가 기독교가 마법에 걸렸다고 하는 이유는 하나님과 신앙을 이야기 하는 것은 합리성과 배치되는 것처럼 보인다고 생각하는 것이 그것입니다. 기독교가 마법에 걸린 또 하나는 어떤 기독교인들이 "과학을 기독교의 친구로 알기보다는 적으로 생각하는 것"[128]입니다.

그 결과 과학이 인간의 생명을 마음대로 실험하고 조작하고 있어도 강 건너 불구경하듯이 방관하고 있습니다. 그 틈을 이용하여 엉뚱한 과학자들은 사악한 자본가들과 결탁하여 "가능한 것은 무엇이든 할 수 있다"는 신의 영역에 도전하고 있습니다.[129] 그것이 과학주의(scientism)입니다. 과학철학자 존슨은 과학주의를 등에 입은 모든 학문적 불장난에 대해 지적했습니다. "오늘날 지성계의 가장 중요한 전제는 '과학이 실체를 묘사하는데 탁월한 권위(preeminant authority)'를 가지고 있다고 믿는 것인데 그것은 자연주의 혹은 방법론적 무신론 위에 근거한 것이다."[130]

신앙과 성경을 핑계로 반 지성주의나 과학주의에 빠져서도 곤란하지만 과학을 기독교의 적으로 만들어서도 곤란합니다. 우리는 오래전 '갈릴레오 사건'에서 교훈을 얻었던 것처럼, 성경이 과학 책이 아닌데도 심층 과학까지도 성경 속에 묶어두려고 고집하거나, 온갖 난관을 뚫고 과학계의 최전선에 서려는 기독인들을 지원하지는 못할망정 비난하지는 말아야 합니다.

---

128) 장대익, "과학, 사이좋은 신앙의 친구", 《복음과상황》, 1997년 10월-12월호.
129) 낙태, 안락사, 유전자 조작, 동물 및 인간복제, 게놈 프로젝트를 통한 생명 실험에 천문학적인 돈을 쏟아 넣는 것 등이 그것입니다.
130) Philip E. Johnson, *Reason in the Balance*, (서울:IVP), p. 196.

혼합주의

제일 멀리해야 할 미신은 혼합주의입니다. 이 방법에 미혹되면 "성경과 세상 지식을 적절히 혼합하는 것이 최선이다"는 생각을 가지고 모든 것을 혼합 내지 융합하려는 태도입니다. 성경적 상담학자 클랩 (L. Clab)은 이 방법을 "토스트 샐러드식"이라고 불렀는데, 우리나라 음식으로 말한다면 '짬뽕', '비빔밥', '섞어찌개' 라고 하면 어떨까요?

이 방법은 특히 우리나라 지성인들과 기독인들 사이에 매우 인기가 있는 것이며, 오늘날과 같은 다원주의 시대에는 가장 매력적인 방법으로 통합니다. 그러나 혼합주의(syncretism)는 결국 진리의 타협이나 양보를 가져오게 합니다.

고린도교회가 "말씀을 혼잡하게 한다"(고린도후서 2:17)는 꾸중을 들었던 것처럼, 혼합주의는 교회를 망치고 혼탁하게 하는 지름길입니다. 역사적으로 혼합주의는 로마제국과 일본제국의 다신교(多神敎) 정책에서도 보이는데, 그들은 '예수도 믿고 로마황제도 믿으라' 혹은 '예수와 일본천황을 동시에 경배하라' 고 요구했습니다.

혼합주의는 하고 교묘하여 종교에서만 아니라 사회 전 영역에서 유행하고 있지만 분간하기가 좀처럼 쉽지 않습니다. 오늘날 성공주의가 '성공해야 하나님께 영광이 된다' 는 기복사상으로, 마케팅전략 혹은 기업성장학이 '교회성장학' 이라는 이름으로, 융(Carl Jung)의 성격테스트로 알려져 있는 MBTI가 '신앙 테스트' 혹은 '인간성 테스트' 로 통하고 있다는 비판도 있습니다.

서양에서는 교회를 타락시키는 것이 혼합주의였으나 우리나라에서는 그것과 조금 성격이 다른 조화주의(調和主義, harmonism)가 교회를 병들게 하고 있습니다. 조화주의는 옛날부터 우리나라에 유행 했나 봅니다. 옛날에도 중국에서 불교, 유교, 도교를 수입하여 적당하게 조화시켜 정치적 종교를 만들어 내곤 했답니다. 김지하는 우리 민족의 조화주의 근성에 대해 다음과 같은 분석을 한 적이 있습니다.

> "고구려 말에 연개소문이 유불도(儒佛道)의 삼교(三敎)를 조화하여 새로운 정신운동으로 전개하여 국가와 민족의 중흥을 꾀하였고, 최치원은 당나라에서 귀국하여 삼교의 조화정신을 가지고 화랑도를 고취하여 구국 운동을 일으켰으며, 고려 중엽에는 묘청이 삼교의 사상을 조화하여 고유사상의 창달로서 민족적 자주 운동을 일으켰다. 이와 같은 전통적인 조화사상을 조선조 말에 수운이 계승하여 삼교의 사상을 종합적으로 조화하여 유럽의 천주교와 대결할 수 있는 새로운 철학과 종교를 수립하였다."

저는 지금 어디에선가 이런 삼교에다가 기독교까지 조화시키려는 사람들이 있을까 염려가 됩니다. 내가 보기에 김지하도 그런 시도를 하는 사람들 중에 하나이며 김용옥이나 현경도 유사한 동기를 갖고 있는 듯 합니다. 아마 다원주의가 무르익을수록 그런 시도는 더 활발해지지 않을까 걱정이 됩니다. 객관주의, 성경주의, 조화주의는 그래서 우리가 극히 조심해야 할 세계관의 미신들입니다.

5단계 통합법

공부할 때 마음속에 간직해야 하는 가장 기본적인 방법론은 통합법 혹은 통합의 원리라는 것입니다. 그것은 에베소서 4장 13, 14절에서 말하는 "믿는 것과 아는 것을 하나 되게 하라"는 말씀을 구체화시킨 것이라 할 수 있습니다. "하나 되게(to reach unity, to unify)"라는 말은 '통합하다' 혹은 '통일시키다', '연합하다'는 말인데, 학술 용어로는 관례상 통합이라고 사용합니다.

'통합', '연합', '하나 됨'이라는 말은, 본래 (1) 부부가 한 몸이 되듯이(마태복음 19:6; 마가복음 10:9), (2) 하나님과 성도가 영적으로 연합하듯이(로마서 6:5), (3) 교회 안에서 서로 다른 지체들이 서로 하나가 되듯이(로마서 12:5; 고린도전서 12:12), (4) 신앙과 지식을 예수 그리스도 안에서 통합시키는 것(에베소서 4:13, 요한복음 17:11-22[131])을 말합니다.

통합의 구체적인 방법론은 고린도후서 10장 4-6절에 잘 나타납니다.[132]

---

131) 예수님의 기도 중에 '하나가 되게 해 달라'는 것은 제자들이 '진리 안에서 하나가 되도록 해 달라'는 것입니다. 정치적으로 하나가 되게 해 달라는 것도 아니고 물리적으로 하나가 되게 해 달라는 것도 아니라 정신적으로 하나가 되게 해 달라는 말입니다. 예수님은 자신이 피 흘려 세우신 교회가 공동체 구성원들 사이에 교리적이고 세계관적인 순결이 없이는 이단이나 교리적 혼란이 왔을 때 교회에 분열이 찾아올 것을 아시고 이런 기도를 하신 것입니다. 그러므로 하나님 나라 공동체는 물리적이거나 감정적인 통합보다 가치관적인 통합, 즉 교리적인 일치 작업과 세계관적인 통합을 우선적으로 확보하도록 노력해야 합니다.
132) "우리의 싸우는 병기는 육체에 속한 것이 아니요 오직 하나님 앞에서 견고한 진을 파하는 강력이라 모든 이론을 파하며 하나님 아는 것을 대적하여 높아진 것을 다

첫째, 성경과 성령의 능력을 아는 단계입니다. 이 말씀을 따르면 기독인으로 산다는 것은 영적 싸움입니다. 그리고 그 싸움에 가장 필요한 것은 성경의 능력입니다. 무기도 없이 영적 싸움을 하는 것은 자살이기 때문입니다. 보통 무기에는 두 가지가 있는데 하나는 육체의 무기이고 다른 하나는 영적인 무기입니다.

먼저 '육체의 무기'라고 할 수 있는 총, 미사일, 대학 졸업장, 자격증, 얼굴이나 몸매 등이 있습니다. 그러나 그런 무기로는 세속적인 생존 경쟁에서는 다소 힘을 발휘할 수 있을지 몰라도 영적 싸움에서는 힘을 쓸 수 없습니다. 요즈음 기독인들이 영적 전쟁에 실패하고 욕을 얻어먹는 이유는 '육체의 무기'를 가지고 영적 전쟁을 치르려고 하기 때문입니다.

영적 전쟁에는 영적 무기가 필요합니다. 기독인에게 있는 유일한 영적 무기는 하나님의 말씀입니다. 기독인의 완전무장 혹은 전신갑주(에베소서 6:14-17)에서 다른 모든 것은 방어용이지만 공격용 무기는 단 하나 성령의 검, 곧 하나님의 말씀뿐입니다.

그래서 바울 사도는 성경을 "강력(强力)"이라고 소개합니다. "강력"이라는 말은 표준 새번역에서는 '강한 무기'라고 번역된 것인데, 원래

파하고 모든 생각을 사로잡아 그리스도에게 복종케 하니, Demolish arguments and every pretension that sets itself up against the knowledge of God, and we take captive every thought to make it obedient to Christ"(NIV, 고린도후서 10:4-5).
참고로 통합법(Integrate-disciplinary Studies)은 분석법(Analytical Studies)와도 다르며, 학제간연구(Interdisciplinary Studies)와도 다르며 다학문연구(Multi - disciplinary studies)와도 다르며 범학문적연구(Trans - disciplinary studies)와도 다르며 통섭법(Consilience - disciplinary studies)와도 다릅니다. 기준이 성경이고 성령의 도움으로 연구하는 것이 특징입니다.

그리스권에서는 제우스 신이나 최고 통치자에게나 있는 '신령한 능력(divine power)'을 의미합니다.

신령한 능력이 있는 무기라는 것은, 이성이나 체험의 용광로에서 만든 육체적인 무기가 아니라 하나님께서 성령의 감동으로 달구어낸 성령의 칼이기 때문에 "견고한 진" 즉 요새, 어떠한 잘못된 사상의 거점도 파괴할 수 있고 심령 골수를 찔러 쪼개기까지 하는 비수와 같기 때문입니다.

이 무기는 어떤 사상이나 철학이라도 산산조각을 낼 수 있으며 아무리 무서운 죄인도 변화시켜 새사람을 만들 수 있는 혁명적인 무기입니다. 사람을 바꾸는 일은 총이나 칼로는 안 되지만 하나님의 말씀으로는 가능합니다. 그 이유는 성경은 성령의 감동으로 쓰여진 것으로 하나님의 말씀이기 때문입니다.

인간에게 감동과 지식을 전해 줄 수 있는 책은 이 땅에 얼마든지 있습니다. 그러나 죄인을 회개케 하고 구원에 이르게 하는 책은 하나 밖에 없는데 그것이 하나님의 계시이며, 인생의 모든 질문에 대한 바른 설명과 대답이 될 뿐만 아니라 합리적이며 내적 체계에 있어 일관성이 있는 진리이고 절대적이며 일체의 오류가 없는 정확한 정보이며 일상생활에 실천할 수 있는 살아있는 성경 말씀이라는 것입니다. 바울 사도는 성경을 이렇게 소개했습니다.

> "성경은 능히 너로 하여금 그리스도 예수 안에 있는 믿음으로 말미암아 구원에 이르는 지혜가 있게 하느니라 모든 성경은 하나님의 감동으로 된 것으로 교훈과 책망과 바르게 함과 의로 교육하기에 유익하니 이는 하나님의 사람으로 온전케 하며 모든 선한 일을 행

하기에 온전케 하려 함이니라"(디모데후서 3:15-17).

성경이 어떤 책인가에 대해서는 앞의 '기독교 세계관의 외적 원리'를 참고하시기 바랍니다.

둘째, 비기독교적인 사상을 비판을 하는 단계입니다. 진리는 언제나 대결을 동반합니다. 우리는 잘못된 세계관이 이 세상에 하나라도 남아 있는 한 싸워야 합니다. 대결을 위해서는 적을 먼저 알아야 하며 적은 잘못된 세계관이므로 그것부터 분석해야 합니다. 바울 사도는 잘못된 세계관을 크게 세 가지로 분류했습니다.

"모든 이론", "하나님을 대적하여 높아진 것", "모든 생각"이라고 한 것이 그것입니다. 이 세 가지는 현대적인 의미로 말하면 무신론적인 이념들이나 비기독교적 종교철학이나 잘못된 세계관이라고 할 수 있습니다. 이것은 모든 비기독교적 세계관을 총칭합니다.

역사적으로 고린도교회가 직면했던 세계관적인 문제는 (1) 교회 안에 바울파니 베드로파니 아볼로파니 하며 파당주의가 생긴 것과, (2) 각종 은사에 대한 우열논쟁이 생긴 것과, (3) 계모를 성폭행 한 놈이 있었으나 징계하지 않았고 동성애자들도 있었던 것으로 보아 교회권위의 추락과 성적 부도덕을 방치한 것 등으로 보입니다.

거짓 신념 혹은 잘못된 세계관의 목표는 언제나 하나님과 진리를 반역하는 것입니다. 바울은 "하나님을 대적"하는 것이 비기독교 세계관의 궁극적 목표라고 밝히고 있습니다. 언제나 잘못된 세계관은 고도의 전문성을 자랑하며 하나님과 진리를 대항합니다.

사상이라고 하는 것은 역동성이 있기 때문에 사상 그 자체로서 정지되어 있지 않고 끊임없이 사람들을 충동질하여 모종의 결과를 이끌어 냅니다. 반역의 핵심은 하나님이 지금도 살아 계시다는 것과 그분의 말씀이 진리라는 것을 부인하는 것입니다. 하나님으로부터 등을 돌리게 하고 타락한 생활을 추구하도록 유혹하는 것입니다.

그러므로 비진리나 잘못된 사상과는 타협하지 말아야 합니다. 바울은 그런 것들을 "파하라", 즉 '비판하라'고 했습니다. 여기에 "파한다(demolish)"는 말은 '가루로 만든다', '박살낸다'는 말입니다. 논리적으로 학문적으로 정밀하게 비판하라는 말입니다.

이것은 잘 잘못을 분명하게 가려내라는 말입니다. 우리가 진리를 믿는다고 하면서 비진리와 타협하고 대결을 하지 않는다면 진리를 믿지 않는 것만 못합니다. 인류 역사가 증명하듯이, 진리를 가지고 있으면서 비진리와 대결하지 않으면 비진리가 진리를 잠식하는 것을 보게 됩니다.

그러나 사랑이 없는 대결은 원수만 만들고 사람을 바꾸는 데 실패할 것입니다. 그래서 "사랑으로 진리를 말하라(speaking the truth in love)"(에베소서 4:15)는 말씀을 기억해야 합니다. 한 가지 조심할 것은, 쇼펜하우어(Arthur Schopenhauer)가 그의 『칸트철학 비판』에서 언급했듯이 "역사적으로 위대한 사람의 작품(作品)에서 잘못과 오류를 지적해 내는 것은 그 작품을 명확하고 충분하게 해명하는 것보다 훨씬 쉬운 일이다"라는 말도 잊지 말아야 합니다.

특히 마녀 사냥하듯이 공격하면 안 됩니다. 모든 사상은 그 진위가 공정하지 평가되어야 하며, 수용과 패기 그리고 복종 여부를 잘 결정되어야 합니다. 우리가 배우지 말아야 할 종교사상이 무엇이 있는지 생각해 봅시다.[133]

셋째, 좋은 것은 비판적으로 수용하는 단계입니다. 여기에 "모든 이론을 사로잡으라(take captive every thought)"고 한 것은 예수 믿지 않는 사람들로부터 배우고 수용할만한 것이 무엇인지 찾아내어 배울 것을 배우라는 말입니다. 이 세상에는 아무리 악한 사상이라 할지라도 진리가 전혀 없는 것은 없습니다. 도둑놈도 자기 자식에게는 "도둑질을 하지 말라"고 가르치니까요. 무신론자나 비기독교인이 주장하는 학설이나 이론이라도 기독교의 사상과 부합하는 것이 있다면 비판적으로 수용해야 합니다.

역사적 예를 하나 든다면, 솔로몬 성전은 믿지 않는 사람들의 도움을 받아 지은 것이 많습니다. 옛날 예루살렘 성전도 나무나 돌과 같은 재료뿐만 아니라 '바다'를 만든 주조기술은 하나님을 믿지 않는 두로와 히람으로부터 기술자를 사와서 만든 것입니다.

신약 성경에도 우리가 흔히 세속적이라고 하는 '구속(redemption)'과 같은 상업용어, '칭의(justification)'와 같은 법률용어, '말씀(로고스, Logos)'와 같은 철학용어가 얼마나 많습니까? '복음'이란 말은 전쟁용어이며 군사용어로서 기쁜 소식이란 승전 소식을 말합니다. 비록

---

133)

불 교	유 교	무 속	기 타
염세주의	권위주의	기복 사상	사탄 숭배
윤회 사상	남존여비	범신론	원시성 회귀
운명론	도덕주의	정령 숭배	단군 사상
공덕 사상	형식주의	주술 사상	뉴 에이지

무신론자나 비기독교인이 주장하는 학설이나 이론 그리고 삶의 방식이라도 기독교의 사상과 부합하는 것이 있다면 수용해서 그리스도에게 복종시켜야 합니다.

교회사적으로는 "모든 진리는 하나님의 진리이다"라는 아우구스티누스(St. Augustinus)의 말이 있듯이, 그것이 '2 + 2= 4'와 같이 수학적인 진리이든지, "그래도 지구는 돈다"와 같은 과학적인 진리도 그것이 기독교인이나 비기독교인이나 상관없이 바른 진리이면 받아들여야 합니다. 지금으로부터 450년 전, 종교개혁가요 사회개혁가였던 칼빈(John Calvin)은 누구보다도 인문학을 많이 수용한 성경의 사람입니다.

칼빈은 이런 말까지 했답니다. "플라톤에게서 아무 것도 배울 것이 없다고 말하는 자는 플라톤을 모독하는 것이 아니라 성령님을 모독하는 것이다." 아무리 플라톤의 철학이 쓰레기 같은 것이라고 하더라도 그 중에 진리가 있다면 그것을 배워야 한다는 말입니다. 그 진리는 하나님의 진리이며, 그것을 깨닫도록 도운 이성과 지식은 성령님이 주신 것이기 때문입니다.

칼빈이 세운 제네바학술원의 교육방침을 들어보겠습니다. 비키 바즈(Vicki Barrs)의 분석입니다.

"칼빈은 1559년에 그는 종합교육제도을 마련하였다. 이곳은 학생들에게 교양과목과 같은 인문학을 가르침으로써 교회 사역과 세상에서의 지도자적인 위치를 준비하도록 설립된 학원이었다. 특히 칼빈은 학생들의 능력에 맞도록 과목을 책정하고 학생들 사이에 편차가 있어야 한다고 주장했고, 세속 지식을 기독교적으로 요리해서 가르치지 말고 교양과목으로 제대로 가르치고 난 후에 비판하는 방법을 가르쳐야 한다고 주장했다."[134]

넷째, 모든 사상을 그리스도에게 복종시키는 단계입니다. 통합의 최종 목적은 모든 사상과 지식을 예수 그리스도와 그분의 말씀에 복종시키는 것입니다. 여기에 "복종시킨다(make it(thought) obedient to Christ)"는 것은, 마치 옛날 전쟁에서 승리한 장군들이 적장의 목을 발등상 혹은 발판으로 삼고 무릎을 꿇게 했듯이, 모든 이론을 그리스도의 주권에 무릎을 꿇게 하는 것입니다.

이것은 모든 비기독교적인 세계관을 비판, 수용하여 성경을 중심으로 기독교적 체계를 세우는 것이며, 학문과 삶의 모든 영역을 그리스도의 주권에 무릎을 꿇게 하여 기독교인 사상 체계를 세우는 것을 말합니다.

물론 이때의 기준은 성경입니다. 중세 교회처럼 교회의 전통이나 현대 교회처럼 개인적인 체험이 기준이 되어서는 안 됩니다. 다른 모든 방법과 다르게 통합법은 성경적 기준 위에서 모든 지식이 정체성과 통일성을 갖도록 하는 것입니다. 성경의 주인은 하나님과 그분의 말씀 그리고 성령이십니다. 이 준거점을 기준으로 받아들일 것은 받아들이고 비판할 것은 비판하여 바른 지적 체계를 세우는 것입니다.

이때 소영웅주의에 빠져서도 안 됩니다. 통합의 목적은 모든 지식을 그리스도에게 복종시키는 것이지 우리 자기 자신에게 복종시켜서

---

134) Vicki Barrs, "칼빈과 교육"(라브리 자료), 비키 바즈는 커버넌트 신학교 제람 바즈 교수의 부인입니다.

스스로 영웅이 되고자 하면 안 됩니다. 많은 경우에 통합의 실패 원인 중에 하나는 '나의 논리'와 '나의 지식' 앞에 다른 사람을 무릎 꿇게 하거나, 아니면 내가 모든 것을 다 하려고 하는 유혹 때문입니다. 누구 나 학문적 자존심이 있기 때문에 지적으로 항복하는 데는 대가가 필요 하며 그 대가가 때로는 상당한 아픔을 가져오기도 합니다. 그러기에 하나님을 아는 지식이 세상에 편만해 지는 것이 우리의 궁극적인 목적 이 되어야지 우리가 예수님을 빌려 성공하려고 하면 안 됩니다.

그리고 통합작업을 할 때는 가능하면 보편적인 작업을 해야 합니 다. 특수한 교리적인 입장을 일방적으로 주장하지 말고 상식을 가진 사람이라면 누구나 이해할 수 있고 수긍이 가는 방향으로 예술성, 기 술성, 사상성, 도덕성, 종교성 등을 충분히 고려하여 건전하면서도 보 편적인 사상 체계를 세워야 합니다.

다섯째, 세계관대로 순종하려고 노력해야 합니다. 순종하지 않고는 아무리 정교한 이론이나 논리도 아무런 힘을 발휘하지 못합니다. 하나 님은 제사보다 순종을 더 기뻐하신다고 하셨는데, 형식적인 제사보다 순종하는 것을 더 기뻐하시는 분이십니다. 그러나 평소에 순종하는 습 관이 길들여져 있지 않는 사람은 아무리 세계관을 공부해도 순종하지 않습니다. 그러기 때문에 신앙과 생활의 불일치에 대해 치열하게 고민 을 하며 기도하고 성령의 능력에 힘입지 않고는 순종하지 못합니다.

『새번역성경』에는 이 부분을 "나는 이 무기를 써서 맨 먼저 여러분 을 온전히 그리스도께 순종시킨 다음 나머지 모든 불순종하는 자들을 처벌하는 데 사용할 것입니다"고 번역했는데, 이 말씀의 핵심은 하나 님의 말씀을 믿는 신자들의 순종이 불신자들의 불순종을 징벌하시는 것보다 선행할 것이라는 것입니다. 불신자들의 비기독교적 세계관과 그들의 진리에 대한 불순종의 문제에 대해서는 반드시 심판할 날이 올 것입니다. 그러나 그 보다 진리를 안다고 하는 기독인들이 먼저 순종해야 합니다.

헨델(George Frideric Handel)은 통합의 모델이며 순종의 사람입니다. 그는 젊어서는 이태리 음악, 특히 코렐리(Corelli)와 비발디(Vivaldi)의 음악뿐만 아니라 그 외의 훌륭한 작곡가들로부터 배우고, 빌려오고, 베꼈으면서도, 나이가 들어서는 그만의 끊임없는 실험과 신앙을 통하여 새로운 음악 세계를 개척했던 것으로 유명합니다.

특히 그의 오라토리아 "메시아(Messiah)"는 1741년 56세의 나이에 비록 24일만에 쓴 것이지만 "음악 작곡의 역사상 가장 위대한 업적으로 영원 무궁히 남을 작품"[135]입니다. 헨델에게 이런 극찬을 아끼지 않는 이유는 당연히 "메시아"가 갖고 있는 탁월한 음악적 예술성과 창의성입니다.

또한 성탄절이면 많은 교회에서 부르는 '할렐루야 코러스' 를 "메시아" 중간에 두므로 역사의 종말이 오기 전에 예수 믿는 사람에게는 누구에게든지 구원의 문이 활짝 열려있다는 것을 선포하는 신학적 무게를 가미하기도 했습니다. 이처럼 모든 통합 작업에는 성경에 기초한 고도의 영성과 상상력 그리고 신학적 이해가 필요합니다.

우리가 믿는 진리가 무엇인지 잘 이해한다면 진리가 요구하는 마땅한 대가를 지불하려고 노력해야 합니다. 자기가 믿는 세계관의 논리적 결론이 무엇인지 망각한다면 세계관을 공부하는 것이 무슨 소용이 있

---

135) Jane Stuart Smith & Betty Calrson, 『음악의 선물』, (서울:서울서적), p.71.

겠습니까? 그래서 사도 요한은 이렇게 고백했습니다. "내가 내 자녀들이 진리 안에서 행한다 함을 듣는 것보다 더 즐거움이 없도다"(요한 3서 1:4). 하나님은 무엇을 제일 기뻐하시는지 가르쳐 주신 것입니다.

한 가지 통합할 때 조심할 것들이 있습니다. 성경적 세계관은 변증법적 종합(Synthesis)이나 불교적인 융합(Harmonization)이나 세속적인 혼합(Syncretism)과 다릅니다. 하나님의 은혜 가운데 성령의 능력과 성경을 기초로 모든 학문과 지식을 비판적으로 연구하여 기독교적 삶의 체계를 정교하게 세우는 통합적인 작업(Integration)입니다. 통합법은 믿는 것과 아는 것을 하나되게 하고 아는 것과 사는 것을 하나 되게 하는 지식의 대통합이며 학문의 대통합입니다.

기본적인 공부방법

"이 약을 어떻게 먹을까요?"

"하루에 한 번, 자기 전에 한 알씩 드세요."

"왜 자기 전에 먹어야 합니까?"

"이 약은 잠이 오기 때문에 낮에 먹으면 힘드니까 먹고 주무시도록
자기 전에 더 드시라는 것입니다."

몇 달 전부터 머리가 근지러워 가까운 병원엘 갔더니 의사가 "한국
남자들의 약 20%가 같은 병을 갖고 있으니 걱정 말라"며, 신경성 두피
에 쓰는 약을 처방해 주셔서 먹고 있는데, 구체적인 투약방법에 안심
이 되었습니다.

마찬가지로 제가 기독교 세계관 학교를 십 여년 동안 운영하며 깨달
은 것은 청년대학생들의 마지막 관심은 언제나 "어떻게"에 있다는 것
입니다. 그런데도 저는 원리와 이론 교육에 치중했습니다. 젊은이들에
게 안심할 수 있는 좋은 방법을 가르쳐 주지 못한 거죠. 반응은 참담했
습니다.

"공부는 많이 했는데 남는 것이 없다."

"세계관이 아무리 좋으면 무슨 소용이 있습니까? 삶이 바뀌지 않는데?"

"같이 공부 할 때는 됐는데 혼자 하려니 안 된다."

"세계관은 똑똑하고 많이 배운 사람들의 전용물인 것 같다."

"지적 유희야."

이제 뼈저리게 깨닫는 것은 좋은 이론과 진리일수록 좋은 방법을 필요로 한다는 것입니다. '노하우'와 '테크닉'이 없으면 '프린키피아'도 쓸모없이 버리는 것이 인간이기 때문입니다.

만약 방법은 알고 원리를 모르면 장기적인 성장을 이루기가 어려울 것이지만, 좋은 방법을 안다면 원리를 이해하고 적용하기에 한층 쉽습니다. 그래서 저는 순서가 다소 바뀌는 것은 상관없지만 원리와 방법 혹은 방법과 원리를 다함께 공부하는 것이 좋다고 이야기합니다.

첫째, 기독교 세계관을 공부하는 가장 좋은 방법은 공동체 속에서 "영적 아비"로부터 배우는 것입니다. 바울 사도가 경고한 "일만 스승은 있으나 영적 아비가 없는" 시대가 바로 오늘날입니다. 지식을 파는 선생은 많은데 영적 멘토(spiritual mentor)가 없다는 것입니다. 그리고 더 안타까운 것은 영적 아비를 찾는 아이들도 많지 않다는 것입니다.

최고의 목자, 예수님은 3년 동안 제자들과 함께 먹고 마시고 자며 제자로서의 삶이 어떤 것인가 하는 것을 본을 통해 가르치셨습니다. 바로 예수님과 같은 마음을 가진 선배나 간사, 교사, 장로, 목사 혹은 부모를 통해 일상생활 속에서 영적 분별력을 배우고 익히는 것이 오늘날 청년들이 가질 수 있는 최고의 세계관 학교입니다. 특히 믿음의 부모나 영적 아비들을 통해서 생활 속에서 배우는 세계관이 제일 좋습니다.

그러나 안타깝게도 좋은 영적 아비가 많지 않다는 것과 많은 경우에 그들로부터 배우는 것은 신앙의 본질보다는 신앙의 형식이나 종교생활의 기술정도입니다. 자녀들에게 물질적인 유산은 잘 전수되지만 신앙의 전수는 실패에 가깝습니다. 그 결과 영적 자녀 교육은 위기에 빠져 있습니다. 과연 어떤 일이 벌어지고 있는지 『대답은 있다』라는 책에서 제가 분석한 자료를 여기에 인용합니다.[136)

	신앙의 본질	신앙의 형식
F 1	O	O
F 2	X	O
F 3 - 5	X	X

F 1(신앙의 제1세대)은 신앙의 본질과 형식을 둘 다 가진 분들입니다. 그들은 예수님을 인격적으로 만났고 그들의 윤리적인 삶도 바뀌었습니다. 예수님의 제자로서 하나님의 백성으로서 아름답게 사는 분들입니다. 그러나 F 1이 본질도 없이 형식만을 가지고 있다면 문제는 훨씬 심각합니다.

F 2(신앙의 제2세대)에 와서는 본질과 형식 중에서 본질은 배우지 못하고 형식만 전수하기 쉽습니다. 여전히 교회를 출석하고 헌금도 하고 봉사도 하고 생활 속에도 기독인다운 모습이 남아 있습니다. 그러나 본질은 잃어버린 상태입니다. 하나님과의 영적 실체가 없이 단지 영적 형식들만 남아 있는 상태입니다. 앞선 세대와의 대화도 단절되고 순종에도 한계를 느끼는 단계입니다.

F 3-5(신앙의 제3-5세대)에 와서는 본질과 형식을 둘 다 잃어버린 사람들이 많습니다. 지금까지는 부모의 권위나 친구의 안면 때문에 교

---

136) 성인경, 『대답은 있다』, (서울:예영커뮤니케이션), p. 178.

회는 나왔으나 이마저 그만 두게 됩니다. 오늘날 서구 교회에서 젊은 이들이 사라진 것은 그들이 F 3-5에 해당하기 때문입니다. 제도적 교회 생활에 완전히 흥미를 잃었기 때문입니다.

간혹 F 2, F 3-5 중에 처음에는 부모들로부터 형식만을 전수 받았으나 다행히 청년 때나 사업에 한때나 인생의 쓴 맛을 보고 본질과 형식을 회복한 경우도 있습니다. 그것은 특별한 경우이고 하나님의 은혜입니다.

제가 생각할 때 청년대학생들과 어린 학생들에게 가장 필요한 것은 편리한 시설이나 교회 직분이 아니라(그런 것이 구비되어 있으면 좋지만), 그것보다 더 중요한 것은 이미지가 좋은 교회와 본을 보여 줄 수 있는 영적 아비들입니다.

죄 많은 이 세상에 완벽한 환경이나 완전한 지도자란 있을 수 없습니다. 나쁜 것도 보면서 교훈을 받아야 합니다. 이단이 아니라면, 비록 유동적이고 제한적이기는 하지만 교회 공동체나 선교단체의 지도자나 리더로부터 영적 멘토링을 받는 것이 좋습니다.

찾아보면 아직도 우리 주위에는 좋은 목자들이 많이 계십니다. 그들의 삶과 말로부터 구체적이고 실제적으로 세계관을 배우는 것이 가장 좋습니다. 목자 잃은 양처럼 더 이상 인생을 낭비하지 마십시오. 하루 빨리 좋은 목자를 만나서 그의 신앙과 세계관을 전수 받으시기 바랍니다.

둘째, 성경을 세계관적으로 공부하는 방법도 아주 좋습니다. 성경은 인생의 신앙적, 철학적, 도덕적 문제에 대한 총체적인 진리입니다. 성경은 인간의 모든 문제와 질문에 대해 명제적인 진리와 대답을 제공하기 때문입니다. 그러기에 성경은 세계관 공부의 최고의 텍스트입니다.

성경을 세계관적으로 공부한다는 것은 "오직 성경만 필요하다"는 성경주의(Bilicism)와는 전혀 다릅니다. 성경에서 하나님이 말씀하시고자 하는 핵심 사상을 찾고 그것이 당시 사조와는 어떤 관계가 있는지 연구한 후에는 현대적인 이슈들과 비교하고 비판하는 작업을 통하여 영적 분별력을 배우는 것을 말합니다.

예를 들어, 라브리에서는 신구약성경의 대표적인 책인 『창세기』와 『로마서』를 자주 공부하는데 그 이유는 『창세기』와 『로마서』가 성경 중에서 가장 탁월한 세계관적 텍스트라고 믿기 때문입니다. 『창세기』를 예로 든다면, 1장의 우주의 기원, 2장의 인간의 기원, 3장의 악의 기원 등은 모세 시대뿐만 아니라 그야말로 모든 시대의 거대한 세계관적 이슈들입니다. 모리스(Henry M. Morris)가 잘 지적했듯이 창조기사만 하더라도 세상의 기원과 의미에 대한 모든 잘못된 철학을 멋지게 논박하고 있습니다.

(1) 무신론(atheism) : 우주는 하나님에 의해 창조되었다.

(2) 범신론(pantheism) : 하나님은 초월적인 존재이다.

(3) 다신교(polytheism) : 하나님은 한 분밖에 없다.

(4) 물질주의(materialism) : 만물에는 시작이 있었다.

(5) 이원론(dualism) : 하나님 한 분이 창조하셨다.

(6) 인본주의(humanism) : 인간은 궁극적 실체가 아니다.

(7) 진화론(evolutionism) : 우주는 창조되었다. [137]

---

137) Henry M. Morris, *The Genesis Record*, Baker, 1976, p.38.

『로마서』도 세계관을 공부하기에 가장 좋은 책입니다. 기다리던 책, 『프랜시스 쉐퍼의 로마서 강해』를 위해 저는 기쁜 마음으로 다음과 같은 요지의 추천사를 쓴 적이 있습니다.

> "잘 알려진 대로 『로마서』의 중심 주제는 '믿음으로 구원 받는다' 혹은 '믿음으로 의롭게 된다'는 구원론입니다. 옳은 말입니다. 세상 모든 죄인들을 위한 위대한 복음이 선포되고 있기 때문입니다. 그러나 『로마서』는 당시에 세계를 지배하던 로마제국의 권력과 이데올로기에 대항할 만한 이념이나 진리 체계가 전무하던 시대에 '기독교는 삶의 체계로서 혹은 세계관으로서 부끄러울 것이 없는 진리요 복음이다'는 것을 선포한 책입니다. 『로마서』는 인간의 죄악성, 지성의 타락, 구원의 과정 등에 관한 종교적인 문제뿐만 아니라 정치에 대한 태도, 이스라엘의 장래, 성도의 일상생활 등에 이르기까지 인간 존재와 일상 문제에 대해 이 세상에서 유일하게 바른 대답과 설명을 할 수 있는 지성적이며 동시에 체험적인 진리는 기독교밖에 없다는 것을 변증하는 체계적이고 조직적인 최고의 세계관 교과서입니다."[138]

사실 모든 성경이 세계관 책입니다. 어느 성경도 기독교적 세계관 텍스트가 되기에 적합하지 않은 책은 없습니다. 하물며 오늘날과 같이 성 문제가 복잡한때에는 『솔로몬의 아가』가 남녀 간의 바른 성문화를 정립하기 위한 최고의 세계관 텍스트가 됩니다.

---

138) 프랜시스 쉐퍼, 『프랜시스 쉐퍼의 로마서 강해』, (서울:생명의 말씀사), 추천사.

제람 바즈가 1997년 라브리 수양회 기간 동안 '아가서 강해'를 통해 밝힌 것처럼, "이 책은 단순히 그리스도와 성도의 영적인 사랑을 풍자적으로 묘사한 것으로 오해되어 왔으나, 그것은 플라톤적 사상에 영향을 받아 관념적인 사랑에 반하는 육체적인 성적 욕망은 비이성적이고 비합리적이며 저급한 종류의 욕망이라고 치부하였던 것이 교회에서 그대로 받아들여진 결과이다"라는 말이 옳은 지적입니다.

아가서도 현대인들을 위한 좋은 세계관 텍스트이거늘 다른 성경이야 말할 필요가 있겠습니까? 성도들은 편식 없이 성경을 읽고 공부하고 목사들은 편식 없이 설교하고 가르치면 자연스럽게 세계관 공부가 되는 것입니다.

세계관 책을 한 권도 읽어 본 적이 없지만 모든 일을 바르게 생각하고 사시는 분들을 저는 종종 만나는데, 그분들은 설교와 성경공부를 통해 기독교적인 세계관을 가지게 되었다는 것을 발견합니다. 가끔 그분들 중에는 세계관학을 전공한 학자 못지않게 균형 잡힌 생각을 가지고 있는 것도 봅니다. 모두 성령의 감동으로 쓰인 성경을 공부하고 생각이 변화된 결과입니다.

셋째, 관심분야를 전문적으로 연구하는 방법도 있습니다. 자기가 몸담고 있거나 관심 있는 전공 분야를 성경적인 체계로 바로 세우는 작업을 스스로 하는 작업입니다. 예를 들어, 예술과 성경을 통합하고, 정치와 성경, 경제와 성경, 직업과 성경, 취미생활과 성경 등 삶의 전 분야를 자기의 관심에 따라 통합하는 것입니다.

라브리를 세운 프랜시스 쉐퍼를 예로 들겠습니다. 그는 누구보다도 실존주의 신학을 미워하고 경계했음에도 불구하고 기독인들에게 주님을 "순간순간의 의존(moment by moment trust)"을 호소했는데, 그러한 독특한 설명의 형식은 사르트르에게 빚진 것입니다.

사르트르(J. P. Sartre)는 "실존주의는 인간의 삶을 가능하게 해주는 원리이다"고 했는데, 그 말은 실존주의는 이론이나 탁상공론이 아니라 실제적인 인생의 문제를 다룬다는 것입니다. 하루하루 순간순간 어떻게 삶을 살 것인가, 즉 '실존적인 순간순간의 삶이 중요하다' 는 것입니다.

쉐퍼는 사르트르의 이 말에서, 성경이 가르치는 믿음이야말로 화석화되거나 형식화될 것이 아니라 진정한 의미에서 순간순간 예수님의 십자가의 능력을 의존하는 실존적인 것이어야 한다고 말했는데, 처음에는 보수적인 신학계에서 의아해 했으나 나중에는 그것이야말로 기독인의 신앙의 실체라는 것을 알고 쉐퍼의 전문 지식에 놀랐습니다. 누구를 통해서든지 우리의 목표는 그리스도의 지식이 이 땅에 충만해지는 것입니다.

지금은 그 어느 때보다도 전문적인 세계관 연구가 절실한 시대입니다. 그러기 위해서 교회나 선교단체 안에서 제일 먼저 할 수 있는 일은 관심 분야별로 세계관 공부 모임을 만들거나, 세계관 연구 기관에 등록하여 연수를 받거나, 외부 강사들을 초빙하여 세계관 세미나 혹은 특별 강좌 시간을 개최하는 것 등입니다.

구체적인 공부방법

아마 구체적인 세계관 공부 방법에는 수백 가지가 있을 것입니다. 내가 주로 사용하는 방법은 (1) 일대일 공부 (2) 그룹 토론 공부 (3) 책을 공부하는 것 등이 있습니다. 다음의 방법은 나의 스승 제람 바즈(Jerram Barrs)가 1994년 겨울에 한국의 젊은이들에게 들려준 것입니다. 저는 그것을 아주 지혜로운 방법이라 생각되어 여기에 정리해 보겠습니다.

첫째, 먼저 고민하고 있는 문제를 솔직히 이야기하는 것이 필요합니다. 제일 먼저 여러분에게 도전하고 싶은 것은, 속에 있는 질문을 솔직히 들어내고 거기에 대한 대답을 가져야 한다는 것입니다. 질문을 숨기고 있으면 해결이 되지 않습니다. 학교에서 공부하다가 질문이 생겼을 때나, 교수나 친구들이 질문을 해 왔을 때나, 혹은 신앙에 대한 회의가 찾아왔을 때는 꼭 해결을 해야 합니다.

쉐퍼가 좋은 예를 듭니다. "기도만 한다고 해서 당신의 회의가 없어진다고 생각하지 마십시오. 당신의 질문을 당나귀 등에 올려놓지 마십시오. 당나귀는 무거운 짐을 지지 못합니다. 당나귀의 등에 무거운 짐을 올리기 전에 그 짐을 해결해 줄 사람에게 가서 질문하십시오."

이때 질문을 받는 사람은 질문을 감사함으로 받아야 합니다. 라브리에서는 누구든지 어떤 질문이라도 할 수 있도록 개방합니다. 내가 신학교를 갓 졸업하고 라브리에 일하러 갔을 때, 식사를 하면서 학생들이 던진 어려운 질문들 때문에 제 다리가 탁자 밑에서 떨리곤 했습니다. 그럴 때에 정말 모르는 것은 "모른다"고 하는 겸손과 용기가 필요합니다. 때로는 "연구해서 알려드리겠다"는 말도 필요합니다. 언제나 우리는 질문에 감사해야 합니다. 만약 기독교가 진리라고 한다면 무서워할 것도 숨길 것도 없습니다.

그리고 여러분도 장차 부모가 될 것인데, 여러분이 부모가 되었을 때에 자녀가 질문을 자유롭게 할 수 있도록 여러분의 마음을 열어 놓아야 합니다. 그들이 아주 어릴 때부터 질문을 하도록 격려해 주어야 합니다. 사실, 가장 어려운 질문들은 오히려 어린 아이들로부터 나오는 경우가 많습니다. 아이들은 눈치가 빨라서 숨기는 것을 잘 파악합니다.

둘째, 다른 사람이 믿는 것을 연구해 보십시오. 대학교를 다닐 때 세계관 전쟁에서 이기려면, 다른 사람이 무슨 생각을 하는가를 알아야 합니다. 타인을 존중한다는 말이 이것입니다. 옆에 있는 믿지 않는 친구를 존경한다면 그들이 가지고 있는 생각을 알아야 합니다. 믿지 않는 교수를 존경한다면 그의 사상을 알아야 합니다. 우리가 책을 읽을 때에 그 책을 존중한다면 그 책의 의미를 깊이 연구해야 합니다. 기독인이 대학에서 공부한다는 것은 특별한 도전인데 이 도전에 대항하기 위해 우리는 두 가지가 필요합니다.

먼저, 교수님들이 여러분에게 요구하는 것들을 잘 따라야 합니다. 그 다음에는 여러분이 하는 공부의 사상과 내용을 예수를 믿는 기독인으로서 어떻게 처리해야 할 것인가를 연구해야 합니다. 그것이 우리의 생각을 순종시키는 것이라고 할 수 있습니다. 만약 그리스도와 반대되는 것을 공부해야 한다면, 성경을 토대로 그것을 비판할 수 있는 능력을 키워야 합니다. 그것이 하나님에 반대하는 모든 사상을 파괴한다는 의미입니다.

그리고 우리의 전 삶 전체를 복음으로 파고들어야 합니다. 하나님께서는 우리가 기독교 문화만 즐기고, 기독교 라디오만 듣고, 기독교 텔레비전만 보아야 한다고 말하지 않으십니다. 하나님은 우리가 세상에서 숨으라고 하지 않고 그 안에서 살라고 하십니다.

어떤 학생들은 가끔 나에게 즐겨 듣는 프로그램이나 책을 추천해 달라고 말합니다. 기독교 문학, 기독교 라디오뿐만 아니라 내가 살고 있는 세상을 잘 알아야 합니다. 우리는 세상에 사는 사람들이 무엇을 생각하고 어떻게 사는가를 이해해야 합니다. 내가 세상에서 숨으려고 해도 사실은 불가능합니다.

기독인으로 신실한 삶을 살려면 세상에서 도망가는 것이 아니고 세상 속에 살면서 그 속에서 어떤 것이 비기독교적인가를 알고 그것을 거부하면서 살아야 합니다. 그래서 문화를 잘 이해하라고 부탁하는 것입니다.

셋째, 먼저 토론할 수 있는 모임을 찾으십시오. 성경은 의견을 모으는 데 두 사람이 한 사람보다 낫다고 합니다. 그래서 머리를 조아려 의견을 모으는 것이 필요합니다. 존 스토트(John R. W. Stott) 목사는 정기적으로 마음 맞는 친구들과 책을 읽거나 영화를 보거나 독후감을 가지고 토론을 한다고 합니다. 그분에게 토론이 필요하다면 우리에게는 얼마나 더 필요하겠습니까?

잠언은 이렇게 말합니다. "쇠는 다른 쇠와 부딪혀야 더 날카롭게 된다." 때로는 후배들이나 자녀들의 학교 공부를 도와주면서 도움을 받을 수도 있습니다. 내 아이들의 예를 들면 초등학교에 들어갈 때부터 그가 토론하고 싶어 하는 모든 것을 도와주었습니다. 그들이 이제는 집을 떠나 있으면서도 나에게 전화를 해서 물어봅니다. 내가 어렸을 때부터 그런 습관을 들였기 때문에 나이가 들어도 그렇게 물어옵니다. 저는 그들이 읽어야 할 책들을 같이 읽고 이해하려고 노력합니다.

넷째, 전공 학문에 대한 기독 지성인들을 찾으십시오. 예를 들면 영문학에는 C. S. 루이스가 있습니다. 여러분이 전공하는 학문 중에서도 예수님을 믿는 뛰어난 교수를 찾아서 도움을 받아야 합니다. 그래서 실제적으로 여러분이 가지고 있는 문제를 해결하는데 교수나 선배의 도움이 필요하지만, 한편 그들의 모범을 보고 배울 수도 있을 것입니다.

다섯째, 다른 한 방편으로서 예수 믿는 사람을 초빙해서 강의하게 하는 방법이 있습니다. 이것이 내가 세인트 루이스에서 실행하고 있는 방법입니다. 이번에는 '쉐퍼 강좌'에 유명한 핵 물리학자를 초청해서 강의를 하게 할 것입니다. 그는 머리도 좋고 노벨 물리학상을 5회나 추천 받았던 사람입니다.

여섯째, 관심 있는 주제를 논문으로 쓰는 것도 아주 좋습니다. 가능한대로 여러분이 특별히 관심이 있는 문제를 가지고 논문을 쓰시기 바랍니다. 내 아내는 석사 학위논문으로 불어와 불어교육에 관한 논문을 쓰고 있습니다. 논문을 쓰기 위해서 16세기의 작품을 읽어야 하는데 칼빈에 관한 것을 읽어야 합니다. 그 교수가 칼빈을 좋아해서가 아니라 당시에 불어로 쓰여진 작품 중에 칼빈의 작품이 가치 있는 작품이기 때문입니다. 쉐퍼가 말했듯이 칼빈은 불문학에서 아주 중요한 인물입니다.

이상의 구체적인 방법 중에 여러분과 공동체에 맞는 방법을 선택하시기 바랍니다. 다른 사람들에게 유익했던 방법이라고 여러분에게도 다 유익하지 않을 수 있습니다. 자기에게 꼭 알맞은 방법을 선택한 후에는 열매가 있을 때까지 계속 공부해 보시기 바랍니다. 책을 공부하는 유익에 대해 이야기 하겠습니다.

한 권의 책이 인생을 바꾼다

"나는 평생에 두 권의 책을 처음부터 끝까지 읽어보았습니다. 한 권
은 어릴 때 읽은 만화책이고 다른 한 권은 최근에 라브리에 와서 읽
은 책입니다."

얼마 전에 만난 한 대학생의 솔직한 고백입니다. 요즘은 이와 비슷
한 고백을 심심찮게 듣습니다. 왜냐하면 우리가 사는 시대는 책을 안
읽는 시대이고 책 읽기가 무척이나 힘든 때이기 때문입니다. 거기에는
몇 가지 원인이 있습니다.

책을 안 읽는 이유

첫째, 먼저 영상매체가 세상을 지배하는 시대이기 때문입니다. 요
즈음은 책보다는 컴퓨터와 영화, 뮤직비디오 등을 통해 "내 인생을 바
꾸었다"고 말하는 시대입니다. 컴퓨터 황제로 통하는 빌 게이츠는 "나
는 조그만 개인용 컴퓨터에서 새로운 세계와 인생을 발견한 사람들을
많이 만났다"고 말한 바가 있습니다.

영화감독 올리버 스톤(Oliver Stone)은 "나는 영화가 국민의식을 변
화시킨다고 믿는다. 적어도 JFK는 국민들이 정부의 말을 곧이곧대로
믿지 않도록 만들었다고 본다"고 말한 것은 우연이 아닙니다. 사색적
이며 이성적인 노력을 요구하는 책보다는 감성적이고 감각적인 영화
나 텔레비전, 음악, 인터넷 등에 훨씬 가까이 다가가기가 쉽기 때문입
니다.

둘째, 책의 내용이 재미가 없기 때문입니다. 사람들이 책을 전혀 읽지 않는 것은 아닙니다. 흥미 위주의 가벼운 내용이나 재미있는 책은 많이 읽습니다. 그래서 눈치 빠른 책장사들은 감각적이고 화려하고 고급스러운 양장을 내놓습니다.

몇 년 사이에 종이의 질도 좋아졌고, 사진도 많이 들어가고, 글씨도 커졌습니다. 그리고 내용은 더 원색적이고, 구호적이거나 불가공약적인, 즉 아무런 책임도 묻지 않는 재미있고 자극적인 이야기들만 무성합니다. 그러나 누구나 그런 책은 얼마 못가 집어던져 버립니다. 왜냐하면 톨킨의 『반지의 제왕』처럼 잠자고 있는 상상력을 자극하지도 못하고 인간의 권력욕을 파헤치는 세계관적인 도전도 없기 때문입니다.

셋째, 책 읽는 문화가 없기 때문입니다. 책은 한 수레를 사다 주면서도 책을 읽어주는 부모를 보기 힘든 시대에 삽니다. 우리는 책으로 도서관을 가득 채우는 학교를 다니지만 책을 읽어주는 선생님을 보지 못합니다. 애초에 책은 장식용이거나 과시용이었지 독서용이 아니었기 때문입니다.

우리는 "몇 권이나 소장하고 있느냐?"하는 도서량(圖書量)에만 관심이 있었지 "얼마나 읽었느냐?"는 독서량(讀書量)에는 별 관심이 없었습니다. 왜냐하면 우리는 어떤 책이 영혼의 약(藥)이 되는지 어떤 책이 정신의 독(毒)이 되는지를 토론하고 분별력을 키울 수 있는, 책을 읽어주고 듣는 문화가 없기 때문입니다. 최근에 책을 읽어주거나 책 읽는 소리를 들어본 적이 있습니까?

다니엘의 서책(書册)

그러나 아무리 책 읽기가 이처럼 어려운 시대라고 하더라도, 책은 읽는 사람을 변화시키는 능력이 있습니다. 책 중에 책이라고 할 수 있는 성경은 수많은 사람들을 변화시켰습니다. 그 중에서도 구약에 나오는 다니엘은 책의 사람이었고 책으로 변화된 사람입니다.

다니엘은 바벨론 제국과 메데 페르샤 제국에서 고위 공직 생활을 한 당대의 지도자로서 그리고 한 사람의 기독인으로서 급변하는 국제질서 속에서 하나님의 섭리와 계획이 무엇인지 알고 싶었습니다. 보통 그가 그러한 문제에 대해 영적 통찰력을 얻는 길은 꿈이나 환상이나 독서였습니다. 그러나 고위공직자로서 바쁜 하루를 보내면서도 하나님의 서책을 가까이 했는데 말년에는 독서를 통해 지혜를 얻게 되었습니다.

메데 페르샤 제국의 다리오 왕이 새로운 제국을 건설하던 그 해에 그가 읽은 책은 선지자 예레미야가 쓴 서책이었습니다. 그는 예레미야가 쓴 책을 읽다가 "유대백성의 포로기간이 70년이 되리라"는 말씀을 읽고는 그 말씀이 비로소 성취되고 있다는 것을 깨닫고 크게 놀라게 됩니다(예레미야 25:11,12).

그는 책을 읽고 눈물을 흘리며 회개하고 영적 각성을 했는데, 나라와 백성들의 불의와 부패를 원통하게 여기고 슬퍼하면서 기도했습니다. 그는 자기 죄뿐만 아니라 다른 사람의 죄, 민족과 국가의 죄까지 회개하며 하나님의 자비하심을 구했습니다.

더욱 놀라운 것은, 그가 독서를 통해 하나님의 비밀 계획을 알게 되었다는 것입니다. 하나님은 다니엘에게 세계 역사의 변화와 유대민족의 장래에 대한 원대한 청사진을 보여주신 것입니다. 하나님은 기도하고 성경을 읽는 사람에게는 비밀이 없습니다. 다니엘은 수백 년 후에 일어날 이 모든 것을 다 듣고 알게 되었습니다.

다니엘은 그 자신이 하나님의 뜻을 다른 사람들에게 알리는 통로, 즉 계시수령자가 된 것입니다. 멋진 복음의 다리가 된 것입니다. 유대인에게만 갇혀 있던 그리스도의 구원에 대한 복음을 바벨론 사람과 메데 페르샤 사람들에게 전하는 다리가 된 것입니다. 독서를 통해 깊은 영적 통찰력을 얻은 열매입니다.

내 인생의 책

나의 젊음과 사역의 방향을 바꾼 책이 있다면 그것은 내가 대학 시절에 읽었던 프랜시스 쉐퍼(Francis A. Schaeffer)의 『The God Who Is There(살아계신 하나님)』입니다. 그 책은 현대 문화와 기독교가 앓고 있는 병의 주된 원인은 절대적인 진리를 파괴하는 상대주의적 진리관이라는 것을 지적하고, 기독교가 그것과 대결하기 위하여 성경적인 변증학(apologetics)으로 무장해야 한다고 말하고 있습니다.

쉐퍼가 "상대주의적인 진리관이 안개처럼 철학에서 시작하여 예술, 사회, 종교 등 모든 문화 영역에 스며들고 있으며 그것이 결국 인류 문화 전체의 파멸을 자초하고 있다"고 지적한데서는 나는 가슴이 뜨끔할 정도로 충격을 받았습니다. 왜냐하면 그때까지만 해도 나의 가치관은 시대 조류였던 상대주의적인 세계관 위에 세워져 있었기 때문입니다.

나는 그가 지적한 본질적인 문제는 성경을 더 이상 하나님의 절대적인 계시로 받아들이지 않고 인간 '이성'에만 의지하거나 이성에서 도피하여 '감각'에 의지하는데서 온 것이라는 데에 전적으로 동의를 했습니다. 그리고 그가 그러한 분석의 토대 위에서 그는 절대적인 진리를 회복하고, 신학과 타 학문 사이의 분열을 멈추고, 복음과 문화를 그리스도 안에서 하나 되게 하기 위해서는 기독교가 초월적이면서 동시에 합리적이라는 성경적인 신앙으로 돌아가자고 역설에 대해 목숨을 걸기로 마음을 먹었습니다.

나는 그가 제시한 "복음의 내용을 변질시키지 않으면서도 현대인들이 가까이 하는 문화를 접촉점으로 하는 문화적 변증학(Cultural Apologetics)이 필요하다. 지금은 이런 문화적 변증학을 몸에 익힌 인재를 교회, 신학교, 선교지로 보내야 할 때이다"는 말이 예수님의 전도방법이라 생각되어 내 인생의 전도방법으로 받아들였습니다. 그것이 바울 사도의 정신이라는 것은 나중에야 알게 되었습니다. "여러 사람에게 내가 여러 모양이 된 것은 아무쪼록 몇몇 사람들을 구원코자 함이니, 내가 복음을 위하여 모든 것을 행함은 복음에 참여하고자 함이라"(고린도전서 9:22,23).

내가 지금도 라브리에서 청년 대학생들을 가르치며 섬기고 있는 것도 그 작은 책에서 도전을 크게 받았기 때문입니다. 한 권의 작은 책이 내 인생의 궤도를 바꾼 것입니다.

기독교 세계관 운동의 방향 [139]

기독교는 처음부터 로고스와 진리의 종교였습니다. 그러기에 기독교는 진리 체계를 가지고 있기 때문에 세계관적인 운동과 그 궤를 같이 해 왔습니다. 기독교는 처음부터 계시의 종교였고, 성경 계시를 기초한 지성적, 교리적 체계를 가지고 있었기 때문입니다. 기독교의 세계관적 체계는 구약과 신약 계시에 이어서 서양에서는 어거스틴과 종교개혁자 루터와 칼빈에 의해 그 체계가 신학적으로 세워졌습니다.

근래에 와서 세계관적인 체계로 꽃을 피운 사람은 화란에는 카이퍼, 바빙크, 도이벨트 등이 있으며, 캐나다에는 하트와 그가 이끄는 토론토연구소의 연구원들이 있으며, 미국에는 워필드, 반틸, 쉐퍼, 플란팅가, 홈즈, 월토스토프 등과 그들의 후학들이 있습니다.

한국교회가 세계관에 관심을 가지고 본격적인 연구와 적용을 시도한 것은 지난 1970년대 말에서 1980년대 중반이었습니다. 지난 1970년대 말과 80년대 초를 기억하는 사람들은 당시가 얼마나 정치적으로나 정신적으로 암울한 시대였는지 기억할 것입니다. 그때는 자유민주주의의 부패와 사회주의적 이념의 붕괴 조짐 그리고 20년 이상이나 계속된 군사 독재정권 사이에서 이념적인 방황과 갈등을 겪던 그야말로 혼돈의 시대 그 자체였고, 광주민주화운동의 아픔이 사무치던 고통의 시대였습니다.

그런 혼돈과 고통은 90년대 초까지도 계속되었는데, 그 와중에 어

---

139) 이 글은 1999년 1월에 연세대학교에서 모였던 기독대학원생 수양회에서 발표한 글이며,《복음과상황》, (1999년 3월호)에 실렸던 글을 다시 일부 수정한 것입니다.

떤 사람들은 사회주의와 마르크스주의 흐름에 동조하거나 편승하기도 하였고, 어떤 사람들은 비록 문제가 많지만 자유민주주의가 그래도 한국사회의 대안이 되어야 한다며 고집을 부리기도 하였습니다. 물론 거기에는 사회와 이념 문제에 대해서 일체의 침묵으로 일관하던 다수도 있었는데, 그들은 이것도 저것도 아닌 엉거주춤한 침묵 내지 방관으로 속만 태우며 세월만 죽이고 있었습니다.

그 혼돈의 시대에 뜻있는 기독교 지도자들과 젊은이들이 지적 대안을 찾아 나섰고, 그 일환으로 바른 신앙과 종교개혁의 정신을 계승한 개혁주의자들의 세계관 책들이 하나 둘씩 우리말로 번역되기 시작했습니다. 프랜시스 쉐퍼의 책들도 대부분 그때 번역이 되었습니다.

때를 맞추어 손봉호를 비롯한 복음주의 지도자들과 학생선교단체들이 주축이 되어 이념의 공백을 메울 본격적인 세계관 공부 운동이 일어나기 시작했습니다. 돌이켜 보면 그것은 고난과 혼돈의 계곡을 지나 산정에서 퍼 올린 신선한 샘물과도 같았고, 갈 길이 보이지 않던 깜깜한 시대를 밝히는 작은 불꽃같기도 했습니다.

물론 그런 세계관 운동은 마르크스주의와 사회주의에 대항하는 이념적 대안 운동으로서도 적절한 시도였고, 수많은 기독 청년들이 정신적 방황과 혼돈을 끝내고 '세계관' 이란 이름으로 기독교 진리 안에서 마음의 평안을 찾는 돌파구가 되기도 했습니다. 감사하게도 그때 수많은 젊은이들이 프랜시스 쉐퍼의 책을 읽으며 지적 해답을 얻고 신앙을 견고히 하는데 많은 도움을 얻었다고 합니다.

특히 이념의 문제로 갈등하거나 의심하던 사람들뿐만 아니라 교회를 떠났던 사람들까지도 신앙을 찾는 기회를 가져다주기도 했습니다. 그리고 21세기를 시작하는 지금, 한국교회가 세계 어느 나라에도 뒤지지 않은 기독 학자들과 그들의 지적 노하우 그리고 청년 세대들을 많이 모을 수 있었던 것은 그 열매 중에 하나입니다.

안타깝게도 세계관 운동은 언제나 좋은 결과만 낳은 것은 아닙니다. 여러 가지 부작용도 나타났습니다. 세계관 공부를 통하여 다양하고 폭넓은 논리들을 접한 청년들 사이에 의견 차이가 나타나기 시작한 것입니다. 교회 안에서는 가치관의 차이로 인한 갈등이 신앙적인 차이로 나타나기도 했고, 선교단체 안에서는 사회문제에 대한 입장 차이로 분열의 아픔을 맛보기도 했습니다.

특히 세계관이 신앙과 일상생활에 아무런 유익을 주지 못한다는 불평이 늘어나기도 했고, 세계관 공부가 마치 똑똑하고 많이 배운 사람들의 전용물인 것처럼 비쳐지기도 했습니다.

그래서 그런지, 그렇게도 활발했던 세계관 논의가 1988년 올림픽을 기점으로 1990년대에 들어와서는 완전히 한풀 꺾여버렸습니다. 라브리에도 우주와 인생에 대한 거시적인 문제들에 대답을 찾으러 오는 청년 대학생들의 발걸음보다는 사사로운 개인적인 문제를 해결하려고 찾아오는 사람들이 부쩍 늘어났던 것이 그 시기였으며, 그것은 모든 선교단체에서 비슷하게 나타났습니다.

그것은 잘못된 세계관 운동의 부작용이기도 했고, 1990년대부터 풍미하기 시작한 개인주의적이고 감각적인 탈 현대주의적인 영향도 있었습니다. 젊은이들이 "인생은 장난이다"라고 가르치는 탈의식화와 비운동성의 흐름에 쇠뇌가 된 탓입니다. 아마 가장 큰 원인은 기독교 세계관의 적으로 부상했던 마르크스주의가 갑자기 침몰했기 때문일 것입니다.

간단하게 한국의 세계관 운동 역사를 되돌아보았습니다만, 거기에는 좋은 점과 더불어 몇 가지 반성해야 할 점도 있습니다. 그것을 교훈 삼아 다음과 같은 몇 가지 원칙을 21세기 기독교 세계관 운동의 기본 방향으로 제시해 봅니다. 물론 이것은 나의 좁은 소견에 불과하며 같은 운동을 하고 있는 여러 단체의 견해와 다를 수도 있다는 것을 미리 밝힙니다. 그러나 진리를 찾아 오늘도 순례길을 나선 모든 청년대학생들과 기독교 세계관 발전을 위한 시론으로 몇 가지를 제시해 봅니다.

바른 성경관에 입각해야 한다

지나간 세계 교회 역사를 생각할 때, '어떤 성경관을 가졌는가' 하는 것이 세계관 운동뿐만 아니라 선교와 교회 운동의 시금석이었다는 것을 금방 알 수 있습니다. 교회사가 말하는 분열과 갈등은 많은 경우에 성경관의 차이에서 시작되었습니다. 그러므로 우리가 '성경을 믿는다'고만 말할 것이 아니라 역사적이고 전통적인 성경관을 확인하고 거기에 서로 마음을 같이 해야 합니다.

미국 '성경무오협회' 창립에 함께 했던 쉐퍼(Francis A. Schaeffer)가 성경의 무오성을 그렇게도 소리 높이 외친 데는 그만한 이유가 있었습니다. 복음을 믿는다고 하는 교회가 성경을 성경대로 믿지 않고 교회 안에 들어온 실존주의적인 해석방법론으로 인해 흔히들 사용하는 '오류가 없는' 이란 말이 무의미해져 버렸기 때문입니다. 그래서 그는 "성경의 '무오' 라는 말에 덧붙여야 할 말이 있다. 즉 성경은 가치, 의미 체계, 종교적 사실들에 대해 말할 때에도 오류가 없을 뿐만 아니라 역사와 우주에 대해서 말할 때에도 오류가 없다고 말해야 한다"고 외쳤던 것입니다.

감사하게도 우리 한국교회와 거의 모든 선교 단체의 성경관은 대체로 보수적이고 건전합니다. 그래서 최근에는 성경관의 차이로 인한 첨예한 갈등은 별로 없었습니다. 그러나 보다 심도 있는 대화나 첨예한 사안에 대해서는 의견 충돌이 전혀 없는 것도 아닙니다. 앞으로 보다 통합적이고 체계적이고 세부적인 작업을 하려면 성경을 성경대로 믿느냐 안 믿느냐로 귀결될 날이 올지도 모릅니다. 그것을 예방하는 차원에서라도 성경을 성경대로 믿는 바른 성경관 위에 서는 것부터 먼저 해야 합니다.

저는 개인적으로 국제라브리선교회의 기본적인 성경관을 따릅니다.

> "구약과 신약 성경은 무한하시며 인격적이신 하나님이 피조물인 우리에게 주시는 계시, 즉 언어로 된 의사전달이라고 스스로 말하고 있다. 성경은 자신이 확언하는 모든 것이 하나님의 영감으로 된 것이라고 주장하며, 따라서 성경이 가르치는 바에는 오류가 없고(無誤) 실수도 없다고(無謬) 주장한다. 성경의 이러한 자세는, 성경이 믿음과 믿음의 실천에 관한 문제를 다룰 때나 역사와 창조 질서에 대한 문제를 다룰 때 모두 동일하게 적용된다. 성경은 물론 사람이 쓴 것이며, 다른 모든 책과 마찬가지로 역사적, 문법적 해석의 원칙에 따라 읽어야 한다. 그러나 이 책은 하나님의 살아있는 말씀이며, 우리에게 구원에 이르게 하는 지혜를 주며, 우리가 생명을 얻고 거룩해지는 데 필요한 모든 것을 가르치기에 충분하다."[140]

성경을 기초로 세계관을 연구하고 발전시키려면 무엇보다 먼저 자

---

140) 국제라브리선교회 선언문(THE L' ABRI STATEMENTS), 성경관, 1997.

신의 전공 분야에 전문가가 되어야 함과 동시에, 성경을 모든 신념 체계의 절대적인 기준으로 믿고 열심히 배우고 익혀서 하나님의 말씀에 자신감을 가지고 그 위에 든든히 서야 합니다. 그것은 바울 사도가 젊은 지도자 디모데에게 부탁한 것이기도 한데, 우리 모두가 기억해야 할 중요한 교훈입니다. "네가 진리의 말씀을 옳게 분변하여 부끄러울 것이 없는 일꾼으로 인정된 자로 자신을 하나님 앞에 드리기를 힘쓰라"(디모데후서 2:15). 성경의 능력을 바로 아는 것이 첫째입니다.

문화적인 접근이 필요하다

먼저 기독교 세계관은 문화적인 접근이 필요합니다. 우리가 체험한 대로, 20세기는 기독교인들 사이에 반문화적인 사고가 팽배하던 시대였습니다. 대학생들은 학교에서 학문과 신앙을 통합하는 것을 포기했고, 직장인들은 일터에서 기독교 정신을 실천하는 것이 불가능한 것처럼 생각했고, 예술가들은 작품 활동에서 메시지를 상실한 채 심미적 형식주의에 빠져 있었습니다. 그리고 영화인들은 스크린에서 섹스와 폭력, 그리고 신비를 통해 절망을 부르짖었습니다.

안타깝게도 많은 기독교인들은 문화를 개혁하기보다는 도피하는 길을 택했습니다. 그것은 우리나라뿐만 아니라 미국에서도 마찬가지였는데, 마크 놀(Mark A. Noll)에 의하면, "미국의 근본주의자들은 자신들의 박식한 문화 세계로부터 소외되는 것 자체를 미덕으로 여겼다"[141]고 합니다. 한국 기독교인들도 주변 문화와 학문을 배타적으로 대하기는 마찬가지였습니다. 그런 의미에서 강영안의 지적은 백번 옳은 말입니다.

---

141) Mark A. Noll, 앞의 책, P. 308.

"해방 후 많은 그리스도인들이 미국 유학을 하고 현대학문을 배웠으면서도 기독교적 학문을 시도하지 못한 것은 이미 미국 대학의 세속화와 신앙과 학문의 이원화가 그 배경에 있지 않았나 생각한다."[142] 이러한 영향으로 한국교회는 반문화적인 태도를 가졌고 그것은 지금도 여전합니다.

그나마 작은 불꽃처럼 일어난 세계관 운동마저도 지성인을 위한 공부라는 명분에 갇혀 다분히 관념론적이고 이론적인 토론에 머물 때가 많았습니다. 요즘도 청년들이 읽고 있는 대부분의 세계관 책은 우리 문화와 삶의 정황과는 다소 거리가 있는 서구적인 이론 중심의 책들이 대부분입니다. 그리고 거기에서 사용되는 용어도 어려운 말 투성이일 뿐만 아니라 삶의 정황도 서구적인 것이 대부분입니다. 그 점은 내가 일하는 라브리에서 나온 책도 마찬가지라는 것을 시인합니다.

그러나 앞으로의 세계관 공부는 한국 문화와 우리의 주변 문화인 동아시아 문화를 건드려야 합니다. 그렇게 하기 위해서는 아시아의 전통문화와 현대 문화를 토론해야 합니다. 한 동양철학자의 넋두리입니다. "각 대학 철학과의 식탁에서 서양철학은 주식이 되고 동양철학은 양념이 되었다."[143] 그러나 우리의 현실은 그보다 훨씬 참담합니다. 요즘은 양념마저도 점점 맛보기 힘들어져 가고 있는데, 철학과(哲學科) 자체가 졸업 후에 돈을 잘 못 번다는 이유로 폐과 위기에 빠져 있는 학교도 많고 특히 동양철학과는 가장 '비인기 학과'가 되고 있기 때문입니다.

더욱이 우리는 동양인이면서도 서양식 교육을 받아서 그런지 서양

142) 강영안, "조지 마스덴(G. Marsden)의 기독교적 학문연구@현대 학문세계", 《기독교학문연구소》, 2000년 5, 6월호, pp.2-3.
143) 이승환, 『유가 사상의 사회철학적 재조명』, (서울 : 고려대학교 출판부), p. 350.

사상에 더 친숙함을 느끼고 거기에 더 많은 영향을 받아온 것이 사실입니다. 현대 교육을 받은 젊은이들치고, 동양 사상을 전공한 사람들은 제외하고, 우리가 숨쉬고 살아온 동양 사상에 대해 자신 있는 사람이 없는 이유도 여기에 있습니다.

그러므로 이제부터는 우리 전통 문화와 사상을 분석하고 다룸으로 기독교 세계관이 어렵게 느껴지는 것을 극복함은 물론이고 소수 엘리트들의 지적 놀음으로 여겨지는 것도 극복해야 합니다. 전통 문화뿐만 아니라 동성애, 통일, 실업문제 등 우리 시대를 사는 모든 이들이 직면하고 있는 현실적인 문제에 대한 대안을 찾는 것이 시급한 이유도 여기에 있습니다.

그러기 위해서는 요즘 청년 대학생들이 좋아하는 영화를 보고 분석해 보라든지, 인기 텔레비전 프로그램이나 컴퓨터 게임, 혹은 정치, 경제적 사안에 대해 기독교적 관점을 갖도록 해야 합니다. 나아가서 우리나라의 가장 심각한 문제로 등장하고 있는 지역감정, 남녀차별, 부정부패, 빈부격차, 부정직과 거짓말, 통일문제 등을 어떻게 극복할 것인지에 대한 대안 찾기 작업도 문화적 접근 중에 절실합니다.

물론 이런 작업을 할 때는 비기독교인들도 귀를 기울일 만한 객관적인 분석과 통합적인 안목을 제시해야 합니다. 어떤 세계관이든지 자기 문제와 동떨어진 탁상공론이 되면 영향력이 제한됩니다. 동시에 세계화의 추세 속에서 세계의 다양한 문화를 토론의 주제로 끌어들이지 않으면 안 됩니다.

개혁에 도움이 되어야 한다

수년 동안 우리는 개혁을 부르짖었습니다. 그러나 개혁은 아직도 미흡합니다. 그 이유를 다음과 같이 정리해 봅니다. (1) 자기는 개혁을 하지 않고 남부터 개혁하려고 한다는 것 (2) 기득권 세력의 반대에 부딪혔을 때 너무 쉽게 포기한다는 것 (3) 적극적으로 개혁을 찬성하는 지지자들과 참신한 추진 세력들을 구하지 못하고 있다는 것 (4) 개혁 청사진이 너무 거창하거나 뜬 구름 잡는 이야기라서 구체적인 프로그램이 보이지 않는다는 것 (5) 개혁의 시기를 잘못 선택한다는 것 등입니다.

저는 사회 정치 경제 개혁의 구체적인 내용에 대해서는 잘 모르지만 제일 큰 원인은 개혁철학 부재가 아닌가 생각합니다. 실패한 개혁에 대한 수많은 역사적 사례를 일일이 생각해 보지 않더라도, 철학과 의지가 불이 타도 성공이 보장되지 않는 것이 개혁인데 철학도 없이 의지와 정책만 가지고는 개혁을 성공할 수는 없기 때문입니다.

첫째, 남을 탓하기 전에 자신부터 반성해야 합니다. 개혁은 남부터 하라고 하는 것이 아니라 자기부터 하는 것입니다. 자기가 먼저 모범을 보이는 것, 즉 솔선수범이 최고의 개혁입니다.

둘째, 저항세력에 부딪혔을 때 포기하지 말아야 합니다. 저는 청년 대학생들의 기를 꺾을 생각은 전혀 없지만, 그들이 종종 착각 중에 하나는 자기들이 뜻을 정하기만 하면, 즉 마음만 먹으면 하루아침에 세상을 바꿀 수 있을 것이라고 생각하는 것입니다. 미안하지만 세상의 뿌리 깊은 죄악과 구조적인 악은 그렇게 호락호락하지 않다는 것입니다. 이스라엘의 민족적 영웅인 모세는 억압받던 자기 백성을 구하려다가 바로 왕의 반대에 부딪혔고, 다니엘은 자기를 더럽히던 음식을 먹고 싶지 않았지만 환관장(Chief Official)의 반대에 부딪혔습니다. 반대나 저항세력 혹은 여론을 빌미로 개혁을 너무 쉽게 포기하지 말아야 합니다.

셋째, 개인 플레이 하지 말고 지지자들과 협력해야 합니다. 독재나 혁명은 혼자 할 수 있어도 개혁은 혼자 하는 것이 아닙니다. 무리가 따라 주어야 개혁은 성공합니다. 그러나 개혁에는 많은 사람들이 필요한 것이 아닙니다. 한두 사람의 지도자와 소수의 '레디컬한 지지자들(Radicals)'만 있어도 가능성이 있습니다. 스위스의 종교개혁을 일으킨 파렐과 칼빈이 그랬고, 영국을 일으킨 캠브리지 7인이 그랬고, 우리나라의 3·1운동이 그랬습니다.

넷째, 정직하고 현실적인 정책과 대안을 제시해야 합니다. 민심(民心)이 따르지 않는 개혁 정책에는 두 가지 특징이 있는데, 그 중에 하나는 선거나 지도자의 개인적 치적용으로 급조된 정책입니다. 다른 하나는 정치적 저의가 있거나 정적을 제거하기 위한 방편으로 기획된 정책입니다. 그러한 부정직한 개혁에는 민심이 따르지 않습니다. 그러나 성공한 개혁 정책은 그 목적이 순수하고 정직하며 거기에는 민심이 뒤따릅니다. 그리고 실현 가능한 대안을 제시해야 합니다.

다섯째, 개혁의 시기를 잘 잡아야 합니다. 모든 일에는 때가 있습니다. 개혁에도 적기(適期)가 있습니다. 솔로몬왕도 이 '타이밍'의 중요성을 알고 이렇게 말한 적이 있습니다. "천하에 범사가 기한이 있고 모든 목적이 이룰 때가 있다"(전도서 3:1). 바네트(Homer Barnett)는 문화 개혁의 성공 요건을 소개하며 다음과 같은 조건을 만족시킬 때가 적기라고 한 적이 있습니다.

> (1) 새로운 아이디어가 기존의 것에 비해 보다 나은 욕구를 충족시 켜줄 때
> (2) 사람들의 기존 생활경험과 완전히 동떨어지지 않고 어느 정도 연결이 될 때
> (3) 일부 불만족의 기미가 사람들에게서 포착되었을 때가 바로 그때

선교와 전도가 고려되어야 한다

기독교 세계관은 효과적인 선교를 위해서 사용되어야 합니다. 현대 선교는 세계관의 전쟁이라는 말이 있습니다. 바울 사도는 일찍이 아테 네, 고린도, 에베소에서 세계관 전쟁이 어떤 것인가를 보여준 적이 있 습니다. 그러므로 현지인들의 인식 방법을 모르고 진리를 전하는 것은 "소 귀에 경 읽기"와 같은 무모한 짓입니다.

문화인류학자 스미스(F. H. Smith)는 '실체에 대한 세 가지 기본적 인식 접근법(Three basic cognitive approaches to reality)' 이라는 논문에서 "사람마다 어떤 실체에 접근할 때마다 '개념', '관계', '경 험' 이라는 세 가지 범주 중에 어느 하나에 지배를 받거나 우선순위를 두는데, 서양인은 개념을, 중국인은 관계(關係)를, 인도인은 체험을 제일 중요하게 여긴다"[144]고 지적한 바가 있습니다.

그러면 우선순위와 범주를 결정짓게 하는 것은 무엇일까요? 저는 그 것이 세계관이라고 생각합니다. 짐작컨대 서양인들이 개념을 중시하는 사고 패턴이 생긴 것은 형이상학적 아이디어(Idea)를 중시하는 그리스

적 사고에서 영향을 받은 것이고, 중국인은 유학적인 인간관에서 '관시(관계)'를 중시한 데서 나왔다면, 인도인은 고행, 목욕, 요가, 탄트라와 같은 몸의 체험을 통한 구원을 중시한 데서 나왔을 것입니다.

　각 민족과 족속의 문화는 그들이 갖고 있는 신념 체계와 세계관의 외부적인 표출이기 때문에 문화 뒤에 흐르는 세계관적인 긴장과 문제를 파악하지 않고는 효과적인 전도를 기대할 수 없습니다. 그래서 선교는 세계관의 전쟁이라고 합니다.

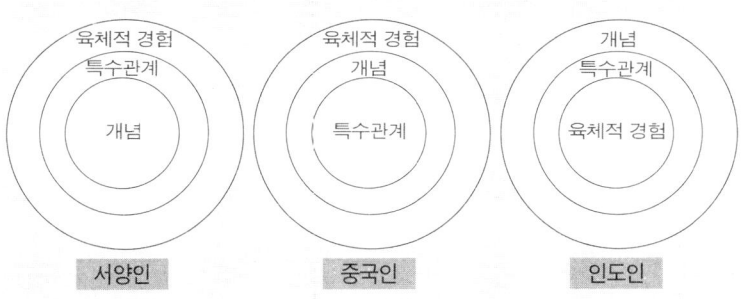

　물론 이런 기본 유형에 모든 사람을 끼워 맞추어서는 곤란할 것입니다. 예를 들어, 한국인은 중국인과 유사하지만 그렇다고 완전 동일하지는 않습니다. 대부분의 한국인은 혈연, 지연, 학연 등 연고주의와 같은 특수 관계를 인식의 기초로 놓는다는 것은 분명하지만, '밥'을 같이 먹거나 '목욕'을 같이 하는 육체적 친밀성을 거친 후에야 '마음이 통

144) David J. Hesselgrave, *Communicating Christ Cross Culturally*, Zonderrvan(1978), p. 209.

한다'고 하는 철학적 개념으로 발전하지 않았나 생각합니다. 한국인은 어떤 형인지 한 번 그려 보세요.

그것은 강한 민족주의나 종교적 친밀성과 같은 것들이 오랜 세월에 걸쳐 빚어낸 결과가 아닐까 생각해 봅니다. 그러나 여기에도 우리의 악습과 미신이 포함될 수 있기 때문에 성경적 조명이 절실히 요청됩니다. 카슨(D. A. Carson)이 다원주의 속에서 우리가 앞으로 해야 할 일을 잘 촉구했습니다.

> "만약 우리가 거세게 요동치는 다원주의의 바다에서 침착하게 항해해 간다면 그 경험은 복음 진리를 좀 더 분명하게 이해하는 데 실질적인 도움이 될 것이다… 다원주의는 복음에 대한 여러 형태의 배척을 발생시켰지만 바로 그런 이유 때문에 여러 가지 기본적인 쟁점들을 명확하게 고찰할 기회가 생겼다. 이것은 전도와 선교의 영역에서 특히 더 그러하다. 물론 우리가 실제로 이 방향으로 나아갈 것인가 아니면 다원주의라는 잡탕밥 한 그릇에 우리의 성경적 유산을 팔아넘길 것인가 하는 것은 아직 지켜봐야 할 일이다."[145]

일상성의 문제를 다루어야 한다

기독교 세계관은 일상성의 문제를 다루어야 합니다. 오늘날의 지성계는 점점 피상성에 진절머리를 내고 있으며, 이를 극복하기 위해 거대 담론을 무너뜨리고 점점 미세 담론이라 할 수 있는 일상성에 매달

---

145) D. A. Carson, "다원주의 시대의 기독교 전도", 『하나님과 문화』,《서울 : 크리스찬 다이제스트》, pp. 112-113.

리고 있습니다. 그 동안 철학자들이 그렇게도 시시하게 여기던 섹스나 환경, 생명 문제 등을 심도 있게 다루고 있는 것이 그것을 증명합니다.

김지하는 "틈새철학"과 "생명사상"을 운운하고 있고, 김용옥도 "몸 철학"이니 "기철학"이니 하며 일상의 문제에 관심을 기울이고 있습니다. 아마 그것은 메타 담론을 잃어버린 사람들의 부르짖음을 담아내는 새로운 시도라고 할 수도 있고, 모든 인간의 자연스러운 일상을 철학적 주제로 삼는 것은 어쩌면 당연한 일이기도 합니다.

일상성의 연구로 사회학에 새로운 지평을 연 앙리 르페브르(Henri Lefebvre)는, "일상은 전체적 삶이 겉으로 드러난 모습이며, 일상성과 사회 전체에 대한 비판 없이는 일상에 대한 인식도, 사회에 대한 인식도 할 수 없다."고 말하므로, 삶의 단조로움을 극복하고 하찮은 것들이라고 여기던 것에 새로운 의미를 부여하려는 시도야말로 어떤 의미에서는 진지한 철학적 진보라 할 수 있다고 말하는 것입니다.

그러나 문제는 오늘날의 일상성 연구가 파리5대학에서 사회학을 가르치는 마페졸리(Michel Maffesoli)가 제시한 세 가지 영역, 이를테면 (1) 현재에 대한 관심 (2) 대중에 대한 신뢰 (3) 지적 상대주의에 대한 관심 등 보편적이고 절대적인 거대 담론에서 너무 지나치게 떠나고 있다는 점입니다. 특히 마페졸리는 "다양성에 바탕을 둔 상대주의야말로 대중의 지혜이며 학문의 독선과 교의의 횡포에서 벗어날 수 있는 지름길"이라고 주장했는데, 그것은 거대 담론을 해체하려는 포스트모더니즘의 독소를 그대로 내포하고 있다고 할 수 있습니다.

그러면 우리 기독인들은 이런 흐름에 반대하고 거대 담론에만 매달려야 할까요? 저는 그렇게 생각하지 않습니다. 하나님, 창조, 타락, 구원, 영광과 같은 패러다임과 거대 담론에 무게 중심을 두어야 하지만 미세 담론에도 신경을 써야 합니다. 왜냐하면 우리는 세계관의 나무에 둥치만 있다고 보지 않기 때문입니다. 비바람에도 견딜 만한 크고 오래 사는 나무에는 '둥치'도 있어야 하지만 '가지'도 필요한 법입니다.

바울 사도의 업적을 크게 두 가지만 든다면, 하나는 세계 선교의 문을 연 것이고 다른 하나는 기독교의 이론화 작업입니다. 그의 세계 선교 개척도 중요하지만, 그는 기독교 이론화 작업, 즉 성경 13, 14권을 기록하므로 오고 오는 세대에 기독교를 튼튼한 교리적 기초 위에 세웠습니다. 특히 그는 구원의 과정이나 방법 등 거대한 문제에 대한 답변뿐만 아니라 미세한 문제에 대한 대답, 이를테면 결혼, 독신, 성생활, 동성애 등에도 신경을 썼다는 것을 알 수 있습니다.

우리도 바울처럼 거대 담론에 대한 관심을 조금도 떨어뜨리지 않으면서 섹스, 환경, 생명, 경제, 권위, 휴가, 세계화 문제와 같은 일상적이고 세부적인 문제에도 신경을 쓰고 대답을 주어야 할 사명을 갖고 있습니다. 피상성의 문제에 빠지지 않고도 거대 담론뿐만 아니라 미세 담론을 거론해야 합니다. 유행하고 있는 일상성 연구는 거대 담론이 해체된 바탕에서 지나치게 상대주의에 기울고 있기 때문에, 지성계가 나아갈 바른 길을 절대주의에 근거한 기독교가 제시할 필요가 있습니다.

영성이 살아 있는 운동이 되어야 한다

기독교 세계관은 영성이 살아있는 운동이 되어야 합니다. 앞에서 이야기했듯이, 세계관 공부는 긍정적인 효과만 있는 것이 아니라 부정적인 결과를 초래하기도 합니다. 그 중에서도 가장 치명적인 흠으로 지적되는 것은, 영성은 바싹바싹 메말라 가는데도 머리만 굵어지는 것입니다.

저는 바울 사도가 말세의 형상 중 하나로 지적한 "경건의 모양은 있으나 경건의 능력을 부인하는"(디모데후서 3:5)것이 이런 것이 아닌가 생각해 봅니다. 그런 의미에서 세계관 공부는 반드시 바른 영성과 섬기는 지성을 동시에 지향해야 합니다. 이것이 잘못되면 세계관 공부가 유익은커녕 오히려 분열과 갈등을 증폭시키고 종교적 위선자들을 키울 수 있습니다.

그런 의미에서 김현진의 지적은 귀가 아프도록 따갑게 들어야 합니다.

> "그동안 기독교 세계관 운동은 교회 내에 머물러 있던 하나님 나라의 복음을 이 사회의 정치, 경제, 사회, 문화의 전 영역 속에서 조명하여 확대해 나가게 하는 더 귀한 역할을 하였다. 그러나 기독교 세계관 운동의 문제점은 학문적이고 사변적인 면에 머물러 있었다는 것이다… 우리는 기독교 세계관이라는 박식한 이론만을 말하고 실천하지 않는 새로운 종류의 기독교 이원론에 매여 있다."[146]

영성이 살아있는 사람이 되기 위해서는 순간순간 하나님과 영적 실체가 있어야 합니다. 삶의 매 순간마다 십자가의 보혈의 능력 외에는 아무 것도 의지하지 말아야 합니다. 마치 포도나무 가지가 포도나무에 붙어 있어야 과일을 맺듯이(요한복음 15:4), 주님께 전적으로 의지하며 살아야 삶의 열매가 맺힐 수 있습니다. 중생할 때 한 번만 십자가의 능력을 의지하고 말 것이 아니라 과거나 현재나 미래나 늘 그의 능력을 의지하고 사랑하는 것이 신앙입니다(로마서 3:21-8:39).

---

146) 김현진, "기독교 세계관 운동(3)", 《DEW》 통권 181호(2001.2).

그러기 위에서 겸손은 필수적입니다. "만일 누구든지 무엇을 아는 줄로 생각하면 아직도 마땅히 알 것을 알지 못하는 것이요"(고린도전서 8:2)라는 말씀을 한시도 잊어서는 안 됩니다. 겸손한 사람은 배우려고 애쓰는 사람입니다. 겸손한 사람은 말씀을 순종하는 사람입니다. 특히 바울 사도가 말한 대로 "믿는 것과 아는 것이 하나가 되어, 사람의 궤술과 간사한 유혹에 빠져 모든 교훈의 풍조에 밀려 요동하지 않는"(에베소서 4:13,14) 영적으로 성숙하고 풍성한 사람이 되는 것이 세계관 공부의 중요한 목표 중 하나가 되어야 합니다. 하나님은 그런 사람을 찾고 있습니다.

생활 속에 실천적인 운동이어야 한다

기독교 세계관은 생활 속에서 순종하고 실천하는 운동이 되어야 합니다. 세계관 공부가 섬기는 사람들을 키우지 못하고 군림하는 기독 지성인들만을 키워놓을 때는 장차 한국교회의 비극이 될 것입니다. 그러기에 기도와 말씀 속에서만 아니라 일상생활, 즉 세상과 학문 속에서 바른 영성을 체험하며 섬기는 사람들이 되도록 가르쳐야 합니다.

역사가 존슨(Paul Johnson)은 지난 200년간 서양에서 지식인들과 지도자들이 범한 과오를 다음과 같이 분석한 적이 있습니다.

> "그들은 자기들이 갖고 있는 지식과 권력으로 사람들을 섬기는 대신에 폭력을 행사한 사람들이었고, 바른 말을 많이 하면서도 자기 자신들은 다른 사람들을 가르친 대로 결코 살지 않은 이중 인격자들이었으며, 그리고 대부분이 악한 체제에 불복종하기보다는 울트라 체제 순응자들이나 어용들이었다."[147]

우리 시대의 지성인들은 그들보다 더 못해질 수도 있습니다. 왜냐하면 그들은 상대주의를 학문 활동에 있어서나 현대 사회의 실천적 문제를 푸는데 최선의 길이라고 선동하는 사람들이기 때문입니다.

그들은 때로 지식의 폭력을 휘두르기도 하고, 자신들이 갖고 있는 기득권을 빙자하여 도덕적인 부패를 정당화하기도 하고, 가끔은 변화를 싫어하는 백성들의 어리석음을 탓하며 자신들이 감당해야 하는 책임을 회피하기도 하는 것이 사실입니다. 그러나 그보다 더 무서운 것은 기준과 원칙 그리고 절대를 포기한 상대주의를 복잡한 학문 이론과 이 세상의 모든 문제를 푸는 만능열쇠로 생각하고 그것을 다른 사람들에게도 은근히 강요한다는 것입니다.

그래서 세계관 공부 코스에 정직한 토론과 기도 시간뿐만 아니라 인격적인 변화와 실천적인 활동 프로그램이 충분히 주어져야 합니다. 아무리 입에 거품을 물고 밤을 새우며 토론을 했어도 생각과 생활이 바뀌지 않으면 소용없습니다. 많이 배웠다고 말하고 혹은 다 변했다고 말하지만 실제로 말과 삶이 바뀌지 않았다면 세계관 공부는 실패한 것입니다. 모든 공부가 다 그렇지만, 배운 것을 사회 속에 실천하지 않는다면 탁상공론에 불과합니다.

그러기에 배운 진리를 반드시 자신의 전공분야와 일상생활에 세밀하게 적용하고 은사에 따라 공부하거나 가르치거나 기업을 운영하거나 지도자가 되기도 하고, 일터에서 컴퓨터 업무나 청소, 설거지, 빨래, 정원 손질, 감독 등의 노동과, 낙태 반대, 환경 문제, 통일 운동 등에 봉사를 하거나 구체적으로 이웃을 섬기는 일을 해야 합니다. 삶의

---

147) Paul Johnson, 『지식인들(*Intellectuals*)』 1,2, (서울:한언출판사), 성인경, 『아담과 문화를 논할 때』, (서울:낮은울타리), pp. 237-239.

현장 혹은 공동체가 있는 세계관 공부가 절실한 이유가 여기에 있습니다. 생각이 바뀌었다고 해서 삶이 금방 바뀌는 것이 아니기 때문에 때로는 시간이 필요하지만 시간보다 중요한 것은 바른 가르침과 공동체적 삶의 현장을 가지는 것입니다.

영성과 지성을 가장 완벽하게 구현한 분은 예수님입니다. 그분은 유대인들이 찾던 표적에 대한 "하나님의 능력이며", 그리스인들이 탐구하던 지혜에 대한 "하나님의 지혜"였습니다(고린도전서 1:18–31). 그리고 예수님은 기독교가 신비적이며 동시에 합리적이고, 감정적이며 동시에 지성적이라는 것을 그분의 말과 삶 자체를 통해 증거하셨습니다. 바울의 고백에서 같은 것을 확인할 수 있습니다. "나는 참되고 정신차린 말을 하나이다, What I am saying is true and reasonable." (NIV, 사도행전 26:25) 여기의 "정신 차린"란 말은 합리적이고 논리적이라는 말입니다.

지적 주도권을 회복하는 운동이어야 한다

21세기는 밝았지만 기독교는 지엽적인 문제로 씨름하느라고 사상적인 굴종은 부끄러운 지경에 처해 있습니다. 마크 놀은 20세기 말의 교회 현실을 이렇게 지적했습니다.

> "현대 지성의 심오한 구조들은, 로버트 부스노우(Robert Wuthnow)가 잘 지적했듯이, 대개가 비기독교인이나 반기독교인의 활동으로 형성된 것이다. 특히 막스(Marx), 베버(Weber), 뒤르껭(Durkheim), 프로이트(Fre ud) 같은 19세기 이론가들은 현대 대학교의 지성적 전통을 수립해 놓았다. 좋든 싫든 그들의 유산은 기독교인들이 자신

들의 연구를 진보시키는 데 틀을 제공해 준다."[148]

우리는 언제까지 비기독교인들의 사상적 독점을 방관할 것입니까? 하루 속히 세계 사상사와 복음주의 지성사에서 배워야 할 것을 잘 배워야 합니다. 마크 놀이 지적했듯이, 미국 복음주의도 한때는 미국 지성사의 외곽으로 밀려났지만 얼마 전부터 획기적인 개선의 길을 닦고 있다는데 주목해야 합니다.

그가 분석한 미국 교회가 개선의 노력은 (1) 직관의 전통에 대응하여 좀 더 강한 자기비판이 나타났고, (2) 단순한 성서주의에 대응하여 성경의 다양성에 대해 점차 인식하게 되었으며, (3) 대중주의에 대응하여 수준 높은 고등교육에 대한 열망이 점차 증대되었고, (4) 행동주의와 더불어 연구를 중시하기 시작했다는 점들입니다.[149] 감사한 것은 우리에게는 이미 이런 태도를 가지고 살았던 기라성 같은 믿음의 선진들이 많이 있다는 것입니다.

그들은 이성의 권위의 회복을 누구보다 강조했지만 그렇다고 하여 이성주의의 부활을 꿈꾸지도 않았습니다. 그들은 살아있는 신앙을 강조하면서도 '이성에서 도피' 하지도 않았습니다. 그들은 모두 신앙과 지성 간에 균형을 이루려고 노력했던 사람들입니다. 거기에는 이유가 있습니다.

기독교의 본질은 신비적이며 동시에 합리적이기 때문입니다. 초자연적이고 동시에 자연적이기 때문입니다. 기독교의 적은 비합리성이

---

148) Mark A. Noll, 앞의 책, p. 31.
149) Mark A. Noll, 앞의 책, p. 309.

지 결코 이성 자체가 아닙니다. 기독교의 적은 미신이지 결코 신비가 아닙니다. 그러나 기독교 역사를 돌아보면 바로 이 점이 늘 오해와 도전의 대상의 되었습니다. 어느 한 쪽에만 기울어졌기 때문입니다.

오늘날과 같이 진정한 의미의 다원주의의 아름다움을 잃어버린 시대에 우리가 돌아갈 길은 오직 성경적인 세계관뿐입니다. 우리 사회의 튼튼한 기초가 될 수 있는 절대적이고 보편적이며 영원한 진리가 있는 곳은 그곳뿐이기 때문입니다. 상대주의에는 더 이상 희망이 없습니다.

우리 모두 어서 속히 성경적인 세계관이 삶의 모든 영역에 확립되고 주님의 주권에 세워지는 날이 오기를 기도합시다. 그것은 오늘을 책임지고 있는 기성세대들과 내일의 주인인 청년 대학생들의 세계관이 함께 변화되지 않고는 불가능합니다. 만약 그들이 변화될 수 있다면 우리는 어떤 대가라도 지불해야 합니다. 그것이 우리가 살 길입니다.

이처럼 세계관 전쟁은 철학이나 과학, 역사뿐만 아니라 우리 사회와 문화 전반에 걸쳐 일어났습니다. 우리 시대의 기초가 무너져 내리고 있기 때문입니다. 한 마디로 말하면 절대적인 진리로부터 도피했기 때문입니다. 그것은 우리 개인뿐만 아니라 나라와 세계 그리고 하나님의 교회가 자멸하는 길입니다. 그나마 다행스러운 것은 다원주의란 이름으로 아직도 모든 소리에 귀를 빌려주고 있다는 것입니다. 그러므로 지금은 진리가 시퍼렇게 살아 있다는 것을 말과 삶으로 과시할 수 있는 절호의 기회입니다.

제 7장

부록

"왜 기독교가 성희롱을 미워하고 피하라고 하는가 하면, 푸코가 말한 것처럼,
'성은 죄'라는 왜곡된 견해 때문도 아니고 성이 부끄럽거나 두려워서도 아니다.
우리는 하나님의 좋은 선물이라는 정당한 위치로서의 성에 대한 고상하고 거룩한
기준을 갖고 있기 때문에 그것을 싸구려로 만들지 싶지 않기 때문이다. 성을 포함
하여 하나님의 모든 선물은 감사의 대상이지 농담의 대상이 아니다."

John Stott

제7장 부록

부록1 깔대리론 : 기독교 성 담론

결혼하지 않은 청년들 사이에는 속칭 '깔때기론'이란 것이 있다는 것을 아십니까? 처음에는 나라를 걱정하고 세계를 품는 거창한 화두로 이야기를 시작하지만 결국 깔떼기처럼 모든 대화는 연애와 결혼 이야기로 귀결된다는 이론입니다. 사실 청년들뿐만 아니라 인간 역사가 남녀 간의 역사라고 할 만큼 연애와 결혼은 모든 인간의 가장 중요한 테마입니다. 그러나 요즘은 점점 연애나 결혼에 이어서 '섹스'로 모아지고 있는 것이 아닌가 하는 생각이 듭니다. 여기에서는 그 중에서 대학생 청년들에게 민감한 몇 가지 성 담론들을 정리해 보겠습니다.

따분한데 야한 이야기나 좀 하면 어때?

스캔들은 언제나 인기가 좋습니다. 마음을 감동시키는 아름다운 이야기들보다 훨씬 빨리 전파되고 오래 가기 때문입니다. 최근에 국제적인 음담패설을 생산한 사람은 미국의 빌 클린턴 대통령이었습니다. 그는 르윈스키와의 스캔들 조사에서 "부적절한 성관계"라는 유명한 말을 남겼습니다. 그의 대답이 의미하는 것에 대한 온갖 음담패설은 이미 몇 년 동안이나 언론을 장식했지만 대중들 사이에는 아직도 여전히 회자되고 있으며 아마 시장 바닥에서는 한 동안 더 돌아다닐 것이 분명합니다. 결코 세상에 멈출 줄 모르는 이야기가 스캔들이고, 따분한 세상이 그것을 부추깁니다.

정치가들은 단지 정략적으로 말할 뿐입니다. "클린턴은 바람둥이였고 대단히 뛰어난 거짓말쟁이였다." 학자들은 점잖게 역사를 들먹입니다. "클린턴은 미국 대통령 사에서 가장 기교적인 거짓말쟁이였다." 언론은 다소 선동적입니다. "만약 클린턴이 존재하지 않았다면 발명되어야 했다." 철학자들은 거기에 논리적 이유를 댈 뿐입니다. "성이 왜곡된 것은 기독교가 성을 죄라고 규정하고 금기시켰기 때문입니다. 이제부터 성에 대해 점잔만 빼지 말고 수다스럽게 떠들고 이야기를 해야 한다."

모두가 스캔들이나 가십 혹은 성희롱에 가담한 것입니다. 그러나 기독교인들은 이런 야한 이야기에 휘말리지 말아야 합니다. 스토트(John R. W. Stott)는 그의 『에베소서 강해』에서 그 이유를 이렇게 밝혔습니다.

"왜 기독교가 성희롱을 미워하고 피하라고 하는가 하면, 푸코가 말한 것처럼, '성은 죄'라는 왜곡된 견해 때문도 아니고 성이 부끄럽거나 두려워서도 아니다. 우리는 하나님의 좋은 선물이라는 정당한 위치로서의 성에 대한 고상하고 거룩한 기준을 갖고 있기 때문에 그것을 싸구려로 만들고 싶지 않기 때문이다. 성을 포함하여 하나님의 모든 선물은 감사의 대상이지 농담의 대상이 아니다."

섹스라는 기호로 글을 쓰거나 영화를 만드는 것은 자유이지만, 결코 성을 기호로 삼아 농담이나 조롱을 일삼아서는 곤란합니다. 그것은 성의 진정한 가치를 추락시키는 것이고 성의 본질을 왜곡하는 것이기 때문입니다. 바울 사도는 에베소 사람들에게 이렇게 경고한 바가 있습니다. "음행과 온갖 더러운 것과 탐욕은 너희 중에서 그 이름이라도 부르지 말라 이는 성도의 마땅한 바니라 누추함과 어리석은 말이나 희롱의 말이 마땅치 아니하니 돌이켜 감사하는 말을 하라"(에베소서 5:3,4). 여기에서 말하는 "희롱의 말"은 성 희롱과 음담패설이며 그것은 지금도 금지되어야 합니다.

사랑하는 사이라면 혼전 섹스도 괜찮다?

청년 대학생들이 던지는 필수적인 질문 중에 하나는 "피부 접촉은 어디까지 가능합니까?"라는 것입니다. 이를테면 데이트할 때 접촉의 '최저 한계선(bottom line)'은 어디까지입니까? 라는 질문입니다. 한 여대생의 말을 빌리면 다음과 같습니다. "사귀는 남자 친구와 처음에는 키스에서 그쳤지만 지금은 더 깊은 곳으로 발전하고 있는데 어디까지 가능합니까?" 그것은 그 여학생만의 문제가 아니라 데이트를 한다고 하는 모든 청춘 남녀들의 고민입니다.

요즈음은 연인들 사이에 손잡고 껴안는 것은 기본이고 학교 잔디밭이나 커피숍 등에서는 키스를 하거나 조금만 으슥한 곳에서는 심지어 손을 옷 속에 깊숙이 넣고 애무를 하고 있는 사람들도 볼 수 있습니다. 하물며 결혼하기 전이라도 사랑하는 사람에게 모든 것을 바치는 것은 당연한 것이라고 강변하는 청년들도 있습니다. 얼마 전에 지성의 전당이라는 어느 대학교에서는 "혼전 순결 서약 대신에 콘돔 사용 서약"을 했다는 보도가 있었습니다. 그리고 경제적 이유로 여관이나 하숙집을 같이 사용하거나 아예 동거하는 사람들도 많다고 합니다.

물론 성경에는 최저 한계선에 대해 아무런 언급도 없습니다. 그러나 하나님은 보다 근본적인 대답을 주십니다. 예를 들어, 예수님이 성적 범죄에 대한 통념을 수정하시면서 제시하신 가이드라인이 그것입니다. "나는 너희에게 이르노니 여자를 보고 음욕을 품는 자마다 마음에 이미 간음을 하였느니라"고 말씀 하셨습니다(마태복음 5:28). 이 말씀에서 첫째, 예수님은 여자뿐만 아니라 남자도 간음의 주체가 된다고 역설하셨습니다. "여자를 보고"라는 말은 여자도 남자를 유혹할 수 있지만, 주로 남자가 성적 범죄의 주체라는 지적입니다. 둘째, 예수님은 간음이란 육체적 범죄 이전에 심리적 범죄라는 것을 지적하셨습니다. 우리는 최저 한계선을 넘어서거나 육체적 관계를 가져야 간음이라고 생각하는데 예수님은 마음속으로 음란한 필름을 돌리는 것마저도 간음이라고 규정하셨습니다.

우리는 섹스와의 전쟁 속에 살고 있습니다. 본훼퍼(D. Bonhoeffer)는 이 점을 두고 "정욕의 불은 한 번 붙으면 좀처럼 꺼지지 않는다"고 경고한 바가 있습니다. 사실 섹스와의 전쟁은 영적 전쟁이기도 합니다. 왜냐하면 문제는 한계선을 어디에 정하느냐가 아니라 예수님의 말씀처럼 음란한 마음을 품느냐 아니냐 하는 것이기 때문입니다. 더욱이 기독 청년들은 친 오빠와 누이동생처럼 서로 "일체의 깨끗함으로" 사귀도록 노력해야 합니다(디모데전서 5:2). 우리는 남의 순결을 보호할 뿐만 아니라 우리 자신의 순결도 보호해야 할 책임이 있다는 것을 기억해야 합니다. 그것은 기혼자뿐만 아니라 약혼자나 미혼자도 마찬가지입니다.

결혼이 인생 최대의 투기사업이라고요?

드디어 노총각 박모 씨는 얼마 전에 한 여성을 만나 결혼에 골인하였습니다. 지난 번 '마담 뚜'를 통해서도 잘 안 되었는데 이번에 그는 결혼정보회사를 통해 사람을 만났던 것입니다. 그가 만난 사람은 처음부터 대화도 잘 통하고 성격도 잘 맞아서 만난 지 3일 만에 프로포즈를 하고 양가의 상견례가 있은 지 얼마 안 되어 웨딩 마치를 울렸다고 합니다.

아마 이런 소리를 들으면 짝을 찾지 못해 애태우는 처녀 총각들과 그들의 부모에게는 얼마나 기쁜 소식이 되겠습니까? 누구나 이런 중매 회사가 제공하는 신상 명세 리스트를 보고 자기가 원하는 사람을 짧은 시간에 쉽게 만날 수 있을지 모르겠습니다. 그리고 "우리는 만남을 디자인합니다"는 광고문에서 느낄 수 있듯이 이들 정보회사들은 사연이 복잡한 사람들이 편하게 만날 수 있게 해주는 듯 합니다. 사실 이들은 야릇한 체험담을 많이 흘리기도 합니다. 언제나 그렇듯이 '체험담'이라는 것은 달콤한 이야기만 하지 쓴 소리는 안합니다. 그런데 이런 야릇한 광고에 넘어가지 않을 간 큰 노처녀, 노총각이 얼마나 있을까요?

문제는 사람들에게 등급을 매긴다는 사실입니다. 회사가 임의적으로 정한 결혼 조건에 따라 각 사람에게 A ~ E로 등급이 매겨지고, 자신의 등급 이상은 쳐다보지도 말아야 한다든가, B^- 등급인 여성은 A^+

등급인 남성을 만날 수도 없다고 하는 것은 우리 사회의 '일류병'이 결혼에서도 재현되는 것입니다. 특히 높은 등급의 사람과 결혼이 성사되었을 때 고액의 수수료를 낸다면 노예시장이나 주식시장과 하나도 다를 바 없는 인간시장입니다.

그렇게 되면 결혼이 '인생 최대의 비즈니스'로 전락할 위험이 있습니다. 결혼이 "팔자를 고치는 방편"으로 변질된 것은 이미 어제 오늘이 아닙니다만 요즘 들어서는 마치 복권을 사듯이 결혼을 일생일대의 행운권이나 혹은 '한 탕'을 잡는 기회로 삼는다는 데 문제가 있습니다.

그리고 하나님은 사람의 외모보다 중심을 보시는 분이라는 사실을 기억해야 합니다. 기독인은 사람을 보는 기준이 달라지고 관점이 달라야 합니다. 그렇지 않으면 등급에 관심을 가지게 되는 것은 당연하며 하나님이 예비해 주신 배필을 찾는 데 실패하게 될 것입니다. 이것은 우리 사회에 전염병처럼 퍼지고 있는 '한탕주의'가 가장 신성해야 할 결혼에까지 침투한 결과입니다. 결혼은 인생 일대의 최대 비즈니스가 아닙니다.

그렇게 되면 결혼이 두 사람의 사랑을 가꾸고 하나님의 소명을 받드는 제도가 아니라 경제적 안전장치나 육체적 쾌락장치로 변질되는 것은 물론이고 그것을 위한 인생 최대의 투기사업이 됩니다. 그리고 그것을 이용하여 고액의 돈을 받고 사람을 소개하고 팔고 산다면 그것은 악덕 사업이며 죄입니다. 지금은 젊은이들이 좋은 사람을 만날 수 있도록 만남을 주선하거나 소개해 주는 건전한 결혼정보회사들이 필요합니다.

동거는 행복한 결혼생활을 위한 실험이라고?

결혼 실습을 해 보자구요? 얼마 전까지만 해도 "생활비를 좀 아껴보자"며 방을 같이 사용하는 청년들이 더러 있었습니다. 그러나 이제는 "결혼을 실험해 보자"며 아파트나 집을 얻어서 동거하는 미혼 커플들이 제법 많다고 합니다. 최근에는 "옥탑방 고양이"등 드라마와 영화를 통해 미혼 청년들의 동거 문화가 얼마나 널리 퍼지고 있는가를 잘 보았습니다. 하지만 우리 사회는 혼전 동거를 엄연한 사회적 추세로 받아들일 뿐이지 거기에 대해 도덕성이나 정당성을 따지는 사람은 별로 없는 것 같습니다.

그보다는 동거의 필요성과 방법론을 정당화 하기까지 합니다. "옥탑방 고양이"를 쓴 작가의 고백입니다. "많은 이들이 동거를 삶의 한 방식으로 택하고 있는 마당에 동거가 옳으니 그르니 하는 것은 무의미해요. 어떻게 해야 행복한 결혼으로 가는 바람직한 동거가 될 수 있느냐를 따져야죠." 그 이유를 들어보면 영악하기 이를 데 없는 소리를 들을 수 있습니다. 이런 말입니다. "무작정 결혼해서 후회하기보다 과연 행복하게 살 수 있을지 알아보고 결혼하는 것이 낫잖아요?" 즉 돈 절약이나 쾌락보다는 결혼과 행복을 위해 성격 차이와 속궁합, 즉 섹스 취향 등 상대방을 여러 가지로 실험할 기간을 갖는 것이 동거의 목적이라는 것입니다.

행복한 결혼을 꿈꾸는 것도 좋고 상대방을 자세히 알아보는 것도 좋으나, 혼전 동거를 해 보지 않아서 부부가 불행하거나 혼전 섹스가 부족해서 부부가 자주 싸우는 것이 아니라는 것을 알아야 합니다. 아무리 동거를 오래 해보고 성격 차이와 섹스 취향을 잘 안다고 하더라도 날마다 사랑과 용서, 그리고 순종의 마음이 없으면 그 모든 실험은 "아무 것"도 아닙니다.

오히려 동거에만 그치고 결혼에 골인하지 못하는 경우가 더 많습니다. 그리고 혼전 섹스가 결혼 커플의 사랑에 금이 가게 하거나 자칫하면 결혼 하지도 못하고 헤어지게 하는 원인이 된다는 말이 많습니다. 또한 혼전 성경험은 장차 결혼해서 부부 생활을 하는 데도 유익을 주기보다 성적 만족에 방해가 된다는 보고도 많습니다.

그러므로 결혼 전에는 성적 능력이나 정열을 일깨우지 말아야 합니다. 성경 『아가』에서 사랑의 대가 솔로몬은 "내 사랑이 원하기 전에는 흔들지 말고 깨우지 말지니라"(아가서 2:7)고 경고하고 있습니다. 이 말씀은 서로 마음이 하나가 되어 진정으로 사랑하기 전에는 자신의 몸이 성적으로 깨어나거나 정열로 불이 타지 않도록 조심하라는 말로 해석합니다.

혼전 순결은 결혼 후의 성적 만족에 매우 중요한 변수이기 때문입니다. 성경이 혼전 동거나 섹스를 강력하게 금하고 있는 이유도 행복한 부부 생활을 위한 것이지 금욕 생활을 부추기거나 기독교인은 섹스를 비영적이라고 믿기 때문이 결코 아닙니다.(고린도전서 6:19; 아가서 2:7; 4:12; 8:8-12) 혼전 동거는 죄입니다. 급하면 결혼을 해야지 동거는 하지 말아야 합니다. 그것은 너무 일찍 성적 열정을 깨우는 것입니다.

벗기기는 성 상품화가 아니라 미학?

광고와 영화는 성 상품화의 가장 화려한 전시장입니다. 예술적 표현의 자유라는 미명하에 자행되고 있는 '벗기기' 경쟁은 성과 육체를 한낱 물건과 상품으로 전락시키고 있습니다. 청소년들의 말을 빌리자면 "적어도 벗기기라면 요즈음의 한국 영화가 외국 영화보다 더하다"고 합니다.

외국 영화에 비해 예술성과 작품성에 있어서는 경쟁이 안 되기 때문에 한국 영화계가 자구책으로 내놓고 있는 것이 이를테면 성을 파는 선정성으로 흥행을 노리겠다는 것입니다. 그들은 그것을 "미의 차원"이라고 강변을 하지만 그것은 사탕발림 같은 소리입니다.

사실 성 상품화 기획자들은 사람들의 약점을 잘 읽고 있습니다. 즉 사람들이란 미를 감상하기보다는 욕망에 불이 붙기 쉬운 존재라는 것을 알기 때문입니다. 한 번 욕망의 불꽃에 재미를 맛본 사람들이라면 벌써부터 자극을 기대하고 신문을 펴고 영화를 봅니다. 불붙은 욕망은 폭발을 기다리며 그 대상을 찾습니다. 하물며 성폭력을 통해 욕망의 자극을 꿈꾸기도 합니다.

인간성의 지고한 한 표현인 성과 몸을 이윤의 도구로 전락시키는 것은 죄악입니다. 기독교는 성을 인격의 표현으로 보며, 그러한 인격의 표현인 성과 몸을 팔고 사는 것은 이미 진정한 의미에서의 인간이 되기를 거부하는 것이고 성공과 부귀를 위해 성을 악용하는 것이고 간음이라고 말합니다(잠언 5:1-23). 우리 시대의 섹스 심벌인 마돈나(Madonna)의 신조를 아십니까? "이 세상의 모든 것은 성적인 매력과 힘에 집중되어 있다." 그녀에게 있어서 성이란 출세와 성공을 획득하기 위한 최선의 수단일 뿐입니다.

그리고 '표현의 자유'를 빙자하여 성을 돈에 파는 것은 예술이 아니라 반예술이며 예술을 타락시키는 것입니다. 광고나 영화에 나타나는 현대 예술은 마치 도덕적 비판을 넘어서는 것처럼 말하며, 예술성 그 자체의 숭배에 빠지기도 합니다. 그 결과로 예술이란 이름만 붙이면 무엇이든 좋다고 합니다. 그러나 아무리 천박한 예술이라 할지라도 도덕적 비판을 넘어설 수는 없습니다. 특히 성을 예술의 이름으로 돈에 파는 것은 표현의 자유를 남용하는 것, 그 이상의 죄를 짓는 것입니다. 그것은 동료 인간을 돈으로 사고 판 노예상과 다를 바 없는 파렴치한 행위입니다.

사이버 섹스는 편리해서 좋다고요?

컴퓨터로 열어가는 사이버 월드는 인간이 만든 땅 중에서 가장 넓고 재미있는 세상으로 통합니다. 그러나 그만큼 문제도 많습니다. 언제든지 미지의 사람과 채팅도 하고, 연애도 할 수 있고, 마음에 드는 사람이나 유명한 배우와 키스를 해 볼 수도 있고, 원한다면 섹스까지도 가능하고 그러다가 지루하면 한 번 죽어볼 수도 있고, 다시 살아나고 싶으면 부활을 경험할 수 있습니다.

그 중에서도 요즘 청소년들과 어른들에게까지도 엄청난 호기심과 동시에 많은 문제를 안겨 주고 있는 '음란 사이트'나 '음란 채팅', '가상 섹스'는 사이버 월드가 만들어내는 가장 흉악한 해악 중에 하나입니다. 그러나 그런 해악에는 아랑곳없이 오래 전부터 네티즌들 사이에는 '4S 연애 예찬론'이라는 것이 꾸준히 회자되고 있습니다.

(1) Surpass (초월) : 사이버 섹스는 시간과 지리적 공간을 뛰어넘

고, 남자와 여자의 성별 차이도 초월하고, 현실과 가상의 벽을 넘어서 지구상의 어떤 사람이라도 통신 접속을 통해 만날 수 있다는 것입니다.

(2) Safe (안전) : 사이버 섹스는 성병이나 에이즈와 같은 병에 걸릴 염려가 없이 안전하게 관계를 가질 수 있으며 빨리 만날 수 있고 마음에 안 들면 헤어지는 데 시간이 걸릴 필요가 없습니다. 하룻밤 데이트 상대도 많습니다. 그래서 새로운 직업이 생기고 있는데 '사이버 중매쟁이' 혹은 '사이버 뚜쟁이' 가 그들입니다.

(3) Several (다수) : 사이버 섹스는 원하는 파트너를 마음껏 고를 수 있는 선택의 기회가 많고, 마음에 안 들면 파트너를 마음대로 교체할 수도 있고, 누구라도, 즉 이웃집 아줌마, 아저씨와도 얼굴 없는 채팅이 가능합니다. 메일을 사용한다면 똑같은 연애편지를 수백 명에게도 보낼 수 있고 한꺼번에 여러 명을 사귈 수 있다고 합니다.

(4) Save (절약) : 사이버 섹스는 돈을 한 푼도 들이지 않고도 연애도 하고 밀어를 즐길 수도 있고 따로 데이트 비용을 투자 하지 않고도 즐길 수 있다고 주장합니다. 특히 만약 가상섹스가 가능해지면 임신의 공포로부터 벗어나서 자유롭게 마음껏 섹스를 즐길 수 있다고 떠벌립니다.

그러나 사이버 섹스는 문제도 많습니다. 저는 지면 관계상 네·가지 문제만 말씀드리겠습니다.

첫째, 사랑하는 사람이 아닌 어떤 특정인의 몸을 사진으로나마 은밀하게 감상하고 즐기는 '관음증'에 빠지는 것은 물론이고 온갖 성적 상상과 충동을 유발시켜서 결국 마음속에서나 바깥에서 음란죄를 짓게 만듭니다.

둘째, 인간의 몸을 쾌락의 장치, 혹은 성적 노리개로 인식하게 됩니다. 그것은 결국 하나님의 형상으로 만들어진 고유한 인간성을 파괴하고 비인간화를 조장하게 됩니다. 그것은 버지니아 세아(Virginia Shea)라는 사람이 '네티켓 제1원칙' 이라고 말한 바가 있는, "네티즌들이여 인간임을 기억하라"는 말을 망각하는 것입니다.

셋째, 사이버 섹스도 술 중독이나 포르노 중독과 마찬가지로 몇 시간이고 음란 사이트 중독에 걸려 몽롱하게 만드는 것은 물론이고 나아가서는 섹스 불감증이나 남녀의 진실된 사랑이나 결혼제도를 비웃게 만듭니다.

넷째, 사랑도, 인격적인 교제도 없이 채팅으로 음란한 소리를 주고 받거나 혹은 음란 섹스물을 마치 영화 보듯이 수시로 보고 즐기다가는 섹스 중독뿐만 아니라 결혼 기피, 신경 쇠약, 공부 및 일에 대한 흥미 상실 등의 다른 질병과 문제에 노출될 염려가 있습니다.

음란한 죄악으로부터 자기를 지키지 않고 경건하게 살아갈 수 있는 사람은 아무도 없습니다. 만약 여러분이 예수님을 믿는 경건한 사람이라면 오늘날 인터넷 세계에서 벌어지는 온갖 음란 사진과 동영상, 그리고 음란 채팅과 사이버 섹스를 조심해야 합니다.

현대 문화는 "하나님보다 쾌락을 더 사랑하는 시대"입니다. 성 충동을 절제하기 보다는 마음껏 발산하기를 부추기고, 성의 고결한 아름다움보다는 성의 일탈성과 변태성을 자극하고 있고, 성을 존재의 근본 이유로 삼거나 기분 내키는 대로 즐기고 갖고 놀자는 시대입니다. 모두가 순간적으로 기분을 좋게 해 주는 것에 최종적인 가치를 두는 사회가 되었기 때문입니다.

그것은 하나님과 절대적인 진리를 잃어버린 당연한 귀결입니다. 그래서 그런지 문화 전체가 말초적이고, 순간적이고, 자극적인 쾌락에 관심이 쏠려 있습니다. 이런 때일수록 기독청년들은 음란한 성 문화에 물들지 말고 성경적인 바른 성 담론을 갖고 거룩하게 살도록 노력해야 하겠습니다.

동성애자들을 도웁시다

2003년 6월 27일, 미국 대법원에서는 그동안 여러 주에서 시행되던 "'소돔법(Sodomy Law)'은 인권에 반한다" 하여 동성애를 합법화했습니다. 이제 동성애자들은 마음 놓고 합법적인 부부로서 결혼이 가능해졌으며, 입양 및 기타 법률적 불이익을 받지 않게 되었습니다. 이것은 미국 내에서뿐만 아니라 국제적인 파장이 클 것으로 보고 있는데, 부시 대통령은 이데 대해 등성애 부부를 반대하는 법률을 상정할 것이라는 보도도 있었습니다.

우리나라에서는 몇 년 전에 탤런트 홍 모씨가 '커밍아웃(coming out)'을 하므로 갑자기 '동성애 신드롬'이 전국적으로 확산되고 있고, 서울에서 시작된 '퀴어영화제(Queer Film & Video Festival)'는 동성애 관련 영상물의 수입 및 확산에 불을 붙였습니다. "퀴어(queer)"라는 말은 '성적 소수집단'을 의미하는 말인데, '퀴어영화제'는 여느 영화제와는 다르게 이성애가 아닌 동성애를 전문적으로 다루고 있는 영화,

비디오를 상영하는 한국최초의 동성애 영화 축제였습니다.

내가 일하는 라브리선교회에서도 상담을 요청한 기독교인 동성애자들만 해도, 대학생 청년층에만 머물지 않고 선교단체 간사라던가 전도사에 이르기까지 상당수가 됩니다. 이러한 한국의 동성애 실태에 관한 보고를 듣고, 몇 년 전에 어떤 국회의원은 국정감사장에서 "어쩌다가 이 지경에 이르렀나!" 하고 탄식했다고 하는데, 아마도 이런 것들은 앞으로 닥쳐올 여러 가지 문제의 시작에 불과한 것이 아닌가 생각합니다.

동성애자들이 늘고 있다

처음에는 대학 캠퍼스에서 동성애 서클이 한 둘 생겨나더니, 이제는 동성애 서클이 없는 대학이 없을 정도이며 동성애 잡지도 몇 가지나 발행되고 있습니다. 하물며 몇 년 전에는 캠퍼스끼리 연합 활동으로 '성 축제'라는 것도 열고, 국제적인 연대를 도모한다는 말도 들렸습니다. 그리고 일부 텔레비전 드라마나 PD수첩 등에서도 이를 공적으로 다루는 등 미처 동성애에 대한 도덕적 사회적 논란을 그칠 겨를도 없이 새로운 형태의 성문화로 인식되고 있는 형국이 아닌가 염려가 됩니다.

동성애 문제가 인권 문제로 변질되고 있습니다. 아직 미국이나 영국, 프랑스와 같은 수준은 아니지만, 우리나라에도 동성애 문제가 인권문제로 부상하는데 성공하고 있는 듯 합니다. 아마 얼마 가지 않아서 정치적 파워까지도 형성할지 모를 일입니다. 아마 정치인들 중에 미국의 클린턴 대통령과 같이 동성애를 인권적 차원에서 지지하고 그것을 정치적으로 이용하는 사람들이 곧 나올 것입니다.

특히 진보적인 일부 신문의 논조나 영화 평론 등은 '인권' 혹은 '다원주의'라는 미명하에 공익을 떠나서 동성애에 대해 적극적인 지지 내지 소극적인 동조의 태도를 보이고 있다는 것을 쉽게 알 수 있습니다. '퀴어영화제'도 '인권을 중시한다'는 김대중 정부가 허가한 동성애영화 축제였습니다.

모든 인간은 하나님의 형상대로 만들어졌으므로 동성애자들에게도 인권이 있다는 것은 당연합니다. 그리고 아무리 소수자의 인권이라 할지라도 존중받아야 마땅합니다. 다수의 의견도 중요하지만 '소수 의견'이 존중받고 관철되는 사회야말로 성숙한 사회이고 민주사회입니다. 그러나 '민주와 인권'이란 이름 하에 도덕적 문제나 죄악이 미화되거나 정당화되는 사회는 진정한 민주사회도 아니고 인권이 존중되는 사회도 아닙니다.

이제 '동성애자 교회'가 시작되는 것은 시간문제입니다. 안타까운 것은, 세상 풍조에 맞추어 예수 믿는 사람들 중에도 동성애자들이 점점 늘어나고 있다는 것입니다. 나도 처음에는 짓궂은 기독 대학생 청년들 사이의 불장난 정도로 생각했으나, 시간이 지나면서 교역자, 선교단체 간사들이나 상당히 오래 예수 믿은 사람들 사이에도 동성애가 퍼지고 있다는 데에 경악을 금치 못하고 있습니다. 그들 중에는 죄책감은커녕, 신학적으로 혹은 성경적으로 동성애를 정당화하려는 사람들도 있습니다.

나도 그들이 믿음을 지키겠다는 마음에 대해서는 존경을 표합니다. 그리고 세상의 냉대를 피해 조용히 예배드릴 곳이 필요하다는 것도 이해합니다. 내가 아는 한 청년처럼, 동성애자 교회가 하루 빨리 세워지기를 손꼽아 기다리고 있는 사람도 많을 것입니다. 아마 현재 있는 동성애들의 기도모임이나 성경공부 모임이 공적인 교회로 바뀌는 것은 시간문제일 것입니다. 만약 한국교회가 지금부터 동성애자들을 적절하게 돕지 못한다면 말입니다. 문제는 아직 교회가 문제의 심각성조차도 알지 못하는 경우가 많고, 안다고 하더라도 원색적인 비방이나 소극적인 기도로 대처하는데 그치고 있다는 것입니다.

그러나 분명히 할 것은 동성애자 교회는 엄밀히 말해 하나님의 교회가 아니며 그것은 '교회론'의 엄청난 변질이라는 것입니다. 미국에서처럼, 동성애를 하는 목회자가 동성애자 교회를 세워 동성애를 인정하려고 한다면 그것은 큰 실수를 범하는 것입니다. 그런 교회는 신사참배 못지않게 한국교회 역사에 커다란 오점을 남기고 말 것입니다. 우리는 그들을 치료하고 도우려는 교회가 필요합니다.

심정적 동성애자들을 양산하고 있습니다. 실천적인 동성애자는 아직 소수에 머물고 있습니다. 그러나 심정적 동성애자들이 급격히 늘어나고 있습니다. 라브리 게시판에 올라온 글들입니다.

> 홍길동 : "성목사의 동성애에 대한 글은 구약의 모세 5경과 신약의 바울 서신이 성경의 권위적 기준으로 제시된다. 그러나 별로 신빙성이 없는 모세와 신약의 바울의 생각이 고작입니다. 우리는 동성애자들이 죄인이냐 아니냐를 따지기 전에 그들도 하나님의 사랑하는 우리의 한 형제임을 먼저 인지하는 것이 중요하다. 나는 율법도 좋고 바울도 좋지만 예수님이 더 좋다. 그리고 기독교라고 하는 것보다 예수님을 더 사랑한다."
> 칠칠이 : "성경에서 동성애를 금한다고 해서 문자적으로 받아들여 문화적, 역사적 배경이 다른 현재에 도식적으로 적용한다는 것은 성경 전체의 흐름 속에 묻어 있는 하나님의 사랑을 제대로 보지 못

하는 우를 범할 수 있다. 그리고 하나님의 창조의 섭리를 역행한다는 문제에 대해서 생각해 본다. 하나님의 창조의 섭리하고 하는데, 독신자, 이혼자, 신부와 수녀 등은 모두 하나님의 뜻을 거스르는 사람들이란 말인가? 그리고 동성애는 동성에게 느끼는 감정까지 말하는 것이고, 동성연애는 구체적으로 나타나는 사랑의 행위(애무, 키스, 성관계)까지를 말한다. 나는 동성애자는 아니다. 그러나 이성에 대한 감정과는 많이 다르지만 동성에게 좋아하는 감정이 있었음을 부인하지 않는다."

주된 원인은 잘못된 세계관 때문이다

모든 사안이 그렇지만 동성애의 원인을 따지는 것은 복잡한 문제입니다. 특히 가장 사적인 사안이라고 할 수 있는 성적 행위의 원인을 따지는 것은 자칫 인격적인 상처를 줄 수 있기 때문에 조심스럽기 짝이 없습니다. 그러나 개인적인 인격과는 상관없이, 다른 모든 도덕적 행위의 원인을 생각해 보는 것처럼 동성애의 주된 원인을 생각해 보겠습니다. 요즘 토론되고 있는 원인은 크게 세 가지로 요약되며 그 대강을 소개하면 다음과 같습니다.

첫째, 동성애란 선천적인 유전적 원안 때문이라는 것입니다. 이것은 유전적 원인인데, 태어날 때부터 이성(異性)보다는 동성(同性)에 끌리는 유전자적 요소를 체내에 갖고 있다는 것입니다. 의학자들은 간혹 일란성 쌍둥이, 호르몬 이상자, 생태적 양성자 등이 이런 원인에 속할 수 있다고 말합니다. 그러나 비록 유전자적인 원인이 있다고 하더라도 치료나, 독신 그리고 특별한 경우에는 트랜스젠더를 하는 한이 있더라도, 그것 때문에 동성애를 정당화 할 수 있는 근거가 될 수는 없습니다.

둘째, 성장환경으로 인한 이성애(異性愛)에 대한 거부감 때문이라는 것입니다. 이것은 환경적 원인인데, 어릴 때부터 아버지나 어머니 혹은 가족과 특수한 환경적 배경으로 인해 이성보다는 동성에게 호감을 느낀다는 것입니다. 간혹 부모나 이성에서 심한 상처를 입거나 유아기적 심리 혹은 우정과 사랑의 혼돈으로 인한 미성숙 인격자 사이에서 이런 일이 발행할 수 있습니다. 그러나 이 경우에도 치료 혹은 독신, 이성애에 대한 노력 등으로 극복이 가능하며, 그렇다고 그것 때문에 동성애를 정당화 할 수는 없습니다.

셋째, 동성애란 '윤리적 주체로서의 인간이 갖는 성적 취향이기 때문이라는 것입니다. 이것은 이념적 원인인데, 모든 성적 행위는 권력 행사의 결과이자 수단이며 고유한 인권'이라는 것입니다. '자기 자신을 성행위의 도덕적 주체'로서 인식한다면 동성애를 개인적인 성적 활용 대상으로 삼는 것은 당연하며, 성행위의 다양한 방법에 대해서는 절대적인 기준으로 판단해서는 안 된다는 것입니다. 이 경우에는 시대의 사상적 흐름과 밀접한 관련이 있는데 우리 시대의 성 해방 운동과 밀접한 연관이 있습니다.

특히 프랑스의 성 철학자 미셸 푸코(Michel Foucault 1926-1984)의 『성의 역사(*Histoire de la sexualite*)』에 전적으로 의존하거나 영향을 받은 바가 큽니다. 푸코는 쾌락주의적이고 부도덕한 현대문화의 사상적인 기초를 놓은 장본인입니다(더 자세한 분석은 뒤에 나오는 나의 '푸코의 성담론 비판'을 참고하기 바란다). 푸코는 그 책에서 고대 헬라와 로마시대의 유명 철학자들의 성 생활을 표본으로, 동성애를 정당화 하는 논리를 세웠습니다.

"기존의 성에 대한 사회적인 통념은 철저하게 권력의 메카니즘 속에 둘러싸여 있었기 때문에 동성애를 정상적이고 자연스러운 것으로 인식되지 못했다. 동성애는 심리학이나 의학적으로 말하면 그것은 개인의 성격적인 것인 것이므로 허용되어야 한다"(『쾌락의 활용』, pp. 205-207)고 주장했습니다. 사실 푸코는 동성애뿐만 아니라 물리적 폭력을 가하지 않는다면 강간까지도 가능하며 대가만 지불된다면 매춘도 정당하다고 말함으로서, 광기 어린 뒤틀린 비이성적 인식론의 한 단면을 보여주기도 했습니다.

　우리 모두는 이상의 세 가지 원인으로부터 전적으로 자유로운 사람은 아무도 없습니다. 그러나 동성애들의 경우에는 어느 하나를 자기 정당화의 근거로 삼는데 문제가 있습니다. 앞에서 지적했듯이, 어느 하나의 원인에 어느 정도 근거가 있다고 하더라도 동성애를 정당화해서는 안 됩니다. 치유, 독신, 이성애의 가능성을 선택하거나 충분히 노력해 보지도 않고 무조건 동성애를 정당화하는 것은 타당하지 않습니다.

동성애는 왜 죄인가?

　동성애에 대한 하나님의 대답은 가혹하리만큼 단호합니다. 아주 사악한 죄라고 말하기 때문입니다. 예를 들어 구약에서는 당시 중동지방의 성문화를 의식한 듯 "너는 여자와 교합함과 같이 남자와 교합하지 말라 이는 가증한 일이니라"(레위기 18:22)고 경고했습니다. 성경에서는 우상 숭배를 사악하고 가증한 일로 취급했는데 동성애를 같은 경중의 죄악으로 취급하고 있는 것입니다. 그리고 신약에서도 "미혹을 받지 말라 음란하는 자나, 우상 숭배하는 자나, 간음하는 자나, 탐색하는 자나, 남색하는 자나(동성애자를 말함), 도적이나, 탐람하는 자나, 술 취하는 자나, 후욕하는 자나, 토색하는 자들은 하나님의 나라를 유업으로 받지 못하리라"(고린도전서 6:9,10)고 경고했습니다.

　동성애가 다른 죄보다 더 무겁지 않다고 하더라도 다른 죄와 함께 죄 중에 하나라고 하는 데는 분명합니다. 그러면 동성애를 왜 죄라고 하는지 생각해 보겠습니다. 먼저 동성애를 죄라고 하는 타당한 이유가 아닌 것을 먼저 변명을 하고, 그 후에 성경이 동성애를 죄라고 말하는 이유를 살펴보겠습니다.

경제적 이유 때문에 동성애를 죄라고 하는 것이 아닙니다. 오늘날 어떤 동성애자들은 성경이 동성애를 죄라고 하는 이유는 "노동력 결핍을 조장하기 때문"이라고 하는데 그것은 잘못된 주장입니다. 푸코(M. Foucault)는 "기독교와 자본주의가 정치, 경제적인 목적으로 애를 생산하지 않으면 노동력이 모자라기 때문에 동성애를 정당화하지 않았다"라고 하는데 그것은 반쪽 진실입니다.

비록 자본주의 체제가 발전하면서 자본가들이 노동력을 착취할 목적으로 권력의 메커니즘에 의해 조직적으로 노동자들의 쾌락을 억압한 적이 있다는 것은 역사적으로 어느 정도 사실입니다. 그의 말대로 20세기 서양 역사를 주물렀던 파시즘, 근본주의, 민족주의 등이 기독교의 침묵 아래 정치, 경제적 목적으로 성적 자유를 탄압했다는 것을 일부 시인한다고 하더라도, 기독교가 노동력 재생산을 목적으로 일부일처 가족제도와 부부간의 이성애적 섹스, 국가적인 인구 정책 등을 악용하여 동성애를 탄압한 것은 결코 아닙니다. 성경이 동성애를 죄라고 하는 것은 정치, 경제적 이유, 특히 노동력의 결핍 때문이 아닙니다. 그 보다 더 큰 이유가 있습니다.

금욕주의적인 영성 때문에 동성애를 죄라고 하는 것이 아닙니다. 동성애를 죄라고 하는 이유는 섹스와 영성이 대립되거나 기독교가 금욕주의를 부추기기 때문이 아닙니다. 푸코는 "우리 시대의 성윤리가 규정화되고 엄격하게 된 근본 원인을 기독교적인 세뇌와 각인"에 의한 것처럼 호도하고 있을 뿐만 아니라, "그로 인해 기독교 전 시대라 하는 고대 그리스 사회의 성윤리보다 더 억압적이며 개방적이지 못하다"고 호도했습니다. 그것은 1977년 1월에 《르몽》지와의 인터뷰에서 푸코의 오해는 극에 달했습니다. "기독교의 가장 부담스러운 유산은 섹스를 죄라고 말하는 것이다." 이것도 반쪽 진실입니다.

존스토트(John R.W.Stott)도 정직하게 "영국의 빅토리아 여왕 시대의 어떤 기독교인들은 금욕주의적인 생각을 가지고 있었다"고 일부 인정한 바가 있습니다. 지금도 금욕주의적인 영성으로 섹스를 죄라고 생각하는 일부 기독교인들이 있는 것이 사실입니다. 그러나 그것은 기독교를 오해한 것이며 일부의 현상입니다.

우리는 성경이 인간에게 주신 하나님의 최고의 선물 중의 하나가 섹스라고 믿으며, 그것은 사랑의 가장 아름다운 표현인 동시에 섬김과 교제의 극치라고 믿습니다.(창세기 2:18-25 ; 고린도전서7:1-7 ; 디모데후서 3:1-5) 한나는 영성이 있는 경건한 여자였지만 남편과 잠자리를 같이한 여자였습니다.(사무엘상 1:19,20) 성경이 동성애를 죄라고 하는 이유는 영성과 섹스가 대립되거나 기독교가 금욕주의적이기 때문이 아닙니다.

창조 질서를 깨는 비정상적인 행위이기 때문에 동성애를 죄라고 합니다. 남자와 여자는 동등하지만 각각 독특한 육체적 차이와 성적 매력을 갖고 있습니다. 남자는 남자다운 성적 욕망과 매력이 있고 여자는 여자다운 성적 정열과 매력이 있습니다. 그러나 남자나 여자나 하나님의 형상대로 만들어졌기 때문에 모든 면에서 동등하지만, 신체적으로나 정서적으로 차이가 있을 뿐입니다. 그러기에 남녀의 이성애적 사랑은 이러한 하나님의 창조 질서의 고차원적인 아름다움을 표현하는 인간의 존재론적인 자기 과시인 것입니다.

그러나 동성애는 남자와 여자라는 하나님의 형상을 가진 인간의 정체성과 성적 정체성을 파괴 합니다. "제3의 성"이니 운운하는 동성애는 바로 그와 같은 창조 질서를 파괴하며, 남녀의 성적 차이와 매력을 의도적으로 해체합니다. 바울 사도는 그것을 일컬어 "역리(逆理, disorder)", 즉 성을 본래의 디자인대로 순리적이지 않고 '비순리적으로 혹은 비정상적으로 사용하기 때문에' 죄라고 말했습니다.(로마서 1:26,27) 섹스란 본래 남자와 여자가 그들이 갖고 있는 생식기의 구조와 성적 정체성의 차이와 매력을 바탕으로 즐기고 사용하도록 만들어졌는데 그것을 고의적으로 거꾸로 사용하거나 비정상적으로 만드는 것이 문제라는 것입니다. 그래서 죄입니다.

동성애는, 인간 사회의 보편적 가치인 이성애적 사랑과 일부일처 결혼제도를 파괴할 뿐만 아니라 자녀 출산을 불가능하게 만들며, 가족의 정체성과 정서 붕괴를 가져옵니다. 그리고 독신자들과 성적 장애자들의 아름다운 가치관, 즉 "인간에게 섹스는 필수가 아니다"라는 생각까지 파괴하고 맙니다. 뿐만 아니라 성기 구조상 성 행위 방법에 많은 무리가 따르고 거기에 따른 각종 질병 오염에 노출됩니다. 그것은 모두 하나님이 디자인 하신 아름답고 고차원적인 성 정체성을 파괴하고 비정상적으로 만드는 것입니다.

우리는 죄를 밥 먹듯이 짓는 자들이기 때문에, 유달리 동성애만을 죄라고 하는 것도 곤란하며 그들을 정죄하거나 정죄할 권한도 없습니다. 단지 우리는 성경을 따라 "동성애도 하나님이 미워하시는 죄"라고 하는 것을 명백히 밝히고 선포하는 것뿐입니다. 인간이 인간을 어떻게 "독선의 칼"로 정죄하거나 판단할 수 있겠습니까? 그러나 죄를 죄라고 말하는 것은 진리를 믿는 사람들의 본분입니다.

그들에게도 사랑과 진리가 필요하다

저는 성적 소수집단으로서 동성애자들이 겪는 심리적 고통과 아픔을 이해합니다. 그들에 대한 사회적 편견도 이해합니다. 유전적 환경적 요인도 납득합니다. 그리고 교회의 차가운 시선과 무관심도 인정합니다. 상담을 요청해 왔을 때 제대로 돕지 못했다는 것도 인정합니다. 비록 그렇다고 하더라도, 동성애는 회개해야 할 죄악입니다. 이념적으로 생각을 바꾸고 성적 습관을 고쳐야 할 병입니다. 정상적인 성 행위가 아니기 때문입니다. 그러기에 교회는 다음과 같은 몇 가지를 도와야 합니다.

우선 동성애자들의 인권을 조금이라도 무시하거나 멸시해서는 절대 안 됩니다. '커밍 아웃'을 한 배짱 좋은 소수의 드러난 사람들 외에는 대부분의 동성애자들은 자신의 정체를 숨기고 살거나 소수의 동류들과 어울려 보기도 하지만, 그것도 잠시뿐이고 사회적으로나 신앙적으로 깊은 소외감을 맛보며 살고 있습니다. 특히 우리나라같이 동성애자들을 치유의 대상으로 받아주는 교회나 전문 기관도 없는 형편이고 보니 자신이 동성애자라는 말을 누구에게도 꺼내기 힘들기 때문에 그들의 고민과 죄는 깊어만 갑니다.

최근에 라브리가 상담한 동성애자들의 고백에 의하면, "나를 받아 주고 사랑해 주는 사람이 필요해서 만나고 있다"고 하는 말을 합니다. 그것은 그들도 하나님의 형상자이기 때문에 가장 필요한 것이 사랑이라는 것을 잊어서는 안 된다는 것을 말해 주고 있습니다. 한 여자동성연애자(lesbian)는 자기가 끔찍하게 아끼던 후배와 사랑에 빠진 경우인데, 처음에는 가까이 있고 싶은 마음들이 자라서 이제는 서로의 육체를 요구하는 단계에 와 있다고 했습니다.

더구나 기독교인 동성애자들인 경우에 기독교인으로서 심한 죄책감까지 느끼고 있기 때문에 해결책을 찾기가 무척이나 힘듭니다. 그러나 모든 사람들과 마찬가지로 동성애자들에게도 먼저 사랑이 필요합니다. 비록 동성애를 즐기고 있지만 그들도 하나님의 형상대로 지어진 영광스러운 존재들입니다. 초청하고 함께 식사도 나누고 해야 하지만, 잠을 재워주어야 할 필요가 있으면 그렇게 해야 합니다.

이성적인 사랑이 얼마나 아름다운가를 기독교 공동체가 과시해야 합니다. 오랜 동성애 끝에 만난 한 남자에게서 사랑을 느낀 한 여성의 고백입니다.

"나는 한 여자와 지난 8년간 아주 가까운 관계를 유지해 오던 중에, 지금 결혼한 그 남자를 만나 몇 번의 데이트를 하면서 그 사람이 다정다감하고 사려 깊은 성격을 갖고 있다는 것을 알았다. 그는 내게 무조건적 사랑을 베풀어주었는데 나는 그 동안 죄악된 생활을 했다는 것을 깨닫기 시작했다."

내가 만난 한 동성애자는 얼마나 사랑이 그리웠든지 미국까지 건너가서 동성애자 교회를 다니며 사랑하는 사람을 만나야겠다고 말하는 사람도 있었습니다. 이제 공동체 안에서 성경적인 남녀 간의 사랑과 결혼 안에서의 섹스가 얼마나 아름다운지, 그리고 어떻게 깨어진 사랑이 치유되고 혼전 성 윤리가 지켜지는가를 보여주어야 합니다. 사랑이 없는 부부, 깨어진 가정, 유부남과 유부녀의 혼외 관계, 이성애의 천박함 등이 동성애를 부추기고 있습니다.

동성애를 정당화해주거나 값싼 동정심을 베풀지는 말아야 합니다. 우리가 동성애를 정당화해 주거나 동성애자들에게 값싼 동정심을 베푸는 것은 그들을 속이는 것이며, 그것은 그들을 죽음으로 몰아가는 것입니다. 한 미국 여인이 기독교 잡지와의 인터뷰에서 한 말입니다.

"우리는 사람들의 따가운 눈초리를 피해 동성애자들을 따뜻하게 맞아 주는 한 교회에 출석했는데, 거기서는 하나님의 말씀으로 우리의 성생활을 정당화해 주었습니다. 그것은 바로 우리 자신들을 속이는 행위에 지나지 않았습니다."

그렇습니다. 동성애가 "하나님의 나라를 유업 받지 못할 가증한 죄"라고 단호하게 선포한 바울도, 곧 이어서 "너희 중에 이 같은 자들이 있더니 주 예수 그리스도의 이름과 우리 하나님의 성령 안에서 씻음과 거룩함과 의롭다 하심을 얻었느니라"(고린도전서 6:11)고 말했습니다. 여기에 '씻음과 거룩과 의롭다 함'을 받은 것에 대해 말한다면, 즉 용서에 대해 기독교는 동성애자와 이성애자 사이에 하등의 차이가 없습니다. 모두가 죄인들이며 인간이기 때문입니다. 그러기에 사랑과 값싼 동정심은 모두에게 구분되어야 합니다.

이제 교회가 동성애자들을 도와야 합니다. 그들을 잘못된 죄에서 구출해야 합니다. 동성애를 둘러싸고 있는 온갖 성 정치학과 성담론과 싸워야 합니다. 특히 동성애가 '제3의 성'으로 더 퍼져 나가기 전에, 교회와 국가가 나서서 예방해야 합니다. 오늘날 예수님이 찾으시는 탕자 중에 하나는 동성애자들입니다. 누가 그들을 도울 것입니까? 사랑으로 진리를 말하며 교회가 그들을 도와야 합니다.

부록2 유형별 변증학 : 맞춤 전도

"구도자(求道者)를 만났을 때 당신은 어떤 태도를 취합니까?"

"내가 자기가 전도 받고 도움 받은 방법을 반복 한다."
"제일 효과적이라고 소문난 방법을 사용 한다."
"각 사람의 필요에 알맞은 방법을 찾는다."

첫 번째 방법은 가장 확실하고 능력 있게 사용할 수 있는 방법이기는 하지만 우리가 찾는 여우가 옛날에 우리가 숨어있던 그 굴에 더 이상 살고 있지 않을지 모르기 때문에 조심해야 합니다. 만약 여우도 없는 굴 앞에서 밤새 기다린다면 어리석은 포수가 되듯이, 모든 구도자들이 우리와 동일한 고민과 문제와 씨름하고 있으리라 착각하면 실패하기 쉽습니다.

두 번째 방법은 많은 사람들에 의해 증명된 방법이므로 안심하고 사용할 수 있으나 마술사의 요술지팡이처럼 아무에게나 동일하게 써먹으려고 하면 큰 코를 다칠지 모릅니다. 일부 구도자들에게 잘 들어맞았다고 할지라도 모든 구도자들에게 들어맞는 것이 아니기 때문입니다.

세 번째 방법은 각 사람의 필요를 분석하고 거기에 알맞게 접근하는 것입니다. 이것은 예수님과 사도들이 사용한 성경적인 방법이고 인간의 현실적인 필요에 부응하는 좋은 방법입니다. 그러나 각 사람의 필요에 민감해야 하고 전도자나 변증가가 낮아지지 않으면 성공하지 못하는 어려운 방법입니다.

"그러면 어떻게 하면 예수님이나 사도들처럼 전도에 많은 열매를 얻을 수 있을까요?" 이 글에서는 예수님의 전도철학을 세계선교에서 구체적으로 적용하고 실천한 바울 사도의 전도사례와 저자가 라브리 선교회(L' Abri Korea)에서 임상경험 한 것과 신학적인 정당성을 살펴 보므로 우리가 무엇을 준비하고 어떤 자세를 가져야 하는지 그 기본 정신을 찾아보고자 합니다. 이를 위해 다음과 같은 세 가지 주제를 차 례대로 다루어 보겠습니다.

첫째, 구도자의 유형에 대한 성경적인 예를 살펴볼 것인데, 사도행 전 16장에 나오는 사도 바울의 빌립보 전도를 대표적인 텍스트로 분석 해 보겠습니다. 우리는 여기에서 대표적인 세 가지 구도자의 유형인 감정적, 지식적, 도덕적 유형을 만나게 될 것입니다.

둘째, 구도자의 세 가지 유형을 다시 아홉 가지 세부적인 유형으로 임상실험을 거치며 적용해 본 것을 정리해 보겠습니다.

셋째, 각 사람의 요구와 필요는 신학적으로 인간의 '자기 정체성의 요구' 인데, 그것은 크게 세 가지 구도자의 유형 즉, 감정적, 지성적, 도 덕적인 정체성과 동일한 것이므로 거기에 알맞은 신학적 접근 원리가 무엇인지 찾아보겠습니다.

Case 1 : Miss. Emotional : 심리적인 갈등이 있는 사람

사도행전 16장에 나오는 빌립보 전도는 '전도학의 교과서 혹은 변증학 교본'이라 할 수 있을 정도로 구도자들의 유형과 전도 방법을 잘 보여줍니다. 바울 사도의 전도 사역 중에서 누가가 기록한 대표적이고 성공적인 전도 사례이다. 그 내용을 간단히 요약하면 다음과 같습니다.

이 처녀 점쟁이는 그 흔한 이름도 하나 없습니다. 그가 사로잡힌 귀신은 "점치는 영(푸뉴마 푸토나 $\pi\nu\nu\varepsilon\mu\alpha$ $\pi\nu\theta\omega\nu\alpha$)"인데, '푸돈'이라는 그리이스의 신화에 나오는 귀신입니다. 이 귀신은 우리나라의 무당들이 복화술(腹話術)을 써서 귀신의 말을 전하는 것과 비슷한 것인데, 아폴로 신의 신탁을 전하다가 죽은 용 귀신을 말하는 것입니다. 점쟁이야 오늘날에도 신분이 천하게 취급되지만 옛날에도 가장 천한 사람으로 취급되었고, 돈은 버는 대로 주인에게 다 빼앗기는 노예 같은 인생을 사는 여자입니다.

그는 당시에 신분이 가장 천한 종이나 창녀보다도 더 인권이 유린당한 여자입니다. 그는 자유도 없고, 돈도 없고, 인생도 없는 그런 여자입니다. 악령에 사로잡힌 이 여인의 문제는 감정적, 정서적 문제입니다. 자기는 다른 사람의 운세를 점쳐 주고 행운을 빌어 주지만 자신의 운세는 어쩔 수 없는 지독하게 불행한 여자입니다. 오늘날과 같은 산업 사회에서도 이러한 정서적 심리적 상처가 깊은 사람이 많습니다. 이런 사람에게는 따뜻한 사랑과 인간으로서 존경이 필요합니다.

Case 2 : Ms. Intellect : 지성적인 질문이 있는 사람

루디아의 직업은 현대식으로 말하면 국제의류무역업을 하는 최고경영자(CEO)입니다. 그의 이름을 볼 때 소아시아 지방에서 빌립보로 이민 온 여자입니다. 특이한 점은 유대교를 통해 하나님을 이미 아는 사람이라는 것입니다. 그러나 그는 유대교에서 지적인 만족을 얻지 못한 귀부인입니다. 그 증거는 바울 사도가 강가의 기도처에서 이야기를 할 때, "주께서 그 마음을 열어 바울의 말을 청종하게 하신지라"는 말에 나타납니다.

여기의 "마음"이란 말은 '지성', '생각'을 말하며, "마음을 열어"라는 말은 바울 사도의 말을 듣고 '생각이 트여' 혹은 '지적인 고민이 다 해결되었다'는 말입니다. "청종한다"는 말도 대충 듣고 흘리는 자세라기보다는 무슨 말을 하는지 이해하려고 '아주 주의 깊게 듣는다', '비판적으로 듣는다'는 말입니다. 바울 사도는 이런 지성적인 고민을 가진 사람에게는 값싼 위로나 사랑보다는 지적인 갈등과 고리를 풀어주는 정직한 대화와 토론이 필요하다는 것을 알았습니다. 그러나 앉아서 이야기를 나누어야 할 정도로 시간이 많이 필요했습니다.

Case 3 : Mr. Moral : 도덕적인 문제가 있는 사람

이 간수는 퇴역 로마 군인이었을 것입니다. 그는 사회적으로는 중산층 사회의 '보통 사람'일 것입니다. 감옥의 간수이지만 직업도 있고 고정 수입도 있습니다. 그러나 그는 마음속에 "어떻게 하면 죄로부터 구원"을 받을 수 있는지 고민이 있던 사람입니다. 특히 그는 매일 같이 죄를 지어서 감옥에 들어오는 온갖 죄수들을 보면서, 인간의 도덕적인 죄의식에 대한 심각한 고민이 있는 것 같습니다.

그는 사도들이 도망간 줄로 착각하고 "자살을 시도할 만큼" 자기 직무에 충성하지 못했을 때는 심한 자책감을 느끼는 사람입니다. 그의 도덕적 갈등을 보여주는 구절은 여러 곳에 나타나 있습니다(사도행전 16:25, 27, 29, 30). 이런 사람에게는 감정적인 치유나 지성적인 대답이

길게 필요 없습니다. 쉐퍼는 "이런 사람이야말로 긴 이야기가 필요 없이 복음을 바로 들을 수 있도록 준비된 사람이다"라고 분류했습니다. 그에게는 "회개하고 죄의 짐을 벗으라"라는 말이 절실합니다.

이 상의 세 사람의 유형을 간단히 분석 정리하면 다음과 같습니다.

	루디아 Ms. Intellect	점쟁이 처녀 Miss. Emotional	간수 Mr. Moral
출생지, 국적	아시아인	헬라인	로마인
생활수준, 신분	상류층	하층민	중산층
고민, 긴장	지성적 문제	감정적 문제	도덕적 문제
접촉점	대화, 토론	사랑, 분노	회개, 위로
메시지, 복음	정직한 대답	치유, 능력	사죄, 영접
기타	사도 접대		사도 접대

감정적인 인격성의 문제 : 마음의 상처 문제에 따른 유형

여기에서부터 이야기 하려는 것은 시론(時論)에 불과합니다. 즉 이이야기들은 라브리선교회(L' Abri Korea)에서 임상실험 과정 중에 있는 것을 연구 목적으로 중간 정리를 한 것에 불과한 것이므로 최종 자료로 삼지 말 것을 부탁드리며, 앞으로의 연구 결과에 따라서는 얼마든지 그 내용이 달리질 수 있다는 것을 분명히 밝혀둡니다.

E -1 : Poor Little Miss Miserable : 모든 관계에서 마음의 상처를 받은 경우이다

이 사람은 외롭습니다. 관계 맺기가 잘 안 되기 때문입니다. 자신에게는 정직하게 살지 못한데서 찾아오는 자책감에 차 있습니다. 부모와의 관계에서는 어른들의 기대에 미치지 못한 것에 대한 자기 연민과 수치심이 있습니다. 육체적으로는 성적인 유혹과 자위행위나 음란물을 보고 느끼는 죄책감에 사로잡혀 있습니다. 친구들과는 자꾸만 비교의식이 생겨서 질투심이 생기고, 이성과는 데이트가 잘 안 풀려서 스트레스가 쌓여있고, 남편과 아내와는 성격과 자식 그리고 돈 탓으로 모든 문제가 꼬여있습니다. 특히 하나님과는 기도도 안 되고 예배도 드리기 싫을 정도로 영적으로 거리감을 느끼게 된지 오래입니다.

이 사람의 문제는 단지 심리적인 좌절감 정도라면 얼마나 좋겠습니까? 그러나 그의 진짜 문제는 전반적인 관계의 위기이며 인격적인 실패요 인생의 불행입니다. 그는 외로움뿐만 아니라 인생의 허무감과 좌절감에 사로잡혀 있습니다. 어느 통계에 의하면 이런 관계 단절을 맞보는 우리나라 청소년들 중에 "자살을 생각해 보지 않은 학생이 5% 미만이다"는 말이 있습니다. 제가 아는 한 청년은 "나는 내 인생을 미워한다 내가 사는 이유는 아버지에게 원수를 갚는 날을 기다리기 때문이다"라고 까지 했습니다. 관계의 회복은 하나님과의 관계부터 시작됩니다. 그러나 믿을 수 있는 한 사람에서 그 실마리가 풀리는 경우가 많습니다. 그에게 선생이 되기 전에 마음을 터놓을 수 있는 좋은 친구가 되어주는 것이 좋습니다.

E - 2 : Dr. Psycho : 인격 분열 혹은 내적 질서가 붕괴된 경우이다

이 사람은 임상심리학 교실처럼 복잡합니다. 가장 심한 증상은 "콤플렉스"입니다. 학력 콤플렉스, 몸매 콤플렉스, 집안 콤플렉스, 신앙 콤플렉스에 사로잡혀 다른 사람들은 다 잘난 것 같으나 자기는 "공부도 못하고 몸매도 안 예쁘고 거기다가 집안도 신앙도 안 좋다"고 생각합니다. 그 옛날 가나안 정복을 앞둔 유대인들이 빠졌던 "메뚜기 콤플렉스"에 빠져있습니다. 그 다음은 각종 심리적 증세입니다. 우울증, 조울증, 강박증, 분노, 불안, 냉소주의, 완전주의, 자기도취, 열등감, 자기혐오… 마지막으로 삶에 대한 무의미성이 가장 큰 문제입니다. 권태, 허무, 고독, 냉소….

이 사람은 다 찌그러져가는 오두막과 같습니다. 그는 인격 파탄 혹은 인격 분열증을 앓는 현대인입니다. 거기에는 해결책이 많지 않습니다. 약물에 의존하는 것, 자살, 정신병원 감금이 아니면 내적 치유가 그것입니다. 다 찌그러진 오두막을 화려한 궁전으로 만들 수 있는 길이 무엇일까요? 그것은 솔직하게 자신의 문제에 직면할 용기를 가지고, 현재의 자기 자신을 용서하고, 성령님이 우리의 내면을 치유하시도록 그분을 겸손하게 받아들이는 것입니다. 윈터(Richard Winter)는 이렇게 말했습니다. "하나님은 우리 인생의 낡아빠지고 파괴되어진 오두막을 왕이 살기에 적합한 화려한 궁전으로 만드실 계획을 갖고 계신다. 그분에게 나아가는 것 외에는 우리가 완전해질 수가 없다."

E - 3 : Lord Voldemort : 미혹하는 영과 귀신들린 경우이다

이 사람은 미혹하는 영에 빠졌거나 귀신이 들렸거나 우상을 숭배하는 사람입니다. 그는 기도보다 꿈을 믿습니다. 그는 성경보다 환상을 더 믿습니다. 그는 설교보다 자기 체험을 더 믿습니다. 그는 종종 귀신을 불러들이기도 하고 엑스타시를 경험하기도 하고 정령 숭배도 하고 잡신들을 섬기기도 합니다. 그는 사이언톨로지(Scientology), UFO, 섹스교, 뉴에이지, 토론토 블레싱, 귀신놀이, 물신숭배(Fetishism) 등에 빠져 있을지도 모릅니다. 이런 귀신 숭배의 매력은 처음에는 인간이 마음대로 우상을 고를 수 있다는 것이나 그 다음에는 그 귀신이 인간을 통제한다는 것입니다. 그렇게 되면 지성이 마비되고 분별력이 상실됩니다. 우상이나 귀신은 언제나 인간의 "마음을 혼미케" 하기 때문입니다(고린도후서 4:4).

이 사람은, 사도 베드로가 말세가 되면 "너희 대적 마귀가 우는 사자 같이 두루 다니며 삼킬 자를 찾나니"(베드로전서 5:8)라고 말한 것처럼, 우는 사자 같은 마귀에게 게걸스럽게 먹힌 자이며 속박된 자입니다. 그는 마귀에게 통제를 받기 때문에 성경의 가르침을 받아들이려고 하지 않습니다. 정상적인 사고나 토론도 불가능합니다. 단지 귀신에게 맹종할 뿐이며, 자기 체험만이 최고라고 고집하며, 건전한 기독인들을 영적 초보자 혹은 영력(靈力)이 없는 자로 격하시킵니다. 이런 사람이 살 길은 하나 밖에 없습니다. 하나님의 능력과 치유를 맛보도록 돕고, 정신이 맑을 때 하나님의 말씀을 듣고 제정신을 차리도록 돕는 것입니다.

지식적인 통일성의 문제 : 문제의식의 차이에 따른 유형

I - 1 Princess Easy - Going : 문제의식이 전혀 없는 사람을 만났을 경우이다

이 사람은 주로 중산층이나 부유층 자녀들 그룹에 속한 사람입니다. 그는 특별한 문제의식도 없고 질문도 없습니다. 혹은 급한 것도 없고 세상을 느긋하게 즐기며 자기만족에 빠진 사람입니다. 세상의 흐름에 순응하며 인생을 진지하게 사는 것을 싫어하는 사람입니다. 이런 사람들 중에는 자신들의 성격 탓도 있지만, 이기주의나 쾌락주의에 빠져 있을 수도 있고, 주로 고난과 도전이 없는 인생을 오래 살다가 생긴 무감각의 병을 앓고 있는 것입니다.

아마 그는 문제의식도 없고 문제를 안다고 하더라도 명료하게 표출하지 못하거나, 표현하더라도 지적인 용어로 조리 있게 표현하지 못할 것입니다. 이 사람에게는 지나친 자극이나 훈련은 금물입니다. 일부러 질문을 만들어서 도전할 필요도 없습니다. 자연스럽게 다른 사람들의 대화와 토론에 끼어들게 하여 문제의식에 서서히 불이 붙게 해야 합니다. 한 번 불이 붙으면 나중에는 여러 가지 질문을 쏟아놓을 수 있으며 그런 질문들은 의식 있는 사람과 별반 다르지 않은 것들입니다. 그에게 적합한 대화가 언어 구사가 필요하며 무엇보다 인내를 가지고 이야기하는 것이 필요합니다.

I - 2 : Mrs. Clever : 세상의 변화를 감지하는 사람을 만났을 경우이다

이 사람은 주로 빈곤층 사람들이나 일부 중산층에 속한 사람입니다. 그는 세상의 변화를 감지하고 있으며 상대주의적인 가치관의 문제점을 의식하고 있는 사람입니다. 그러나 그는 "다원주의(pluralism)" 혹은 "종교다원주의(religious pluralism)"와 같은 현대 주류 사회의 용어와 실체를 분명하게 모를 수 있으나 가까운 사람 중에 혹은 자녀들이 잘못된 일을 하는 것을 보고 난 후에는 그 문제점을 더욱 심각하게 느끼는 사람입니다. 그는 오늘날의 가치관이 예전과 다르다는 것을 알고 있으며 왜 그런지는 몰라도 문제가 심각하다는 것을 압니다.

그는 세상의 변화를 감지하고 있지만 아직 모호한 방식으로 세상의 문제를 이해하고 있기 때문에, 그가 느끼는 문제의식을 접촉점으로 대화를 풀어 가는 것이 지혜롭습니다. 필요하다면 '절대' 혹은 '기준'이라는 개념이 상실 되었을 때의 여러 가지 문제점을 토론하고, 거기에 대해 더 이상 모호한 입장을 견지할 수 없다는 것을 보여주어야 합니다. 자신이 안주하고 있는 "보호막"을 걷어내어 주므로 자신의 논리적 결론의 허구를 보게 한 다음에 참 진리에 헌신하게 해야 합니다.

I - 3 : King Edmond-Two-Minds Ⅷ : 모든 것을 의심하는 사람을 만났을 경우이다

그는 두 마음을 품고 사는 사람입니다. 그는 루이스의 『나르니아 왕국』에 나오는 에드먼드와 같이 호기심이 지나쳐서 모든 것을 의심하고 비관하는 사람입니다. 그는 단순한 비관주의자이거나 '미소 띤 허무주의자(nihilist with a smile)' 일수도 있고, 그는 '모든 종교는 다 같은 것이다' 고 믿거나 '기독교에는 진리라고 믿을 만한 충분한 이유가 있다' 고 볼 수도 있습니다. 그가 종교를 믿는다고 할 때는 종교란 단지 감정의 문제이기 때문에 지성적인 결단이 필요 없이 "감정적 비약"을 감행할 의사가 있습니다. 때로는 냉소주의(cynicism)나 불가지론(agnosticism)에 빠지기도 합니다.

　이런 사람은 정시간의 정직한 토론이 필요합니다. 의심하고 있는 문제의 전모가 파악되기 전에는 진리의 실체로 이끌기 힘들며 토론 자체도 어렵습니다. 그의 지식, 진리와 신 존재의 유무, 인생의 의미 등에 대한 그의 전제와 세계관을 통해 생각의 틀을 파악하는 중에 긴장점과 논리적 모순을 찾아야 합니다. 필요하다면 그의 논리적 결론의 실체가 무엇인지 밀어 부쳐야 합니다. 그 후에 기독교가 절대적 진리라는 것을 설명해야 하며, 신앙은 '비약'이기보다 지성이 동반된 인격적인 신뢰라는 것을 증거 해야 합니다. 충분히 토론 한 후에 복음을 전해도 늦지 않습니다.

도덕적인 문제 : 죄의식의 차이에 따른 유형

M -1 : Mr. Facing-Both-Ways : 양다리를 걸치고 있는 사람의 경우이다

이 사람은 이미 복음에 대해 사전 지식을 가지고 있고 성경을 많이 알지만 세상과 하나님 나라 사이에 양다리를 걸치고 있는 사람입니다. 그는 어떤 경로를 통해서든 이전에 전도의 말씀을 들었거나, 신비적인 체험을 경험했거나, 기독인의 삶에서 감명을 받았거나, 성경을 아는 사람이지만 예수님과 인격적 관계를 맺는 것을 두려워하여 결단을 미루고 있는 사람입니다. 존 번연은 이런 사람을 "양면 얼굴의 신사(Mr. Facing-Both-Ways)"라 불렀습니다.

신앙의 2세대 이상, 3, 4세대에 이런 사람이 많습니다. 그 중에서도 교역자들이나 장로, 권사, 집사들에게도 있는 증상이며 그들의 자녀들 중에도 흔합니다. 이런 사람은 두 가지를 점검한 후에 분명한 결단을 촉구할 필요가 있습니다. 하나는 예수님이 죄를 해결해 주실 수 있는 개인적이고 유일한 구세주(the Saviour)로서 고백할 것과, 다른 하나는 예수님을 만물의 통치자(the Lord)로서 섬기는 것입니다. 이 두 가지를 점검한 후에 양다리 걸치기를 포기하고 예수님을 믿도록 결단을 요구해야 합니다. 이때 조심해야 할 것은 시간을 너무 지체하거나 점잖게 말하다가 기회를 잃지 말아야 합니다.

M - 2 : Your Holiness Donkey : 죄책감의 짐을 지고 시달리고 있는 사람의 경우이다

이사람은 선악의 개념도 알고 양심의 가책도 느끼고 도덕적인 죄책감도 있습니다. 그는 인생의 중요한 순간에 깨끗하게 살지 못하고 부정직하거나 타협한 것에서 강한 죄의식을 가지고 있습니다. 그가 예수를 믿는 사람이라면 하나님의 뜻에 불순종하고 그분의 말씀대로 살지 못한 것에 죄책감을 갖고 있습니다. 그러나 마땅한 해결책이나 회개의 기회를 찾지 못해 당나귀처럼 죄책감의 소금가마니를 짊어지고 하루하루를 살아가고 있습니다. 그는 여러 가지 방법으로 죄책감으로부터의 탈출을 시도합니다. 공부나 일에 빠져 보기도 하고, 혹은 술과 마약과 섹스, 영화에 미쳐 보기도 합니다.

가끔 이런 사람들 중에는 말을 많이 하거나, 음식을 많이 먹는 사람도 있고, 잘난 척 하거나 교만으로 위장하는 사람도 있습니다. 자살을 시도하는 사람도 있습니다. 이런 사람들이 잘못된 탈출구를 다시 찾기 전에 분명하고 단순한 메시지(Clear and simple message)를 전할 필요가 있습니다. '죄와 죄의식을 씻을 수 있는 길은 오직 예수님의 피 밖에 없다'는 것을 바로 전해야 합니다. 예수님처럼 "천국이 가까웠으니 회개하라"고 하든지, 바울 사도가 빌립보 성의 간수에게 했듯이, "주 예수를 믿고 너와 네 집이 구원을 받으라"는 메시지를 분명하게 전해야 합니다.

M-3 : President Zombie : 죄악에 깊이 빠진 사람의 경우이다

이 사람은 겉으로는 넥타이도 매고 머리에 기름을 바른 신사입니다. 그는 멋있는 치마에 하이힐을 신은 숙녀입니다. 그러나 마음도 양심도 병들어 있고 온갖 죄에 물들어 있는 사람입니다. 이런 사람은 자신의 영혼이 심하게 병들어 있다는 것을 인정하지도 않으며 자신이 서서히 죽어가고 있다는 것을 모릅니다. 이 사람은 육체적으로는 살아 있으나 영적으로는 무덤에 한 쪽 발이 거의 들어가 있는 사람입니다.

이 사람은 양심도 그 기능이 마비되어 선악을 분별하지 못하고 지성은 병들어 진리와 비진리를 판별 하지 못합니다.

그는 좀비(Zombie)[150]와 같이 살아있으나 실상은 죽은 사람입니다. 그에게는 예수님을 인격적으로 믿고 새 생명을 얻는 것이 절실합니다. 그러기 위해서는 그는 선악이 무엇인지 그리고 성경에서 말하는 죄와 거짓이 무엇인지 분명히 들을 필요가 있습니다. 성경에서는 죄라는 것은 하나님의 뜻에서 벗어나거나, 고의적으로 그분의 말씀을 어기거나, 양심의 소리를 억누르거나, 간사함과 속임수에서 생긴 죄책감과 같은 일체의 악한 행위입니다. 먼저 죄를 회개하고 하나님과의 영적 관계에서 새 생명을 얻기 전에는 소망이 없다. 회개를 시작하면, 하나님께서 미워하시는 것이 무엇인지 그리고 그분의 말씀대로 사는 것이 어떤 것인지 촉구할 필요가 있습니다.

이상의 아홉 가지 유형을 정리하면 다음과 같습니다

E - 1 : Poor Little Miss Miserable : 모든 관계에서 마음의 상처를 받은 사람

E - 2 : Dr. Psycho : 인격 분열 혹은 내적 질서가 붕괴된 사람

E - 3 : Lord Voldemort : 미혹하는 영과 귀신들린 사람

I - 1 : Princess Easy-Going : 문제의식이 전혀 없는 사람

I - 2 : Mrs. Clever : 세상의 변화를 감지하는 사람

I - 3 : King Edmond-Two-Minds Ⅷ : 모든 것을 냉소하고 의심하는 사람

M - 1 : Mr. Facing-Both-Ways : 양다리를 걸치고 있는 사람

M - 2 : Your Holiness Donkey : 죄책감의 짐을 지고 시달리고 있는 사람

M - 3 : President Zombie : 죄악에 깊이 빠진 사람

---

150) 마약이나 주술과 같은 초자연적 힘에 의해 되살아난 시체, 아프리카나 남미에서는 뱀 신(snake god)으로 통합니다.

인간의 자기 정체성 요구와 해결책

　사람을 한 가지 유형으로 분류하는 것은 문제가 있습니다. 그러나 각 사람을 이렇게 유형별로 분류해 본 것은 그들이 갖고 있는 주된 갈등과 문제를 단순화 시켜보므로 아무쪼록 복음의 접촉점을 찾아서 주님 앞으로 인도해 보고자 한 시도에 불과한 것입니다. 아마 어떤 사람은 너무나 특이해서 이상에서 분석한 어느 유형에도 맞지 않는 사람도 있을 것이고, 어떤 사람은 너무 복잡해서 이상의 유형 중에 둘 혹은 세 가지 유형이 섞인 복합형도 있을 것입니다.

　이상과 같은 유형별 전도법은 과연 신학적인 정당성을 확보할 수 있을까요? 저는 성경과 임상 경험상 현대 인간은 '자기 정체성(自己 正體性, self-identity)'을 크게 세 가지를 요구한다는 것을 발견했습니다.

　　첫째, 감정적 인격성의 확실성(emotional identity)
　　둘째, 지식적인 통일성(intellectual identity)
　　셋째, 도덕적 딜레마의 해결(moral identity)

　이러한 요구는 모든 시대를 초월한 인간의 실존적인 필요이며 성경이 말하는 자기 정체성을 상실한 모든 인간의 당연한 결과입니다. 오늘도 어제도 인간은 자기감정과 지식 그리고 도덕적 딜레마에 대한 해답을 찾아 헤매고 있습니다. 일찍이 인간의 이러한 자기 정체성 상실의 원인에 대해 쉐퍼(Francis A. Schaeffer)는 다음과 같이 분석한 바가 있습니다.[151]

---

151) Francis A. Schaeffer, 『기독교와 현대사상(The God Who Is There)』, pp.143-173.

(1) 감정적 인격성의 확실성이 상실된 원인은 인간을 인간 이하로 비인간화시키는 현대 신학과 허무주의이다. 현대 신학은 인격을 환영으로 전락시켰고 허무주의는 인간을 무의미 속에 가두었다.

(2) 지식적인 통일성이 깨진 이유는 진리관에 근본적인 변화가 도래했기 때문인데, 상대주의, 이성에서의 도피, 준거틀(reference point) 부재 등이 지식의 통일성을 파괴했다.

(3) 도덕적 딜레마는 인간의 죄의 문제이다. 현대 철학에서 도덕적 딜레마의 해결책으로 제시되고 있는 형이상학적, 심리적인 해결 방법은 인간의 딜레마(dilemma, 궁지)를 더 비참하게 만들 뿐이지 인간의 본질적인 문제는 창조주 하나님에 대한 죄이다.

정체성에 대한 기독교적 대답

그러면 이러한 인간 실체에 대한 변증학적 해답은 무엇일까요? 쉐퍼의 대답은 간단합니다. "내가 20세기 인간을 위하여 일하는데 열쇠가 하나 있다면 바로 이것입니다. 인간은 비록 타락했으나 영광스러운 존재(glorious ruin)이다." 이것을 근거로 인간의 자기 정체성 요구에 대한 기독교의 대답을 간단히 요약하면 다음과 같습니다.

첫째, 감정적 인격성의 문제에 대한 성경적 대답은 인간은 하나님의 형상자라는 것입니다. 그것은 우리들을 모든 존재의 시작으로 이끌고 가는 것이며 거기서 발견하는 것은 인격이란 인간에게 본래적으로 있는 것입니다. 성경은 인격적 하나님이 그 자신의 형상을 따라 인간을 창조했기 때문에 이렇게 선언합니다. "인격의 원천은 부족함이 없는 하나님 자신이다."[152]

둘째, 지식의 문제에 대한 대답도 성경을 따르면 모든 지식은 하나님 안에서 통일이 된다는 것입니다. "언어에 의한 명제라는 형식에 따라 하나님은 자신에 관한 진리와, 인간과 역사와 이 세계에 관한 진리를 성경을 통해 말씀하신 것이다."[153]

셋째, 도덕적 궁지에 대한 대답은 크게 두 가지입니다. (1) 형이상학적 원인에 의한 설명인데 인간은 너무나 유한하고 별 볼 일없는 존재이기 때문에 딜레마를 야기 시키는 모든 요인들과 싸울 수가 없다는 것이고, (2) 도덕적 원인에 의한 설명인데, "하나님 앞에서 참된 도덕적 죄책(guilty)을 가지고(심리학적 죄책감(guilt feeling)이 아니라) 그의 아들이신 구주 예수 그리스도에게 스스로를 위탁하면 그는 죽음에서 생명으로, 또한 어두움의 압제로부터 하나님이 사랑하시는 아들의 지배 하에 옮겨지게 된다"[154]는 것입니다.

따라서 하나님의 형상으로 지음·받은 인간은 역사 속의 의미 있는 인간이며, 하나님의 계명에 복종하여 하나님을 사랑하는 것을 선택할 수도 있고 하나님을 반역하는 것을 선택할 수도 있는 인격적인 존재입니다. 이것이 인간의 경이요 역사의 경이입니다.

이상의 유형별 전도는 현대 인간의 자기 정체성 요구와 대답과도 맞

---

152) 위의 책, pp. 143-144.
153) 위의 책, pp. 151-159.
154) 위의 책, pp. 164-170.

아 떨어집니다. 그러므로 각 사람의 필요에 알맞은 방법을 찾아서 복음을 전하는 것은 우리 시대의 요청이며, 그것을 저는 유형별 변증학(Apologetics by type or Typological Apologetics)이라고 이름을 붙이겠습니다. 지면 관계상 일일이 그 증거를 대지 못하지만, 유형별 변증학은 오래 전에 예수님과 바울 사도가 실천하셨던 것입니다.

예를 들어, 예수님께서 서기관들이나 바리새인들과 같은 지식인들을 만났을 때는 그들의 질문에 맞는 신학적 대답과 토론을 하셨고, 병자들이나 가난한 사람들을 만났을 때는 먼저 병을 낫게 해 주시거나 필요를 채워주시거나 사랑하셨고, 죄인들이나 불의한 자들을 만났을 때는 회개를 촉구하셨는데, 그것은 모두 유형별 전도의 원형입니다.

바울 사도의 선교철학을 봅시다.

> "내가 모든 사람에게 자유하였으나 스스로 모든 사람에게 종이 된 것은 더 많은 사람을 얻고자 함이라 유대인들에게는 내가 유대인과 같이 된 것은 유대인들을 얻고자 함이요 율법 아래 있는 자들에게는 내가 율법 아래 있지 아니하나 율법 아래 있는 자같이 된 것은 율법 아래 있는 자들을 얻고자 함이요 율법 없는 자에게는 내가 하나님께는 율법 없는 자가 아니요 도리어 그리스도의 율법 아래 있는 자나 율법 없는 자와 같이 된 것은 율법 없는 자들을 얻고자 함이라 약한 자들에게는 내가 약한 자와 같이 된 것은 약한 자들을 얻고자 함이요 여러 사람에게 내가 여러 모양이 된 것은 아무쪼록 몇몇 사람들을 구원코자 함이니, 내가 복음을 위하여 모든 것을 행함은 복음에 참여하고자 함이라." [155]

---

155) 고린도전서 9:19-23.

바울 사도의 전도 및 변증철학을 요약하면 다음과 같습니다.

첫째, 각 사람은 여러 가지 유형의 갈등과 문제를 갖고 있다. 그 유형에는 크게 세 가지가 있고 그것을 다시 세부적으로 나무면 아홉 가지 유형이 있다.

둘째, 각 사람의 유형에 따라 다른 접촉점을 찾아야 한다. 사람마다 갈등과 문제가 다르기 때문에 각기 다른 접촉점과 해결책을 찾는 것이 좋다.

셋째, 각 사람의 유형을 고려한 변증학은 전도자가 낮아질 때 열매가 맺힌다. 낮아지고 겸손해지지 않으면 각 사람의 필요를 볼 수도 없을뿐더러 대답을 줘도 듣지 않는다.

성령 하나님의 능력에 의지하여 각 사람들을 위해 기도하며 사랑하며 유형별 변증학을 잘 실천하므로 많은 사람들을 옳은 데로 이끄시기를 간절히 바랍니다. 필요하면, 밥도 해먹이고, 옷도 빨아주고, 같이 놀아주고, 재워주면서 기독교의 진리는 아직도 살아 있다는 것을 보여줍시다. 기독교의 사랑은 말만 아니라는 것을 과시합시다. 그래서 사랑으로 진리를 말하며 살아 봅시다. 하나님의 진리와 사랑으로 온 세상을 덮는 그날까지….

참고문헌

강영안, 『주체는 죽었는가?』, (서울:문예출판사),

_____, "조지 마스덴(G. Marsden)의 기독교적 학문연구@현대 학문세계", 《기독교학
　　　　문연구소》 2000년 5,6월호

구자만, "고통, 질병에 대한 신학적 해석"(논문), 대한신학교

김연종, "다원주의와 대중문화 상업주의", 《목회와 신학》, 2001년 1월호

김영두 역, 『퇴계와 고봉 편지를 쓰다』, (서울:소나무)

김용옥, 『노자와 21세기 1, 2, 3』, (서울:통나무)

김지하, 『동학이야기』, (서울:솔출판사)

김진섭, 『조선건국기 재상열전』, (서울:지성사)

김하태, 『동서철학의 만남』(서울:종로서적)

김학주, 『대학 중용』, (서울:서울대학교출판부)

모로하시 데츠지(Morohashi Tatsuzi), 『공자 노자 석가』, (서울:동아시아)

박윤선, 『성경신학』, (서울:영음사)

박진숙, "잃어버린 세계, 위장된 자연주의", 『아담과 문화를 논할 때』, (서울:낮은울타리)

안종철, 설동렬, 신재용 편, 《예감》1, 2호, 라브리 선교회

성인경, 『대답은 있다』, (서울:예영커뮤니케이션)

성인경 편, 『혼돈 시대 속의 확실성을 찾아서』, (서울:일지각)

_____, 『기독신앙의 실체와 매력을 찾아서』, (서울:일지각)

_____, 『신앙과 지성』, (서울:일지각)

_____, 『프랜시스 쉐퍼 읽기』, (서울:예영커뮤니케이션)

송두율, 『21세기와의 대화』, (서울:한겨레신문사)

송호근, "한국, 무슨 일이 일어나고 있나", 삼성경제연구소

신국원, 『포스트모더니즘』, (서울:IVP)

안점식, 『세계관을 분별하라』, (서울:조이선교회출판부)

양승훈, 『기독교적 세계관』, (서울:CUP)

이동환, 『중용 대학』, (서울:나남출판사)

이승환, 『유가 사상의 사회철학적 재조명』, (서울:고려대학교출판부)

이태하, 『종교적 믿음에 대한 몇 가지 철학적 반성』, (서울:책세상)

장대익, "과학, 사이좋은 신앙의 친구", 《복음과 상황》, 1997년 10-12월호

정옥자, 『우리 선비』, (서울:현암사)

최민홍, 『한철학-한민족의 정신적 뿌리』, (서울:성문사)

풍우란, 『중국철학사 상하권』, (서울:까치)

한홍석, 『강택민 시대의 중국』, (서울:LG경제연구원)

현각, 『하버드에서 화계사까지』 (서울:열린문)

황인경, 『소설 목민심서』, (서울:삼진기획)

A. N. Whitehead, *Process and Reality*, New York:The Free Press

Charles Van Doren, *A History of Knowledge*, Bllantine Books

C. S. Kilby, 『C. S. 루이스의 기독교 세계』, (서울:예영커뮤니케이션)

C. S. Lewis, 『내가 믿는 기독교(*Mere Christianity*)』, (서울:대한기독교서회)

Darrow Miller, 『생각은 결과를 낳는다』, (서울:예수전도단)

David Bodanis, 『E=MC²』, (서울:생각의 나무)

David J.Hesselgrave, *Communicating Christ Cross Culturally*, Zondervan(1978)

D. A. Carson 『하나님과 문화』, (서울:크리스찬다이제스트)

Dick Keyes, "다원주의와 상대주의 그리고 관용(*Pluralism, Relativism and Tolerance*)", 『혼돈 시대 속의 확실성을 찾아서』, (서울:일지각)

E. H. Carr, 『역사란 무엇인가』, (서울:탐구당)

Edited by Sir Julian Huxley, *The Humanist Frame*, Harper

Edward O. Wilson, 『통섭(Consilience)』, 최재천, 장대익 역, (서울:사이언스북스)

Edward Gibbon, *The Decline and Fall of Roman Empire*, London : Book Club Associates(1976)

Francis A. Schaeffer, 『그러면 우리는 어떻게 살 것인가?』, (서울:생명의 말씀사)

_____, 『기독교와 현대사상(The God Who Is There)』

_____, 『기본적인 철학적인 질문에 대한 대답』(라브리 소책자), (서울:예영커뮤니케이션)

_____, 『프랜시스 쉐퍼의 로마서 강해』, (서울:생명의 말씀사)

_____, 『쉐퍼 전집』, (서울:생명의 말씀사)

Gene Edward Veith, 『현대사상과 문화 이해』, (서울:예영커뮤니케이션)

George E. Ladd, *A Theology of the New Testament*, Eerdmans

Guy Sorman, 『20세기를 움직인 사상가들』, (서울:한국경제신문)

Herman Bavinck, 『신학의 원리』, 차영배 역, (서울:총신대출판사)

Hans Rookmaaker, 『기독교와 현대예술』, (서울:IVP)

Henry M. Morris, *The Genesis Record*, Baker

Herman Ridderbos, 『바울신학』, (서울:지혜문화사)

J. Nehru, 『이야기 세계사』, (서울:예림당)

J. Sire, 『현대사상과 기독교』, (서울:IVP)

Jane Stuart Smith & Betty Calrson, 『음악의 선물』, (서울:서울서적)

Jock McGregor, 『마돈나와 신세대』, (서울:예영커뮤니케이션)

John stott, 『Romans』, (서울:IVP)

Kelly James Clark, 『이성에로의 복귀』, (서울:여수룬)

Leon Morris, *The Gospel According to John(ICN)*, Eerdmans

Mark A. Noll, 『복음주의 지성의 스캔들』, 이승학 역, (서울:엠마오)

Martina Deuchler, *The Confucian Transformation of Korea*, Harvard

Michel Foucault, 『성의 역사 1,2,3』, (서울:나남출판사)

_____, 『쾌락의 활용』, (서울:나남출판사)

Oswald Sanders, 『Consider Him(그를 생각하라)』, 김용희 역, (서울:성문출판문고)

Pamela K. Metz, *The Tao of Learning*, Mindle

Paul Hiebert, 『인식론의 변화의 선교학적 의미(*Missiological Implications of Epistemological Shifts*)』, Trinity Press

Paul Johnson, 『지식인들(*Intellectuals*) 1,2』, (서울:한언출판사)

Philip E. Johnson, *Reason in the Balance*, (서울:IVP)

Ranald Macaulay & Jerram Barrs, 『인간 하나님의 형상』, (서울:IVP)

S.P.Lamprecht, 『서양철학사』, (서울:을지문화사)

Steven Seidman, 『지식논쟁』, (서울:문예출판사)

Susan Schaeffer Macaulay, 『라브리의 교육철학』, 박경옥 역

The New International Dictionary of New Testament Theology

Thomas Kuhn, 『과학혁명의 구조』, 김명자 역, (서울:두산동아)

W.Churchill, *The Second World War*, Casell

Wim Rietkerk, *If Only I Could Believe*, Solway